古代歷史文化 研究輯刊

二八編

王明蓀 主編

第17冊

宋元江南農業經濟史論稿
——以浙西、江東水利田的開發為中心

周生春 著

國家圖書館出版品預行編目資料

宋元江南農業經濟史論稿——以浙西、江東水利田的開發為
中心／周生春 著 -- 初版 -- 新北市：花木蘭文化事業有限公
司，2022〔民111〕
序6+ 目4+206 面；19×26 公分
（古代歷史文化研究輯刊 二八編；第17 冊）
ISBN 978-626-344-091-3（精裝）
1.CST：農業經濟 2.CST：農業水利 3.CST：農業史
4.CST：宋代 5.CST：元代
618   111010291

ISBN-978-626-344-091-3

古代歷史文化研究輯刊
二八編　第十七冊　　　　　ISBN：978-626-344-091-3

宋元江南農業經濟史論稿
——以浙西、江東水利田的開發為中心

作　　者　周生春
主　　編　王明蓀
總 編 輯　杜潔祥
副總編輯　楊嘉樂
編輯主任　許郁翎
編　　輯　張雅淋、潘玟靜、劉子瑄　美術編輯　陳逸婷
出　　版　花木蘭文化事業有限公司
發 行 人　高小娟
聯絡地址　235 新北市中和區中安街七二號十三樓
　　　　　電話：02-2923-1455 ／傳真：02-2923-1452
網　　址　http://www.huamulan.tw 信箱 service@huamulans.com
印　　刷　普羅文化出版廣告事業
初　　版　2022 年 9 月
定　　價　二八編 27 冊（精裝）新台幣 80,000 元

宋元江南農業經濟史論稿
——以浙西、江東水利田的開發為中心

周生春　著

作者簡介

周生春，1947 年出生，杭州大學歷史學碩士，北京大學歷史學博士。歷任浙江大學人文學院、經濟學院助教、講師、副教授、教授和博士生導師，浙江大學區域社會經濟史研究中心主任、儒商與東亞文明研究中心執行主任和浙江大學晨興文化中國人才計劃責任教授，曾為日本學術振興會特聘專家和哈佛大學和哈佛燕京學社訪問學者。在《歷史研究》、《哲學研究》、《中國經濟史研究》、《中國史研究》、《世界宗教研究》、《文史》、《中華文史論叢》、《中國學術》等期刊發表論文數十篇，並在中華書局、上海古籍出版社、北京大學出版社、浙江大學出版社出版著作 10 多種。

提　要

本書由序言、正文 3 篇 14 章和餘論、附錄組成。筆者在充分吸取前人研究成果的基礎上，運用大量資料和新研究方法，探討了影響宋元江南農業經濟發展的因素、水利田與農業的發展及其對社會經濟的影響，獲得了頗多足以顛覆前人之見的新發現和結論。茲擇要列舉如下：

1. 本書首次從人的內涵而非數量、遷徙等視角出發，探討分析了宋代兩浙人的特性、風俗的變遷與形成，及內部不同地區文化的差異對經濟發展的不同影響。兩浙中部的蘇州和上海成為全國最大的工商業城市和經濟中心不能說與此無關。

2. 筆者發現並指出蘇松等地田圍之圍並不等於圍田，澄清並糾正了長期以來中外學者的種種誤解。

3. 發現「蘇湖熟，天下足」一語產生於北宋，而非歷來所認為的南宋。浙西、江東地區稻米生產發展的動力主要來自以低田為主的水利田的開發。

4. 發現北宋末太湖地區的農業生產已達到宋代最高水平。有宋三百多年中，該地的農業經歷了北宋和南宋兩個發展週期。

5. 對單產與勞動生產率的概念加以梳理和界定，指出以往用單產來衡量農業生產水平是值得商榷的，而前人對江南單產的估算是根據部分資料和數據來推斷總體，存在方法上的問題。筆者從糧食生產到本地消費、預留稻種、運儲損耗、稅米、外銷和餘糧的全過程出發，採用筆者自創的新方法估算了宋元之際江南各地稻米的單產和勞動生產率，得出了不同於前人的新結論。

6. 發現在蘇松杭嘉湖水網平原地帶大部分縣份，存在著一種以圩或圍（湄）為基本單元，以千字文為號，按鄉、都、保、圖、某字圍的體系排列，包含農田、水利和賦稅諸因素在內的獨特的田圍之制。這種田圍之制肇始於北宋末，大體形成於南宋，最終形成於元代，構成了太湖地區農田制度上的一大特色。該發現顛覆了前人的認識。

7. 發現北宋時已形成農工商皆為本業的思想，歷史上三者的關係曾出現 2 次重大的轉變。

謹以此書獻給
我的父親周應生、母親羅惠春

序　言

　　呈現在諸位讀者面前的《宋元江南農業經濟史論稿》一書，是從農業為人類生存與發展的基礎著眼，來探討江南的農業何以會在宋代取得重大的進步，從而使江南成為中國經濟最發達地區的過程及其原因的著作。

　　農業是人類利用動植物的生活機能，通過人工培育等途徑以獲取產品的社會生產部門。在農業生產中，土地既是基本的生產資料，又是勞動對象，有生命的動植物則是主要勞動對象。它是自然環境、生物體和人類社會勞動三要素相結合的產物。農業生產的本質是有機物質的再生產。農業為社會提供人類生存與發展所必需的食物和衣著等原料。從全球和全人類的觀點來說，農業在過去和現在都是國民經濟和人類社會及歷史發展的基礎。

　　長期以來，以種植業為主的農業始終是中國首要和核心的經濟部門，構成了中國高度發展文明的基礎，在社會中起著主導和支配的作用。以農為本的思想一直是中國社會的主導思想和統治者決策的指導原則。但近代以來，上述情況發生了很大的變化。在全球一體化進程加速進行的今日，國人普遍重視工商而忽略農業，政府的大政方針雖仍以農業為基礎，但其地位已明顯低落。從全球的角度來說，中國農業的滯後不僅將對東亞，而且將對世界產生很大的影響。就中國和中華民族而言，農業的滯後勢必對目前國際格局下中國欲確保其獨立、自主地位的努力產生不利影響。在思考當前和未來的農業問題時，具有歷史眼光的研究乃是不可或缺的，而歷史的眼光則來自歷史的研究。

　　當然，歷史的研究還具有其自身的價值。眾所周知，中國社會在唐代中葉以後發生了重要的變革。宋代既是這一變革的完成時期，又是元明清三代

社會歷史發展的起點，具有承前啟後的重要地位。就農業和經濟而言，中國的農業在宋代出現了歷史性的重要進步。從宋代開始，以太湖地區為核心的浙西和江東地區已成為中國農業和經濟最繁榮的地區。這種進步與繁榮是建立在以水利田的開發為中心的基礎之上的。宋代水利田的開發，農業的進步既是宋以前開發和發展的延續，又是宋以後農業發展的基礎，構成了整個開發與發展過程的關鍵環節，同時又與宋代的諸多因素存在互動的關係。因此，對宋代上述地區以水利開發為中心的農業進步的探討，將使我們能對至今仍是中國經濟最發達地區的農業和經濟乃至社會發展的過程、特點及其先進地位的確定與延續之原因，獲得一全面、深入和系統的認識。

既然本書是從過去、現在與未來人們的生存與發展著眼，從歷史的發展及諸多因素的互動入手，來探討宋代江南的農業的發展，那麼，人文精神和動態、整體的思維分析和方法乃是不可或缺的。這也是中國傳統思維的特點。人文精神意味著應關注人本身及人的作用。動態意味著既將江南農業在宋代的進步視為一動態的發展過程，又將其看作是宋代以前及宋代以後這一地區農業歷史發展過程的一部分，並從研究對象與各相關要素的互動出發思考與分析問題。整體則是指將研究對象與各相關要素視為一整體，從整體是各部分的總和來處理部分與部分，部分與整體的關係。

簡言之，從宏觀的角度來說，這是一部以天地人三者的互動，從政治、經濟、文化和社會輿論等不同方面入手來探討宋元江南農業經濟史的專著。

作為一部研究宋元江南農業經濟史的著作，本書將借助和運用歷史學、農業經濟以及經濟地理等學科的理論與方法。這裡所說的歷史學的理論和方法是指一種跨學科的，視野擴大了的，以揭示全面和總體的歷史真相為目標的史學理論與方法。它既注重個人，又重視群體，試圖按影響力的大小、深淺和時間的長短來分別對待決定歷史發展進程的各要素，從環境、科技、經濟、國家、社會、文化和個人等不同的層面出發，努力恢復動態、整體的歷史的本來面目。它要求我們按窮盡一切史料的精神，搜集所能找到的全部文獻資料，對其進行去偽存真，去粗取精的整理和考證，在全面、準確地把握史料的基礎上，通過分析、歸納得出應有的結論。同時還要求我們應自覺地認識到：這些結論必定是建立在資料不完備的基礎上的，理應接受別人的檢驗和推敲，並會被其他結論所取代。歷史學就是通過這種方式不斷前進的。具體來說，本書主要參考、借鑒了以布羅代爾為代表的年鑒學派的歷史觀，施

堅雅、斯波義信等人的區域史理論和方法。農業經濟的理論與方法是指將農業生產視為一種特殊的經濟活動，充分考慮其受自然條件影響大，經濟再生產與自然再生產密切聯繫，具有連續性和週期性，且生產週期長、生產時間與勞動時間差離大，以及季節性、地域性和綜合性強的特點。該理論將土地視為基本生產資料和勞動對象，將生物體作為主要勞動對象，並運用經濟學中對生產要素與生產過程分析的方法。經濟地理的理論與方法則是指從地理位置、自然條件、技術和社會條件（包括歷史、人口、政治、經濟等）出發，來探討生產的狀況。

　　值得注意的是，在不同的時代和不同的人的眼中，江南這一概念的外延或地域範圍是並不相同的。在區域經濟史的研究中，按照地理上的完整、區內自然條件的一致和經濟發展水平相當且聯繫緊密等標準合理地劃定經濟區的界線是十分重要的〔註1〕。但經濟的發展不僅取決於地理、自然條件、經濟水平和聯繫，而且還深受政治、社會、文化等因素的影響，離不開行政區劃的制約。誠如吳承明先生所說：「研究者不必膠柱於劃區這一標準」，而是「可以從習慣，或大或小，以資料方便為準」〔註2〕。在本書中，江南係指地理上完整，自然條件大體一致，經濟發展水平大致相當且聯繫緊密的太湖平原。這一經濟區東鄰大海，北帶長江，南瀕杭州灣，三面為江海所包圍，西和西南為茅山丘陵和莫干山地，即西至德清、長興和溧陽、丹陽一線，西南至杭州、餘杭一線。其範圍與宋代的蘇、常、湖（不包括武康、安吉）、秀、江陰五州軍和杭州的鹽官、仁和、錢塘、餘杭，潤州的金壇，江寧的溧陽六縣之轄地大致吻合。但考慮到經濟的發展深受行政區劃的影響，而歷史資料又大都按行政區統計和載錄，本書擬以習慣、方便且不違背上述標準出發，將江南界定為宋代的蘇、湖、秀、常和江陰五郡，並將江東和浙東的部分州郡作為參照比較對象。

　　在宋元江南農業經濟史這一研究領域內，中外學者已經取得了不少重要成果。其中影響較大的主要有：玉井是博《宋代一種特殊形態的水利田》（《史學叢刊》，1938 年）、長瀨守《北宋末年趙霖的水利政策》（《東洋史論集》，1954 年）、周藤吉之《宋代浙西圍田的發展——與土地所有制的關係》（《東洋文化研究所紀要》39，1965 年）、《宋代浙西地方圍田發展補論》（《東洋大學

〔註 1〕李伯重：《唐代江南農業的發展》，農業出版社，1990 年，4 頁。
〔註 2〕吳承明：《市場・近代化・經濟史論》，雲南大學出版社，1996 年，69 頁。

院紀要》4，1968 年）、《宋代經濟史研究》（東京大學出版會，1962 年）、天野元之助《中國農業史研究》（御茶水書房，1962 年）、草野靖《宋元時期水利田的開發和一田二主慣例的萌芽》（《東洋學報》，1970 年）、梁庚堯《南宋的圩田政策》（《書目季刊》，1974 年第 8 卷第 1 期）、足立啟二《宋代兩浙稻作的生產力水平試探》（熊本大學《文學部論叢》17，1985 年）、繆啟愉《太湖塘浦圩田史研究》（農業出版社，1985 年）、漆俠《宋代經濟史》（上海人民出版社，1987 年）、斯波義信《江南經濟史研究》（汲古書院，1988 年），和大澤正昭《唐宋變革期農業社會史研究》（汲古書院，1996 年）等。本書的研究是在上述論著的基礎上展開的。

從成書過程來說，這是一部以 30 多年前本人的博士學位論文為主，陸續增加若干內容而成的著作。全書由序言、第一篇 1～4 章、第二篇 5～10 章、第三篇 11～14 章、餘論和附錄組成。書中頗多足以顛覆前人之見的新發現和開拓性研究。

第一篇從宏觀的角度，以天地人（自然與人）三者的互動，從政治、經濟、科技、文化和社會輿論等不同方面來探討其對宋元江南農業經濟史的影響，分析了發展的原因。

值得一提的是，與前人研究不同，第二章首次從人的內涵而非數量、遷徙等視角出發，即從天地人三者互動的產物文化著眼，探討了宋代兩浙人的特性和風俗的變遷與形成，分析了其內部不同地區文化的差異，及其對經濟發展的不同影響。兩浙地區尤其是中部地區經濟發展最快，亦最為繁榮，位於中部的蘇州和上海因此而成為全國最大的工商業城市和經濟中心。這種現象的出現和長期存在與延續，不能說與其人的特性和該地的風俗無關。

第二篇深入分析了浙西、江東地區水利田的開發與農業發展的關係，頗多新的發現。

第五章深入探討了圍、田圍、圍田、圩和圩田之名起源、流行、載入田籍的時間與地區，一一分析了其異同，指出蘇松等地田圍之圍並不等於圍田，澄清了長期以來人們的種種誤解，糾正了現當代中外學者若干認知上的錯誤。

第八章發現「蘇湖熟，天下足」一語產生於北宋，而非歷來人們所認為的南宋。並指出浙西和太湖地區以及江東的稻米主要產自低田，以低田為主的水利田的開發構成了以上地區稻米生產發展的主要動力。

第九章發現北宋崇寧以後，太湖地區的農業生產已達到宋代的最高水平。此後，由於戰亂的破壞，該地的農業生產一直到南宋中葉才恢復到北宋後期的水平。在三百多年中，太湖地區的農業生產經歷了北宋和南宋兩個發展週期。

第十章對單產與勞動生產率的概念加以梳理和界定，指出了前人的失誤及其在估算方法上的問題，認為以往用單產作為衡量某一時代、某一地區農業勞動生產率和農業生產水平的主要標準是值得商榷的，而以往對江南單產的估算因受到現存歷史資料和數據的限制，和缺乏主觀上的自覺所致，未能正確地運用抽樣方法，而是根據部分資料和數據來推斷總體，也存在方法上的問題。然後文章以整個州郡為單元，從其糧食生產到本地消費、預留來年稻種、運儲損耗、稅米、外銷以及餘糧的全過程出發，採用筆者自創的新方法估算了宋元之際江南各地稻米的單產和勞動生產率。最後對當時江南各地的勞動生產率作一橫向的比較，指出江浙諸郡常年稻米單產以湖州、蘇州、台州單產較高，以蘇州為中心的太湖平原，包括嘉興、松江和湖州，應是宋元之際江南農業生產最先進的地區。農業生產水平最高的州郡並非單產最高的湖州。

第三篇則探討了水利田和農業發展的影響。

第十二章發現在蘇松杭嘉湖五郡水網平原地帶大部分縣份，存在著一種以圩或圍（湄）為基本單元，以千字文為號，按某鄉、某都、某保、某圖、某字圍的體系排列的田圍之制。田圍原本只是在太湖平原水網地帶由河道、田岸所包圍的一種農田，只是一種濬河、築岸、防洪、搶險、排除內澇、引水灌溉的農田水利基本單元。從北宋末至元代，隨著以千字文為號的某字圍和湖蕩、低地的不斷開墾成田，特別是由於政府出於整頓田糧賦稅版籍之需，一次次地核定田籍，田圍逐漸從單純的農田和水利的基層組織演變為一種著錄於官府版籍的田糧賦稅基本單元。這種包含農田、水利和賦稅諸因素在內的獨特的田圍之制，肇始於北宋末，大體形成於南宋，最終形成於元代。這種獨特的田圍之制被沿用長達 500 餘年，構成了太湖地區農田制度上的一大特色。時至今日，我們還能從保留至今的許多鄉村地名中感受到它的影響。這是一項完全顛覆了前人認知的重要發現。

目

次

第一篇 影響宋元江南農業發展的諸要素分析

　　在農業生產中，作為社會成員的人是經濟活動的主體，土地和生物體是生產的基礎和對象，農業生產就是在自然的、技術的和社會經濟諸因素的共同作用下進行的。農業經濟的發展是上述因素相互作用的產物。本篇主要從自然環境與技術、人口與區域文化、經濟與政治、社會輿論等方面著手，一一分析這些因素的作用。

第一章　自然與技術

　　農業生產以土地和生物體為基礎和勞動對象。土地和生物體既構成自然的一部分，同時又深受其他各種自然條件的影響。農業是在自然的條件下進行的，是經濟再生產與自然再生產密切相關的一種特殊的社會生產部門，必然受到自然因素的強烈影響。這裡所說的自然因素主要是指地貌、氣候、水文、土壤、土地資源或生物。在長期的歷史發展進程中，上述諸因素並非一成不變，而是滄海桑田，陵谷易位，變化不一。但在相當長的時期內，仍具有一定的穩定性，對農業生產具有持久、穩定的影響。由於宋元江南的自然條件今天已無法詳細得知，而近千年來該地的自然條件又沒有發生重大的變化，所以本文擬先介紹現狀，爾後再指出宋元與今日的主要差異，最後則考察技術。

一、地貌

　　太湖平原位於東南沿海，處於我國最大的河流長江和錢塘江的入海口處，介於茅山、天目山和江海之間，構成了長江三角洲的核心。全區面積約3萬多平方公里，分屬上海和江、浙二省，宋代則主要隸屬蘇、湖、秀、常四州和江陰軍。大約在1萬年前，長江口在鎮江附近，太湖平原為一寬廣的海灣。爾後由於長江和錢塘江挾帶的大量泥沙在河口地帶的堆積、發育成不斷向前伸展的沙嘴。長江南岸沙嘴在伸展至杭州灣以後，因受強潮流和東南季風等因素的影響，遂折向西南，與緩慢發展的杭州灣北岸沙嘴連接，使海灣成為瀉湖，逐步封淤形成為湖沼窪地。最後在江流、海潮、季風和人為因素

的綜合作用下，發育成今天的太湖平原。到宋代，崇明島業已成陸，海岸線已前進至南匯以東，而鹽官和海鹽至柘林一線以南的陸地也還沒有淪為大海，太湖平原的面積已與今天相差無幾。

太湖平原的地貌以平原為主體，僅北部和太湖周圍間散佈著一些小山和低丘陵（高度大多 100～200 米）。全區乃一以太湖為中心的大型的碟型窪地，其地貌特徵為四周高，中間低，自碟緣向中心微緩低降。全區可分為窪地、碟緣地帶（俗稱岡身）和碟緣外側地帶三部分。窪地的高程一般在海拔 3.5 米以下，今日太湖的平均水位為 3.3 米左右，兩者大致相近。窪地內的若干地區，如陽城湖低地地面高程在 3 米以下，澱泖窪地則在 2 米以下，均低於太湖平均水位。常州至常熟一線以北，常熟至崑山、青浦東至平湖一線以東，平湖、嘉興、杭州一線以南為寬 10 至數十公里的碟緣地帶，岡身的地面高度在 4～8 米之間。梅李、太倉、馬橋、柘林一線以東乃碟緣外高地，其高度一般在 4～5 米左右。宋代迄今並無變化。

圖 1：長江三角洲及其臨近地區地貌成因類型圖

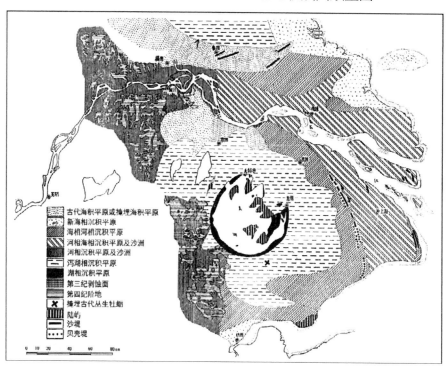

注： 此圖據陳吉余：《長江三角洲的地貌發育》圖 1（《地理學報》第 25 卷第 3 期）重製。

圖 2：長江三角洲及其臨近地區地貌分區圖

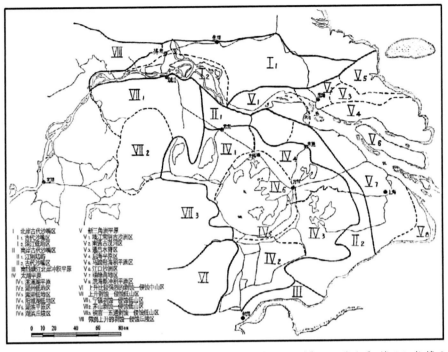

注：此圖據陳吉余：《長江三角洲的地貌發育》圖 4（《地理學報》第 25 卷第 3
　　期）重製

二、氣候

太湖平原地處亞熱帶南部季風區，氣候溫暖，熱量條件較好。今日其常
年平均溫度為 15～16℃ 以上，日均溫度穩定通過 ≥10℃ 的積溫在 4800℃～
5000℃，無霜期約 220～240 天，全年平均日照時數 2000～2200 小時，夏秋
日照充足，利於秋熟作物的生長。全區雨量充沛，年均降水在 1100～1200
毫米以上。5～9 月雨量占全年的 60%。地表水源豐富。年均蒸發量為 1300
～1400 毫米。與今日相比，北宋前期太湖地區氣候溫暖，年均氣溫較今高 1
℃左右，但也有人認為北宋時東部地區氣溫略低於今日，以後則轉冷，十三
世紀初又轉暖〔註 1〕。其降雨則經歷了 983～1075 年的乾旱期，1076～1131

〔註 1〕竺可楨：《中國近五千年氣候變遷的初步研究》，《考古學報》，1972 年第 1 期。
　　　　王開發等：《根據孢粉分析推斷上海地區近六千年以來的氣候變遷》，《大氣科
　　　　學》第 2 卷第 2 期。任振球：《中國近五千年氣候異常及其天文成因》，《農業
　　　　考古》，1986 年第 1 期。鄭斯中等：《我國東南地區近兩千年氣候濕潤狀況的
　　　　變化》，載《氣候變遷與超長期預報文集》，科學出版社，1977 年。

年的多水期，1132～1215 年的乾旱期，以及 1216～1522 年的多水期的演變〔註2〕。宋代和元代的氣溫與降水似與今日相差不大。

三、水文

太湖平原湖蕩眾多，塘浦縱橫，中部為面積約 2250 平方公里的太湖。宋代區內水域則較今廣闊。太湖平原來水南為苕溪水系，西為荊溪水系。汛期長江水位高漲時，亦會出現江潮倒灌的現象。宋和元代與今日並無不同。在東江、婁江相繼堙廢後，宋元太湖平原的去水系以吳松江為主，以太湖東北及東南諸塘浦為輔。南宋時，隨著築堤抵禦海潮的海塘系統的形成，東南入海諸浦被封閉，因此而失去了排水的功能。以太湖為中心的眾多湖泊河港雖使該地具有較強的調蓄地表徑流的能力，但由於窪地內地勢低下，水流平緩，以及潮汐的頂托，排水通道的減少，以致內水宣洩不暢，水位上升較慢，下降亦慢。

地貌、氣候和水文條件決定了歷史上的太湖平原主要可分為碟緣內窪地，即滸關至古里一線以南的易澇區，此線以北至戚墅堰一線水旱較少的平田區，碟緣及緣東以旱地為主的高田區，和戚墅堰以西的洪澇旱兼有區。史料的記載和今人的研究都足以證明這一觀點〔註3〕。

太湖平原的主要部分為易澇區。由於該地雨量豐富，大部分降水集中在5～9月，尤其是梅雨和颱風期間往往會出現大雨、暴雨和久雨，又由於太湖平原為一外高內低的碟形窪地，其高程通常低於汛期河湖水位，其水又宣洩不暢，每逢大雨和久雨即河湖並漲，積水瀰漫，難以減退。在大量潴水湖蕩被圍墾成田後，這種情況更趨嚴重。所以宋代及宋以後這一地區受災次數多，面積大，時間長。在易澇區，人們只有築堤防水，開河排水方可從事農業生產。一旦出現天災人禍對農田水利工程的直接破壞和人口的銳減，以及政府組織維修能力和興趣的削弱乃至喪失所造成的農田水利系統的失修，都會造成大片農田的荒廢，使易澇區的農業，隨著天災和戰亂的一再降臨，呈現出一個又一個週期性的變化。

碟緣地帶及緣外高地大多屬於易旱地區。由於太湖平原降水並不均衡，且年變率相當大（今天年降水相對變率為 15%左右），在梅雨提前或不明顯的

〔註 2〕鄭肇經等：《太湖水利技術史》，華東水利學院，1982 年。
〔註 3〕同上。

年頭，在副熱帶高壓的控制下，易旱區七、八月間降雨少、溫度高、蒸發量大，加上地勢較高，距窪地內積水湖蕩較遠，引灌困難，易形成旱災。在這一地區，人們通常用濬河引水和設閘瀦水的方法來防禦旱災。這一地區的農業亦由於以上所述的原因，而出現與易澇區週期不同的週期性變化。

其他二地區受水旱或其中某一因素的影響並不特別大，其農業也不會因水災或旱災而出現與以上二地相同的週期性變化。以上四地區的並存使太湖平原遭受水旱的受災程度趨於平衡，使該地農業經濟的發展週期受自然影響的程度大大降低。

四、土壤

太湖平原的土壤因成土母質、地貌和水文條件等地域差異，而形成不同的土壤類別。今天該地的農業土壤以水稻土為主，成土母質為沖積和湖積物，自然肥力較高，經長期的人工培育，形成了大面積的肥沃土壤。窪地內的土種以黃泥土為主，其中最低窪地區以青黃泥、青泥土為主。碟緣地帶及緣東高地土種則以淤泥土、灰潮土為主。各土種均具石灰性，多呈中性至微鹼性反應。窪地內的水稻土以地勢稍高者排水良好，耕作層厚，不沙不黏，通透性好，有機質含量高，肥勁穩而長。低窪者和太湖南部土壤則較差，且土質黏重，但保肥力強，潛在肥力較高。碟緣及緣東高地之土質大多不黏或疏鬆，通透性好，有機質和養分含量較高，但總的來說，略遜於前者〔註4〕。在宋代，太湖平原碟形窪地內的大片土地或剛開墾成田，或尚未開墾成田。不少地區的土壤尚未經長期的人工培育改良，其潛力尚未表現出來，或表現還不充分。但即便如此，根據趙霖所說：「平江水田，以低為勝」〔註5〕，可知就宋代的水稻生產而言，高田亦不及低田。

從土壤來看，太湖地區十分適宜水稻的生產。從水熱條件來看，亦是如此。水稻生產期間需較高的氣溫和充足的水份，發芽、結實時要求最低溫度為 10～12℃，20～25℃，降水一般以 1000 毫米以上為宜。這些條件太湖平原完全具備。按游修齡先生所說，秈稻地區一般要求年均溫度在 17℃ 以上，粳稻地區則在 16℃ 以下。可知北宋前期以後，太湖平原的氣溫特別適於粳稻的

〔註 4〕《江蘇農業地理》，江蘇科學技術出版社，1979 年。嚴重敏等：《杭嘉湖地區水土資源的綜合利用問題》，《地理學報》第 25 卷第 3 期。
〔註 5〕范成大：《吳郡志》卷 19《水利》下。

生長〔註6〕。由於地勢高低和土壤差異等因素的影響，窪地內之田較之碟緣及緣東高地區之田更適宜水稻的生產。

五、植被與動物

宋代和元代的太湖平原不僅適於水稻生產，而且還適宜其他許多作物和動物的生長。北宋初該地多為沮洳藪澤。經有宋一代的開發，原先的蘋藻葭葦之地多化為膏澤之野。其所種多為粳稻、菜、麥、麻、豆、桑、茶、桔等，動物則有蠶、魚、牛、豬、羊、雞、鴨、犬等，均與今日大致相同。由於澤地草蕩的開發是逐漸進行的，在宋末也還沒有完全開墾完畢，所以宋代太湖平原的天然植被和動物的生存狀況均優於今天。

綜上所述，宋代和元代太湖的自然環境總的來說是十分有利於農業生產的，但同時又存在一些不利因素。在當時的生產力發展水平之下，只要人們擁有開墾荒萊的內在驅動力，又具有在澤地沮洳地區取土築堤、引水排水和耕墾窪地等技術，願意投入較多的勞動和資本，即可充分發揮這一地區的種種自然優勢，使太湖平原成為以水稻種植為主的，農業繁榮發達的地區。

值得注意的是，作為區域經濟發展經常的不可缺少條件的自然環境對太湖平原及區內各地的勞動生產率、農產品質量、生產的區域分工及經濟發展的趨勢產生了相當大的，有時是決定性的影響。如稻作業的勞動生產率以水旱較少的平田區為最高，易澇的低田區次之，易旱區的高田又次之。米的質量則以低田區為最好，平田區次之，高田區又次之。其結果是使低田區成為專種粳稻的地區，高田區則在宋元以後成棉、稻和其他作物雜種的地區。

如果說自然條件是農業生產必要的、被動的條件，那麼生產技術則是農業生產主動的，更活躍和更有影響，推動農業發展的動力。生產技術包括農藝、農作制度、經營管理水平，和農具、耕畜、肥料、作物品種、交通運輸、水利等勞動資料。在宋代，農業生產技術在繼承前人技術的基礎上，又有所發明、創造，取得了重要的進步。其技術趨於成熟和系統化，並得到了普遍的推廣運用，不過，這種進步在給太湖平原農業帶來大規模增長的同時，卻未造成如西方的「產業革命」那樣根本性的變化。

〔註6〕游修齡：《太湖地區稻作起源及其傳播和發展問題》，《稻作史論集》，中國農業科技出版社，1993年。

六、農藝、農作制度和經營管理水平

　　一定時代的農書和論及農田水利的著述，總是那一時代農業生產技術的總結和水平的體現。從宋代和元代這些著作中可以反映當時農業生產技術所達到的水平。這類著述主要有陳旉的《農書》，《耕織圖》，曾安止的《禾譜》，王禎的《農書》，范仲淹、郟亶、郟僑、單鍔、趙霖諸人關於治理太湖平原水土的論述，以及大量的《勸農文》。陳旉《農書》是自北魏農學巨著《齊民要術》面世以後的又一部重要農書。全書雖述及蠶桑，但以水稻為主，是中國歷史上第一部稻作專著。其書重育秧、施肥，提出了地力常新壯的觀點。《禾譜》首次記錄了江西泰和地區 50 種水稻名稱，是中國第一部水稻地方品種志。《耕織圖》將水稻和蠶桑的生產過程繪圖刊石，配詩說明，廣為宣傳推廣。其與勸農文一起使當時先進的農業生產技術得到廣泛的推廣與應用。范仲淹諸人治水治田之說的出現使太湖平原水土的治理首次形成了系統、科學的理論，並對其後人們的認識和實踐產生了深遠的影響。

　　宋代太湖平原農業的重要進步之一，是 300 多年間越來越多地採用精耕細作的方法，生產集約化的程度不斷提高。按北宋末秦觀所說，當時吳地農民「培糞灌溉之功至也」，已非別處可比[註7]。到南宋末，「浙人治田」法之精細已遠遠超過其他地區[註8]。陳旉《農書》引農諺說：「廣種不如狹收」，可見，精耕細作已成當地的風氣。當時，太湖平原的農民不僅最後放棄了易田（即休閒）制，而且實行了復種制。不過，考慮到技術、氣候、人地比，尤其是史料的記載，我們不能過高估計當時該地的復種指數，而這裡所說的復種也主要指稻麥或稻菜兩熟，而非雙季稻。

　　宋元太湖平原農業生產出現的另一重要變化是農戶經營規模的縮小。從北宋初到元初，太湖平原的人口從 16.7 萬戶增至 141.2 萬戶[註9]。唐末，陸龜蒙家墾田 10 萬步，按 240 步為一畝計，約有 400 畝[註10]。熙寧中郟亶指出，「一夫之田為 40 畝」[註11]，該地戶均墾田在 40 畝以上。按這一地區明清時約有田 2200 餘萬畝計，元初太湖平原戶均墾田已降至約 15 畝。

　　具有獨立身份的農戶的增加和人地比的下降，租佃制的盛行，土地的零

[註 7] 秦觀：《淮海集》卷 15《財用》。
[註 8] 高斯得：《恥堂存稿》卷 5《寧國府勸農文》。
[註 9] 樂史：《太平寰宇記》，《元史·地理志》。
[註 10] 陸龜蒙：《甫里先生文集》卷 16《甫里先生傳》。
[註 11] 《吳郡志》卷 19《水利上》。

碎化,以及使小農經營得以存在的鐵搭等翻地農具的發明和廣泛運用,使宋代太湖平原出現了大澤正昭教授所指出的農田所有規模縮小化和小農經營自立化的傾向〔註12〕。

七、農具、肥料、品種、水利和交通運輸

在宋代和元代的太湖平原,除犁以外,鐵搭逐漸得到廣泛的應用,成為小農重要的翻土農具。缺乏牛犁的農家往往「舉此斫地,以代耕墾」〔註13〕。北宋時,重要的提水工具龍骨水車或踏車已為農民普遍使用。如熙寧中運河乾涸,無錫知縣焦千之以水車42部「車梁溪之水以灌運河。五日,河水通流,舟楫往來」〔註14〕。在宋代,開墾草蕩蘆灘所不可或缺的鏨刀業已發明並得到普遍的運用。南宋政府在淮南組織人戶開闢荒地,即按三牛或六人配備鏨刀一副〔註15〕。

當時,太湖地區已形成一套從耕地、育秧到除草、田間管理、收割和灌溉、施肥等較為先進的水稻種植制度。所有這一切都為太湖平原低窪荒地的開墾提供了必要的條件。

按陳旉《農書》所說,當時人們已注重施肥,認識到應根據土性的不同,因地制宜,採取不同的施肥措施。只要施用得當,即可使土地愈種愈肥。南宋時平江府的農民即已用竹罾從近郊河渠中夾取河泥作肥料〔註16〕。臨安府附近的農民則用船隻入城載運垃圾糞土作為肥料〔註17〕。

新品種的引進,對品種的精心選擇和培育,對品種的改良和優良品種的形成具有重要的意義和作用。在宋代的太湖平原,出現了一系列新的農作物品種。僅就水稻而言,除自占城引進的占城稻外,還有來自睦州的睦州紅,來自金州和宣州的金州糯和宣州糯,以及從廣西引進的箭子稻等,後者引進改良後即成為蘇州最佳的著名品種〔註18〕。此外,尚有源自高麗的黑高麗豆、

〔註12〕 大澤正昭:《唐宋變革期農業社會史研究》,汲古書院,1996年。

〔註13〕 王禎:《農書》卷13《農器圖譜三·鏺鎒門》。

〔註14〕 歸有光:《三吳水利錄》卷2《單鍔書》。

〔註15〕 《宋會要輯稿·食貨》三之一七。

〔註16〕 毛翊:《吾竹小稿》,《吳門田家十詠》。

〔註17〕 吳自牧:《夢梁錄》卷12《河舟》,卷13《諸色雜貨》。

〔註18〕 朱長文:《吳郡圖經續記》卷下《物產》,凌萬頃等:淳祐《玉峰志》卷下《土產》,孫應時等:淳祐《琴川志》卷9《敘產》,王象之:《輿地紀勝》象郡記。

白高麗豆和麻子，以及從北方引進的西瓜等〔註19〕。

　　從先秦至唐代，太湖平原的人民為了開發該地的水土資源，發展農業生產，興修了大量的水利工程。到唐末五代，這一地區已形成河港縱橫，閘壩眾多的塘浦系統。環太湖的湖堤和海塘體系亦已基本形成。這都為宋代這一地區農業的發展創造了良好的條件。有宋一代，人們繼續在太湖平原開河置閘，進一步完善湖堤、海塘系統，持續不斷興修水利，大量開發水利田。值得一提的是，由於北宋時人發明了從水下取土築堤的方法，解決了在積水之土築堤缺土的難題。按沈括和郟亶所說，其方法之一是在水中以籧篨為二牆，將淤泥填籧篨中，泥乾後車去二牆中水，取牆中土築堤〔註20〕。一乃築堰斷河，取河底之土築堤〔註21〕。上述方法的發明和推廣，使低窪積水地區水利田的開發因此而得以進行，並取得了前所未有的成就。所有這一切，都為太湖平原農業的發展和繁榮奠定了基礎。

　　在宋代和元代，主要的交通工具是船和車馬，各種交通工具均以自然力，如風力、水力以及畜力、人力為動力。各種交通工具中船隻的載運量最大，水運具有量大、價廉和速度慢的特點。太湖平原位於中國最大的河流長江和錢塘江的入海口和江海的包圍之中，中國的南北水道幹線大運河又貫穿其中，運河南端終於杭州。太湖平原位於中國最重要的二條水運幹線的十字交叉口和江海交匯處，擁有廣袤的腹地。平原內塘浦縱橫，河網密布。在水運具有重要意義的宋代和元代，這一地區不僅交通便利，而且具有交通上的區位優勢。便利的交通和區位優勢不僅有利於區內各地人員、貨物的交流，而且有利於太湖平原和全國各地乃至海外的交流。以水運為主的運輸方式則有利於以稻穀等量多、價廉、易保存物資的運送。以上一切都為以稻米為主的，太湖平原農產品的內部交流和外銷，以及市場的形成和開拓創造了良好的條件，從而有力地推動了這一地區農業經濟的進一步發展。

〔註19〕談鑰：嘉泰《吳興志》卷20《物產》，范成大：《吳郡志》卷46《異聞》，史能之：咸淳《毗陵志》卷13《土產》。
〔註20〕沈括：《夢溪筆談》卷13《權智》。
〔註21〕李燾：《長編》卷245熙寧六年五月乙丑條。

第二章　人口與區域文化

　　眾所周知，勞動者是構成生產力各要素中首要的決定性的因素。人口靜態的數量、密度和分布狀況，動態的增長速度和流動，民族、城鄉、職業和階級結構，以及文化技術，尤其是與農業生產要素和資源配置和利用密切相關的文化習俗，均對經濟的發展具有重要的影響。

　　按四庫文淵閣本《太平寰宇記》、《元史·地理志》所載，太湖地區的人口從北宋初雍熙前後的 167152 戶增至元初至元年間的 1412195 戶（至元湖州戶口據《永樂大典》卷 2275《湖州府》所引《吳興續志戶口》），發展速度為 845%，高於浙西的 714% 和江東的 522%（雍熙前後杭州、歙州人口據金陵書局本《太平寰宇記》，江東包括南康軍而不包括江州，至元年間鉛山戶口係至順時數）。同一時期浙西的人口密度從 6.1 戶 / 平方公里增至 43.7 戶 / 平方公里，江東則從 4.5 戶 / 平方公里增至 20.2 戶 / 平方公里（二路面積係據譚其驤《中國歷史地圖集》第 6 冊第 57、58 圖，用數方格法算得）。

　　就人地比而言。太湖地區北宋初雍熙前後有 167152 戶，崇寧間為 603085 戶（《宋史·地理志》），至元年間 1412195 戶。宋代該地一戶可耕田 30 畝左右（詳見第九章第二節：影響北宋和南宋太湖地區農業發展的諸條件的比較）。按今日太湖流域有耕地 2600 餘萬畝計（見鄭肇經等：《太湖水利技術史》），崇寧以前該地不會有人多地少的問題。兩宋之交這一地區人口急劇減少，直到至元年間方增至 141 萬多戶。在扣除城鎮人口外，可知宋代大部分時期太湖地區不存在人多地少的現象，人口主要是一種推動農業進步的直接動力而非壓力。宋代 300 多年戶數的激增和人戶密度的大幅度提高不僅為太湖地區水利田的大規模開發提供了豐富的人力資源，而且還構成了直接推動

該地水利田開發的強大動力。

　　在影響農業生產的人口諸要素中，人的素質或質量，特別是在經濟活動中人的內在驅動力和優化資源配置能力的強弱，比人口的數量具有更重要的地位。以下主要就太湖地區及兩浙其他地區人們的特性或區域文化特徵，包括人口的移動、民族結構的變化來分析其與經濟發展的關係。

　　為避免誤解，有必要先對特性這一概念作一明確的界定。本文所說的宋代兩浙人的特性是指當時該地大多數人的個性中存在和體現著一種共同的特點。上述個性係指「一個人比較穩定的生理、心理素質和社會行為特徵的總和」，〔註1〕它包括需要、動機、興趣、信念、世界觀等個性傾向性，和能力、氣質、性格（態度、行為模式）等個性心理特徵。此處的氣質採用古希臘希波克拉底的分類，將人的氣質分為膽汁質、多血質、黏液質和抑鬱質4類（此種分類雖缺乏科學依據，但因生活中確實存在以上4類型的典型代表，故為許多學者所接受，並沿用至今）。本文所說的特性是在人的內在生理素質的基礎上，在一定的社會歷史條件下，通過長期社會生活的實踐和陶冶，逐步形成並保持下來的一種比較穩定的生理、心理素質和社會行為特徵的總和。

　　這種共同的個性特點外化為風俗。《禮記‧王制》篇：「廣谷大川異制，民生其間者異俗，剛柔。輕重、遲速異齊，五味異和，器械異制，衣服異宜。中國戎夷五方之民皆有性也，不可推移。」《漢書‧地理志》曰：「凡民函五常之性，而其剛柔、緩急、音聲不同係水土之風氣，故謂之風；好惡、取捨、動靜亡常隨君上之情慾，故謂之俗。」東漢人應劭《〈風俗通義〉序》則云：「風者，天氣有寒暖，地形有險易，水泉有美惡。草木有剛柔也。俗者，含血之類，象之而生。故言語歌謳異聲，鼓舞動作殊形，或直，或邪，或善，或淫也。聖人作，而均齊之，咸歸於正。聖人廢，則還其本俗。……《孝經》曰：『移風易俗莫善於樂』，《傳》曰：『百里不同風，千里不同俗，戶異政，人殊服』。」可見很久以前，我們的先人即已認識到不同地區人們的個性和風俗存在種種差異，而五方之民稟承自然的生理特性和水土之風氣的不同，聖人的興廢和君上的情慾，則是各地形成不同的風俗和風俗移易變遷的原因所在。

　　值得注意的是：人的生理素質來自種族遺傳。種族、自然環境、社會歷史條件和社會生活實踐總是與地理空間如行政區等政治地理密不可分。所以

─────────────────

〔註1〕費孝通等：《社會學概論》，天津人民出版社，1984年，72頁。

同一地區人們的個性往往具有共同的特點，而不同地區人們的個性則往往存在明顯的差異。尤其重要的是，構成個性差異最主要標準的人的態度、行為模式和世界觀的形成深受「君上」或統治者的影響，離不開行政區的制約。而歷來人們又多習慣於按行政區記載、敘述各地的風俗。因此，從其內在的邏輯聯繫和便於處理資料出發，筆者將按宋代的行政區劃分來探討當時兩浙人的特性。

從歷史上人的個性出發來探討其對區域經濟發展的影響，是一頗有意義的嘗試。本文擬從以上認識出發，來分析宋代兩浙人個性的共同特點，探討其形成的過程和原因，及其與經濟的關係。

一、宋代浙人特性之分析

今人考察宋代各地的風俗往往會引據《宋史・地理志》。《宋史》卷八十八《地理四》云，兩浙「人性柔慧，尚浮屠之教，俗奢靡而無積聚，厚於滋味，善進取，急圖利，而奇技之巧出焉。」按其所說，可知浙人具有溫文爾雅和急躁兩種稟性，其人聰明、能幹，開拓進取和創造能力強，性格柔順，有進取心，嗜好美食，生活奢侈，急於謀利，而崇尚佛教。

不過，由於《宋史・地理志》係元至正間史臣據宋人所修國史之地理志增刪編修而成，其中已滲入部分元末人的看法，錯誤、失實之處為數不少。詳考以上引文的史源，可知其文字係出自《三朝國史・志》。該志云兩浙「人性敏柔而惠（慧），尚浮屠（氏）之教，為僧者眾，奢靡而亡（無）積聚，厚於滋味，善於進取，急於圖利，而奇技之巧出焉」。〔註2〕與該志文字相似的《國史・地理志・總例敘（論）兩浙路》條則曰，兩浙「人性敏柔而慧（惠），尚浮屠氏之教，厚於滋味，急於進取，善於圖利」。〔註3〕據此可知，元人修史雖引錄《三朝國史・志》，但又刪去一「敏」字。《三朝國史・志》成書於宋仁宗天聖間，〔註4〕當時兩浙可謂「俗奢靡而無積聚。」天聖以後，隨著經濟

〔註2〕祝穆：《宋本方輿勝覽》卷四《安吉州》、卷六《紹興府》，上海古籍出版社，1991年，79、92頁。王象之：《輿地紀勝》卷四《安吉州》、卷十《紹興府》，《粵雅堂叢書》，46、101頁。

〔註3〕周淙：乾道《臨安志》卷二《風俗》，劉文富：淳熙《嚴州圖經》卷一《風俗》，談鑰：嘉泰《吳興志》卷二十《風俗》，中華書局，1990年，《宋元方志叢刊》，3222、4286、4857頁。《輿地紀勝》卷二《臨安府》，《粵雅堂叢書》，25頁。

〔註4〕王應麟：《玉海》卷四十六《古史》，上海古籍出版社，1987年，876頁。

的迅速發展，兩浙日漸富庶，先後出現了「蘇、常、湖、秀，膏腴千里，國之倉庾也」之語，〔註5〕和「蘇、常熟，天下足」，〔註6〕「蘇、湖熟，天下足」的民諺，〔註7〕產生了兩浙十四郡「雖不熟亦足以支數年矣」的誇耀之詞。〔註8〕所以天聖以後成書的《國史·地理志》在引錄《三朝國史·志》時，遂刪去「無積聚」一句。因此，元人照抄「無積聚」之句只能反映天聖以前的風氣，而不足以體現兩浙宋代三百年的全貌。又「敏」字既可指敏捷、靈敏、機敏，亦可指聰敏。因下文已有「慧」字，此處應作敏捷解。元史臣誤以為重複而刪去此字，實為不妥。按宋人所言，兩浙之人敏柔而急於進取，除具有膽質汁和抑鬱質型的氣質外，還應具有多血質型的氣質。

進一步的考察表明，《末史·地理志》所云不僅沒有反映宋代浙人氣質的全貌及其風俗的變化，而且還未能體現兩浙內部各地區間的差異。按《宋本方輿勝覽》卷一《臨安府·風俗》所言，臨安「習俗工巧」，「羞質樸而尚靡麗，其事佛為最勤一」，「邑屋華麗，俗尚侈靡」，「豪強輕於犯法，奸伏易以乘間，巧偽充斥，狂獄繁興。」乾道《臨安志》卷二《風俗》、《輿地紀勝》卷二《臨安府·風俗形勝》則引《國史·地理志》云，臨安「人性敏柔而慧，尚浮屠氏之教，厚於滋味，急於進取，善於圖利。」足見《宋史·地理志》和《三朝國史·志》、《國史·地理志》所云實為宋代杭州（臨安府）的風俗。

兩浙中部的蘇州（平江府）、湖州（安吉州）、秀州（嘉興府）、越州（紹興府）一帶風俗和杭既大致相同，又有所區別。其中蘇人亦尚佛，誇豪好侈，崇棟宇，豐庖廚，嫁娶喪葬，奢厚逾度，俗多奢少儉，驕奢好侈，競節物，好遊邀，所利必興，所害必去，四郊無曠土。北宋時境無劇盜，裏無奸凶。南宋時常熟則有吏猾民奸，東界為盜藪之說。另一方面，其人又好儒、尚文，君子尚禮，士風篤厚，尊事耆老，以到訟庭、登酒壚為恥，民俗敦龐素樸，以務孝養，勤本業為事，〔註9〕與杭稍異。湖人亦性敏柔而慧，重釋，罕尚武藝，奢

〔註5〕范仲淹：《范文正集》卷九《上呂相公並呈中丞諮目》，文淵閣四庫全書，29頁。

〔註6〕陸游：《渭南文集》卷二十《常州奔牛閘記》，文淵閣四庫全書，11頁。

〔註7〕薛季宣：《浪語集》卷二十八《策問》，文淵閣四庫全書，13頁。

〔註8〕葉紹翁：標點本《四朝聞見錄》乙集《函韓首》，中華書局，1989年，75頁。

〔註9〕朱長文：《吳郡圖經續記》卷上《風俗》，范成大：《吳郡志》卷二《風俗》，凌萬頃、邊實：淳祐《玉峰志》卷上《風俗》，邊實：咸淳《玉峰續志·風俗》，孫應時：《琴川志》卷十一《縣尉題名記》，《宋元方志叢刊》，644、702～708、1061、1062、1099、1257、1258頁；《宋本方輿勝覽》卷二《平江府》，58頁。

靡而亡積聚，人習華侈，居處整潔，墟市精廬相望，且多訟系，但又俗好儒術，敦厖好學，寡求而不爭，〔註10〕與杭不同。秀人罕習軍旅，頗勤農務，百工眾技與蘇、杭等，民素誘於漁鹽之利，內澉浦鎮民不事日產，無倉廩儲蓄，好侈靡，喜樓閣，俗僭，但又尤慕文儒，有風俗淳秀之稱，與杭有別。〔註11〕越人亦性敏柔而慧，尚浮屠氏，奢靡而無積聚，勤於身，力溝恤，輸賦以時，但其風俗又好學篤志，尤務檢約，縮衣節食以足伏臘，不以殖貨貨、習奢靡相高，不擾官府，習於孝悌廉遜，亦異於杭。〔註12〕以上四郡之風俗與杭州雖有差異但大致相近。此五郡之人機敏、柔順、性急。又不乏厚重，具有由多血質、抑鬱質、膽汁質和黏液質型等四種類型混合而成的氣質。其人聰明、好學、工巧、勤勞，大多具有進取心，善於圖利，尚浮屠，又好儒、尚禮，人多侈靡而厚於滋味。

必須指出的是，兩浙其他地區的風俗與中部存在明顯的甚至很大的差異。先就兩浙北部而言。按宋初成書的《太平寰宇記》所言，鎮江雖有人性驕奢淫逸之說，但又禮遜謙謹，南宋時士大夫崇靖退貴，民庶循理、樂業而不好競競，相安於簡靖，土風質厚，士風淳直；〔註13〕常州人性古直，黎庶淳遜，文風獨盛；〔註14〕江陰人秀而多文，願而循理，民醇事簡。〔註15〕三郡之人性古板、正直而非柔順，質樸而非工巧，謙遜、崇靜、不競而非急於進取，老實、循理、事簡而非輕於犯法，易以乘間，巧偽充斥，狴獄繁興，與中部相去頗遠。要之，北部之人沉靜、厚重、固執而又驕橫放縱、任性，具有以黏液質型為主，混合部分膽汁質、多血質和抑鬱質型的氣質。其人循理、樂

〔註10〕嘉泰《吳興志》卷十《風俗》，《宋元方志叢刊》，4857頁。《宋本方輿勝覽》卷四《安吉州》，79頁；《輿地紀勝》卷四《安吉州》，46、47頁。

〔註11〕《宋本方輿勝覽》卷三《嘉興府》，76頁；《輿地紀勝》卷三《嘉興府》，39頁；常棠：《澉水志》卷上《風俗》，徐碩：至元《嘉禾志》卷一《風俗》，《宋元方志叢刊》，4660、4422頁。

〔註12〕《宋本方輿勝覽》卷六《紹興府》，92頁；《輿地紀勝》卷十《紹興府》，101頁；施宿：嘉泰《會稽志》卷一《風俗》，《宋元方志叢刊》，6723頁。

〔註13〕《宋本方輿勝覽》卷三《鎮江府》，69頁；《輿地紀勝》卷七《鎮江府》，77、78頁；盧憲：嘉定《鎮江志》卷三《風俗》，俞希魯：至順《鎮江志》卷三《風俗》，《宋元方志叢刊》，2338、2339、2639～2646頁。

〔註14〕《宋本方輿勝覽》卷四《常州》，84、85頁；《輿地紀勝》卷六《常卅》，70頁。

〔註15〕《宋本方輿勝覽》卷五《江陰軍》，90頁；《輿地紀勝》卷九《江陰軍》，94、95頁。

業、古直、謙遜、質樸、儒雅，其地文風頗盛，風俗淳樸、簡靜。

兩浙東部的明州（慶元府）民剽多盜，喜遊販魚鹽，頗易抵冒，訴訟繁夥，十倍山陰，民富蟹稻之利，然旹窳偷時，無蓄積之實，南宋時家詩戶書，科舉取士頗多，衣冠文物，甲於東南。〔註16〕台州宋初民純、事簡、尚禮遜，後機變繁滋，頗有逐末而相爭者，其民苟且於魚鹽，惰農、靡費無儲。〔註17〕二郡背山面海，其民輕捷多盜，動作迅疾，易於牴觸冒犯，而非柔順，懶惰於心不甘農，苟且於魚鹽，而非急進取，善圖利和工巧，亦與杭州等地相去頗遠。總之，東部之人大多敏捷、攻擊性強，而又敏感多疑，主要具有由多血質、膽汁質和抑鬱質型三種類型混合而成的氣質。其人好學、上進，人才輩出，喜遊販，靡費，苟且於魚鹽而惰於農。

兩浙南部的睦州（嚴州、建德府）地狹且瘠，民貧而嗇，民淳事簡，相尚於儉勤，甘於逐末，俗悍，大抵安於簡易之政，擾之則生事。〔註18〕衢州俗悍以果，君子尚氣，敏於事，多亢言、厲行。〔註19〕婺州俗勤耕織，士知所學，名士輩出，係江南劇郡。〔註20〕處州地瘠人貧，俗儉嗇，尚樸素，家習儒業，賦輸素辦，獄訟甚稀。〔註21〕溫州（瑞安府）土狹民貧，嗇用，嫁娶以財氣相高，喪葬以緗黃自固，俗喜競渡，婦勤紡織，民勤於力而以力勝，織紝工而器用備，其貨纖靡，其人多賈，富貴不務本，頗淪於奢侈，其俗剽悍，士風任氣而矜節。〔註22〕以上五郡之人大多性性急躁，勇敢、果斷、敏捷、兇猛，縱任意氣，常有極端之言行，而非柔順，其民大多貧窮、節儉、吝嗇、樸素，而非侈靡和厚於滋味，亦與中部之人相去甚遠。總之，南部之人大多性急躁，勇敢、迅猛而又敏捷、淳樸、節儉，具有以膽汁質型為主，混合有多血質和黏液質型的氣質。其民大多勤勞、好學、慧巧、能幹、節儉、樸素、好

〔註16〕 《宋本方輿勝覽》卷七《慶元府》，100 頁；《輿地紀勝》卷十一《慶元府》，114、115 頁；方萬里等：紹定《四明志》卷一《風俗》，《宋元方志叢刊》，4998、4999 頁。

〔註17〕 《宋本方輿勝覽》卷八《台州》，107 頁；《輿地紀勝》卷十二《台州》，122 頁；陳耆卿：嘉定《赤城志》卷三十七《土俗》，《宋元方志叢刊》，7572、7573 頁。

〔註18〕 《宋本方輿勝覽》卷五《建德府》，87、89 頁；《輿地紀勝》卷八《嚴州》，88 頁；淳熙《嚴州圖經》卷一《風俗》，《宋元方志叢刊》，4286 頁。

〔註19〕 《宋本方輿勝覽》卷七《衢州》，102 頁。

〔註20〕 《宋本方輿勝覽》卷七《婺州》，104 頁。

〔註21〕 《宋本方輿勝覽》卷九《處州》，116、117 頁。

〔註22〕 《宋本方輿勝覽》卷九《瑞安府》，112、115 頁。

勝，有進取心，而俗剽悍。

由上所述，可知宋代兩浙之人大多具有膽汁質和多血質型的混合型氣質，其人多性急、敏捷、任性、聰慧、好學、勤勞而善於進取，這是其共同之處。但另一方面，不同地區間人們的特性和各地的風俗又如存在相當大的差異。試自北而南言之。北部之人大多具有以黏液質型為主的氣質。其人多厚重有文，風俗質直淳樸，而失之於古板。中部之人大多具有由四種類型混合而成的複合型氣質，其人多敏柔而急於進取，聰慧、工巧、善圖利，而失之於巧偽、侈靡、柔弱和輕薄。東部之人大多具有由多血質、膽汁質和抑鬱質型混合而成的複合型氣質，而甚少黏液質型氣質。其人多敏捷、急躁、好學、上進，喜遊販，但失之於輕舉和多疑。南部之人大多具有以膽汁質型為主，混合有多血質和黏液質型的氣質，而少有抑鬱質型氣質。其人性急而敏慧，勤勞、好學、節儉，俗剽悍而失之於任氣。更有甚者，在以上四大區域每一地區的內部，人們的特性和各地的風俗亦存在一定的差異。因此，我們在處理《宋史‧地理志》、《三朝國史‧志》和《國史‧地理志》中有關浙人特性和浙地風俗的論述時，應將其視為僅僅是針對杭州或兩浙中部的大部分地區，而非適用於兩浙全境，並不足以完全反映宋代兩浙真實面貌的一種描述。

二、宋代浙人特性之淵源

宋代浙人的特性是以其內在生理素質為基礎，在水土等自然條件和經濟、政治、軍事、文化等社會條件的制約下，通過社會生活的長期實踐，經歷了先秦至秦、漢，三國至隋、唐，以及宋代這三個歷史發展階段才逐漸形成並定型的。以下先探討宋代以前浙人的特性及其變遷。

值得注意的是，除了自然環境和政治、經濟、思想等要素外，基於遺傳的生理素質也是影響、決定個性的次要的但又是不可忽視的因素。個性的某些方面，主要是氣質與人的先天生理特點，特別是與人的神經系統的構造和活動類型密切相關。氣質在相當大程度上取決於遺傳或種族因素，受後天環境和教育的影響則甚小。就整個地區人們的特性而言，其形成、變化則受該地種族結構和人口遷徙的影響。所以在分期考察浙人特性性的形成過程時，應注意浙人的族別和人口的遷徙。

西周、春秋時，浙地居民主要為越人和吳人。越王句踐在滅吳後指出：「越性脆而愚，水行而山處，以船為車，以楫為馬，往若飄風（然），去則難

從，銳（悅）兵任（敢）死。越之常性也」。﹝註23﹞脆有輕而脆薄，易折、易碎之義。愚，《說文》曰「戇也」，即愚笨而剛直。按句踐所云，越人性輕薄、易折，又剛直、不靈巧，其人水行山處，來去迅疾，勇敢、好戰，具有由膽汁質和多血質型兩種類型混合而成的氣質，而膽汁質型氣質的特點相當突出。吳、越「同俗並土」，「同氣共俗」。﹝註24﹞春秋末人子貢曰：「吳（王）明（剛）猛以（而）毅而（能）行其令，百姓習於戰守」；「吳王之為人，賢彊以恣下，下不能逆；數戰伐，士卒不能忍」；「吳王為人猛暴，群臣不堪，國家敝以數戰，上卒弗忍，百姓怨上」。﹝註25﹞按其所言，吳民習戰敢死，但不堪久戰，難忍暴政，具有由膽汁質和多血質型兩種類型混合而成的氣質。吳王則剛強猛暴、放恣而堅毅，具有顯著的膽汁質型氣質和少許黏液質型的氣質。若太伯奔吳確有其事，吳王的黏液質型氣質當得自南遷周人的遺傳。由此可見，春秋時浙人大多具有突出的膽汁質型氣質，顯而易見的多血質型氣質，以及少許黏液質型氣質。這種氣質使其生性勇敢，行動迅猛，君主的提倡更使其悅兵敢死，而沿江邊海、河道縱橫、水網密布的環境則使其素習舟揖，屢屢遠涉江淮，飄洋過海，而遷徙不定。

此外，春秋及春秋以前，處於黃河、長江之間的東夷因華夏、吳、越等國的壓迫及征服，國多破滅，其民四散。「東夷天性柔順，異於三方之外」，﹝註26﹞大多具有黏液質、抑鬱質型氣質。其遷入浙地者，又給該地帶來了這類氣質。

戰國至秦、漢，吳為越所滅，越為楚所破，楚又為秦所亡。越的擴張，楚、秦的征服和漢的代興，造成了江北、淮河流域之人的內遷，吳、越之民的流散等新的人口流動和經濟、政治、軍事及文化的變化。按司馬遷所言，西漢初，越、楚「地廣人希，飯稻羹魚，或火耕而水耨，果隋贏蛤，不待賈而足，地勢饒食，無飢饉之患，以故呰窳偷生，無積聚而多貧」；其彭城以

﹝註23﹞樂祖謀標點：《越絕書》卷八《越絕外傳記地傳》，上海古籍出版社，1985 年，58 頁。周生春：《〈吳越春秋〉輯校匯考》《吳越春秋》卷十《句踐伐吳外傳》，上海古籍出版社，1997 年，177 頁。

﹝註24﹞《越絕書》卷六《越絕外傳紀策考》、卷七《越絕外傳記范伯》，43、49 頁。

﹝註25﹞《越絕書》卷七《越絕內傳陳成恒》，51、54 頁；《〈吳越春秋〉輯校匯考》《吳越春秋》卷五《夫差內傳》，73 頁；標點本《史記》卷六十七《仲尼弟子列傳》，中華書局，1982 年，2199 頁。

﹝註26﹞《漢書》卷二十八下《地理志》，上海古籍出版社，1986 年，《二十五史》，523 頁。

東，東海、吳、廣陵為東楚，其俗（不包括浙江以南的越俗）類徐、僮，「清
刻，矜己諾」，[註27]亦即苛嚴、刻薄，重諾守信。按班固所云，東漢初。因
「吳、粵之君皆好勇，故其民至今好用劍，輕死易發」；又因「吳、粵與楚接
比，數相併兼，故民俗略同」；該地漢代文辭併發，世傳楚辭，「其失巧而少
信」，[註28]虛浮不實。又按沈約所云，三國以前「故吳之風俗相驅以急。
言論彈射，以刻薄相尚。居三年之喪者，往往有致毀以死。」[註29]據此可
知，戰國至東漢，吳、越之民仍具有明顯的膽汁質型氣質和較多的多血質型
氣質，並具有一定的黏液質型氣質（主要存在於浙江以北）和少量的抑鬱質
型氣質。吳人從矜己諾向好辭、巧說、少信的轉變，應和其黏液質、抑鬱質型
氣質的減少，膽汁質、多血質型氣質的增強，政治、經濟和文化的發展，君主
的倡導，屈原、宋玉、唐勒、枚乘、鄒陽、嚴忌、嚴助、朱買臣諸人的作品及
其顯貴的影響有關。總的來說，這一時期吳、越之人的特性和風俗與春秋時
大致相同。

　　三國至南北朝，朝代迭興，戰亂不已，北方人口大量南遷。其中東漢末
至三國進人吳、越之地的大多為江北、淮河流域之人。西晉末及東晉遷入的
則有幽、冀、青、并、兗、徐諸州之人，[註30]即除江北、淮河流域外，尚
有黃河、海河流域之人。由於北方移民眾多，東晉以下政府為之特僑立州、
郡、縣。按《宋書》卷三十五《州郡一》所載，轄境與趙宋鎮江、常州、江陰
大致相當的劉宋南徐州，下設南東海、南琅邪、南蘭陵、南東莞、臨淮、淮
陵、南彭城、南清河、南高平、南平昌、南濟陰、南樓陽、南泰山、濟陽、南
魯郡等僑郡和晉陵、義興等郡，全州 42 萬人中一半以上為僑人。這些移民大
多來自東起城陽、東莞，南至廣陵、臨淮、沛，西自陳留、濮陽、廣平，北止
清河、樂陵的廣大地區（大致相當於今膠東以外的山東、蘇北，及其與河北、
河南、安徽三省接壤的邊緣地區），而以琅邪、東海、彭城、下邳一帶為最多。
還有少數則來自太原和遼西。

　　以上各地的風俗與吳、越地區相去甚遠。按《漢書·地理志》所云，東漢
時，齊地之人多好經術，矜功名，舒緩闊達而足智，其失誇奢、朋黨，言與行

〔註27〕標點本《史記》卷一百二十九《貨殖列傳》，3267、3270 頁。
〔註28〕《漢書》卷二十八下《地理志》。《二十五史》，523、524 頁。
〔註29〕《宋書》卷三十《五行一》，《二十五史》，1735 頁。
〔註30〕《晉書》卷十四《地理上》、卷十五《地理下》，《宋書》卷三十五《州郡一》，
　　　　《二十五史》，1291、1294、1296、1750～1754 頁。

謬，虛詐不情，急之則離散，緩之則放縱。清河、廣平男子悲歌慷慨，起則椎剽掘冢，作奸巧。魯地其人好學，尚禮義，重廉恥，俗儉嗇，愛財，趨商賈，好訾毀，多巧偽。宋地人重厚，多君子，好稼穡，惡衣食以致畜藏，其失急疾顓己，好為奸盜。廣陵風俗與吳地同。太原俗以詐力相傾，矜誇功名，報仇過直，嫁娶送死奢靡。遼西俗與趙、代相類，民俗強直堅恨，剽悍尚氣，為奸不事農商。又按《隋書·地理志》所云，以上各地風俗漢、隋間並無大的變化。如青州風俗與古不殊，人多務農桑，崇尚學業，而歸於儉約。清河人性多敦厚，好尚儒學，而傷於遲重，俗重氣俠，好結朋黨，而失之於輕狡。兗州人多好儒學，性質直懷義。徐州及豫州梁郡與兗州大抵同俗。太原、北平人性勁悍勇俠，亦多文雅之士。來自以今山東、江蘇交界地區為主的上述各地的移民，大多具有很濃厚的黏液質型氣質，顯而易見的膽汁質和多血質型氣質，以及少許抑鬱質型氣質。

三國與東晉北人的南遷不僅帶來了新的遺傳基因，將其本土的風俗、文化直接帶到了鎮江、常州、江陰等地，而且還帶來了先進的生產技術和新的社會生活方式，造成了移居地經濟、政治、軍事和文化的變化，又間接地使其社會和風俗發生了相當大的變化。到隋朝，京口、毗陵、吳郡、會稽、餘杭、東陽、永嘉等地人性輕揚，尚鬼好祀的習氣雖未完全改變，[註31] 但其風俗已從漢代的火耕水種，人皆窳偷生，無積聚而多貧，好辭、巧說、少信，一變而為川澤沃衍，有海陸之饒，珍異所聚，商貿并湊，君子尚禮，庸庶敦龐，風俗質樸、淳厚、澄清，而道教隆洽。[註32] 隋、唐時北人南遷的規模和影響雖遠不及三國與東晉，但上述風氣的變化卻一直延續至唐。所以唐人杜佑說：「永嘉之後，帝室東遷，衣冠避難多所萃止，藝文儒術斯之為盛，今雖閭閻賤品處力役之際，吟詠不輟，蓋因顏、謝、徐、庾之風扇焉」。[註33] 以上數郡中，北方移民占多數的京口、毗陵一帶風俗變化最大。樂史《太平寰宇記》云，潤州自永嘉南遷，斯為帝鄉，人性禮遜廉謹，婚嫁喪葬雜用周、漢之禮。隋、唐時，潤州人的禮遜謙謹及驕奢淫逸，常州人的古直和淳遜可以說是北方移民的遺風。當時，其民氣質中原本十分突出的膽汁質型的特點已大為減弱，黏液質型的色彩已相當鮮明。

〔註31〕杜佑：《通典》卷一百八十二《風俗》，中華書局，1984 年，969 頁。
〔註32〕《隋書》卷三十一《地理下》，《二十五史》，336 頁。
〔註33〕《通典》卷一百八十二《風俗》，969 頁。

三、兩宋時期浙人特性的發展和定型

　　再就宋代而言。通過對載有人口遷徙資料或線索的幾部宋元方志的分析，可知北宋時遷人兩浙的外路人數不多。如至正《崑山郡志》卷四《人物》載錄宋代人物 29 人，其中僅有 1 人係北宋時自開封遷居崑山。《琴川志》卷八《人物》收錄宋代人物 27 人，無 1 人係北宋時自外路移寓常熟。至元《嘉禾志》卷十三《人物》記載宋代人 49 人，內僅有 1 人係北宋時自江東移居嘉興。延祐《四明志》卷四、卷五《人物》共載宋代人物 85 人，其中僅有 2 人係北宋時分別自京西、淮南遷入。嘉定《赤城志》卷三十三、卷三十四《人物》記錄了宋代人物 539 人，無 1 人係北宋時移居台州。鎮江、常州外路移民較多。如至順《鎮江志》卷十八《科舉》、卷十九《仕進·節義·孝友·隱逸》著錄宋代人物 414 人，內約有 35 人係北宋時自外路遷入，其中來自福建者 24 人，開封者 5 人，江西者 3 人，京西者 1 人，江東者 2 人。咸淳《毗陵志》卷十七、卷十八、卷十九《人物》共錄宋代人物 74 人，內約有 7 人係北來時自外路遷入，其中 2 人來自淮南，2 人來自福建，3 人分別來自開封、四川和江西。以上記載雖有錯訛、遺漏，或模糊不清之處，但與事實大致相去不遠。因北宋時移居者人數不多，其影響當不會太大。以移民較多的鎮江為例，該地僑寓者以閩人為最多。福建「其俗信鬼尚祀，重浮屠之教，與江南、二浙略同；然多向學，喜講誦，好為文辭，登科第者尤多」。〔註34〕其影響即限於好學和注重科舉。

　　對北宋時浙人特性產生較大影響的主要不是人口的遷徙而是其他一些因素。北宋兩浙享有一百餘年的和平，社會經濟獲得了迅速的發展，人口不斷增加，文化教育日益發達，在此基礎上，民風逐漸向崇文尚禮和柔慧的方向發展。如主要具有黏液質型氣質的鎮江、常州、江陰之民，即秀而多文，人性禮遜、古直、淳樸。常州科舉登第者眾多，有「文風獨盛」之譽。〔註35〕在宋初以後人們的議論中，已不再有鎮江人亦驕奢淫逸的記載。富饒的兩浙中部如蘇州，按《吳郡圖經續記》卷上《風俗》和《吳郡志》卷二《風俗》所言：「自本朝承平，民被德澤。垂髫之兒皆知翰墨，戴白之老不識戈矛。」在「尚文」、「尚佛」傳統和黏液質、抑鬱質型氣質的影響下，「吳人多儒學，喜信施」，「士風篤厚」，「境無劇盜，裏無奸凶」。其「好用劍，輕死」，「多鬥將、戰士」

〔註34〕標點本《宋史》卷八十九《地理五》，中華書局，1977 年，2210 頁。
〔註35〕《宋本方輿勝覽》卷四（常州），86 頁。

和盛行「五月鬥力之戲」的舊俗，亦因「本朝文教漸摩之久」而不復存在。北宋時，建立在膽汁質和多血質型氣質基礎之上的吳、越之人輕死、易發的特性不僅早已遭到削弱，而且在長期保持和平的年代裏，在軍事上亦無法得到展示的機會。不過。失之東隅，收之桑榆，這種業已減弱的特性卻在其他領域內獲得了用武之地，轉化為急於進取和急於圖利。其結果是「所利必興，所害必去；原田腴沃，常獲豐穰，澤地沮洳，寢以耕稼」；以致「人無貴賤，往往皆有常產，以故俗多奢少儉，竟節物，好遊遨」，「崇棟宇，豐庖廚，嫁娶喪葬，奢厚逾度。」在地瘠民貧，文教頗興的兩浙南部，人民勤儉，家習儒業，賦輸素辦，多事工商而工巧。但因其人主要具有膽汁質型氣質，其君子任氣，敏於事，風俗剽悍。背山面海的明州和台州，富於魚鹽之利，故其人苟且於魚鹽之利而怠於農作。水土和人民氣質上的特點，文教上的差異，使明人剽而多盜，易抵冒，民訟繁夥，喜遊販海物，使臺人雖日有爭訟，但仍號無事，百姓不識官府。〔註36〕

南宋初及其後人口的大規模遷徙，再次構成了影響浙人特性的重要因素。「高宗南渡，民之從者如歸市」。〔註37〕按南渡學者莊綽所言：「建炎之後，江浙湖湘閩廣西北流寓之人遍滿」，〔註38〕為數頗多。建炎三年鄭毅指出：「平江、常、潤、湖、杭、明、越號為士大夫淵藪，天下賢俊多避地於此」。〔註39〕據此可知，南渡進入浙地的西北之人大多分布在兩浙的北部、中部和東部的明州。紹興、隆興以後，仍不斷有北方移民進入兩浙。如開禧年間，淮南「安豐、濠、盱眙、楚、廬、和、揚凡七郡，其民奔迸渡江求活者幾二十萬家」。〔註40〕這些流寓者亦大多分布在兩浙的北部和中部。以下分區探討遷徙的規模、移民的來源及其影響。

先就兩浙北部而言。按前所述，鎮江宋代人物共 414 人，僑寓者 98 人中約有 37 人係南宋時遷入，內來自北方者 32 人（占宋人總數的 7.7%），其中有 3 人係京東人，1 人原籍開封，10 人來自河北，1 人來自陝西西和州，2 人

〔註36〕嘉定《赤城志》卷三十七《土俗》，《宋元方志叢刊》，7572、7574 頁。
〔註37〕標點本《宋史》卷一百七十八《食貨上六》，4340 頁。
〔註38〕莊綽：《雞肋編》卷上，文淵閣四庫全書，50 頁。
〔註39〕李心傳：《建炎以來繫年要錄》卷二十建炎三年二月庚午條，中華書局，1988年，405 頁。
〔註40〕標點本《葉適集》《水心文集》卷二《安集兩淮申省狀》，中華書局，1983 年，10 頁。

自淮北，14 人來自淮南。〔註41〕常州宋代見諸著錄的人物 74 人中寓賢占 13 人，內南宋時遷居者約 6 人，其中有 3 人來自北方（占宋人總數的 4.1%），內 1 人來自淮北，2 人來自淮南。〔註42〕按上所述，相對土著而言，南宋時這一地區流寓之人並不多，其人大多來自北方。該地與兩淮隔江相望，加上風土接近，所以淮人南渡者多寓居於此，而這一地區南渡的僑寓者亦以淮人為最多。按《宋史・地理志》所載，淮南揚州「人性輕揚，善商賈」，大多具有多血質和膽汁質型氣質。淮北諸州「其俗與京東、西略同」。與淮北接壤的京西北路如汝陰、蔡州等地與東京、西京「其俗頗同」。洛陽「民性安舒，而多衣冠舊族」，大多具有黏液質型氣質。開封、京東「其俗重禮義，勤耕紝」，「大率東人皆樸魯純直，甚者失之滯固」，大多具有黏液質以及抑鬱質型氣質。河北「人性質厚少文，多專經術，大率氣勇尚義，號為強忮」，陝西沿邊之人「勁悍而質木」，大多具有膽汁質和黏液質型氣質。北人的南渡大致在同等程度上加強了中部之人的膽汁質、黏液質和多血質型氣質。同時又因其人數有限，所以這種加強並不足以改變北部之人黏液質型氣質較為突出的固有特點。

　　兩浙中部的臨安是北方移民的主要居留之地。當時「西北士大夫多在錢塘」。〔註43〕按紹興二十六年凌景夏所言；「臨安府自累經兵火之後，戶口所存裁十二、三，而西北人以駐蹕之地，輻湊駢集，數倍土著，今之富室大賈，往往而是」。〔註44〕其人數竟占首都人口的大半。按陸游所說：「大駕初駐蹕臨安，故都及四方士民商賈輻輳，」〔註45〕其人有很大一部分係來自開封。外郡南渡之人則遠少於此。按前所述，平江府常熟縣宋代人物 27 人中南宋時由外路移寓者約 10 人，均來自北方（占宋人總數的 37.0%），內 2 人原籍開封，3 人原籍洛陽，3 人來自淮北，2 人來自淮南。〔註46〕崑山縣宋代人物 29 人中由外路遷入者約 12 人，內南宋時移居者 11 人，其中 6 人分別來自北方的開封、陝西解州、京西洛陽、京東濮州、淮海和淮南江都（占宋人總數的 20.7%）。〔註47〕嘉興宋代人物 49 人中從外路移寓者約 18 人，其中 17 人

〔註41〕據至順《鎮江志》卷十八、卷十九《人材》。
〔註42〕據咸淳《毗陵志》卷十七、卷十八《人物》。
〔註43〕《宋史》卷四百三十七《程迴傳》，12949 頁。
〔註44〕《建炎以來繫年要錄》卷一百七十三紹興二十六年七月丁巳條，2858 頁。
〔註45〕影印本《宋人小說》之八《老學庵筆記》卷八，上海書店，1990 年，3 頁。
〔註46〕據《琴川志》卷八《人物》。
〔註47〕據楊譓：至正《崑山郡志》卷四《人物》，《宋元方志叢刊》。

係南宋時移居，內 9 人來自北方（占宋人總數的 18.4%），其中 3 人原籍開封，2 人來自河北，2 人來自京西的汝陰、洛陽，1 人來自濟南，1 人來自淮北。〔註48〕以上二地之南渡者大多來自北方，其在人口總數中所佔比例低於臨安，而高於鎮江、常州一帶。平江其餘縣份和湖州、紹興的情況應與此大致相似。這些南渡者大多來自開封及與其毗鄰的京西北路、京東西路、淮北和河北南部等地。其中解州之「俗頗純厚，」〔註49〕其人大多具有黏液汁型氣質，與以上各地大致相同。以開封為中心的南渡者的到來使兩浙中部之人黏液質型的氣質得到較大的加強，使抑鬱質型氣質得到一定的加強，從而在相當大程度上進一步淡化了該地之人自秦、漢以來即已不斷減弱的膽汁質和多血質型的氣質，使兩浙中部成為四種氣質類型互相交融，其組成成份因混合而漸趨中和的地區。

南渡者的到來使臨安的風俗發生了顯著的變化。只要取記錄開封風俗的《東京夢華錄》和載錄臨安風俗的《夢粱錄》兩相比較，便可發現兩地風俗頗多相同之處。這種相同不僅存在於南宋，而且延續至宋亡以後。如明萬曆間人胡震亨即曾因汴、杭風俗雷同而「心竊怪之」。〔註50〕這類相同大多出於南渡之開封人的移植、倡導和影響。如吳自牧即指出，南宋杭城凡百貨賣飲食之人多裝飾車擔，使器皿新潔精巧，以炫耀人耳目，「蓋效學汴京氣象，及因高宗南渡後，常宣喚買市，所以不敢苟簡，食味亦不敢草率也。」〔註51〕胡震亨則認為，汴、杭同俗，「皆南渡風尚所漸也」，〔註52〕其餘四郡南渡之人雖少於臨安，但也對當地的風俗產生了一定的影響。如湖州山水清遠，南渡時「四方士大夫樂山水之勝者鼎來卜居，衣冠霧臺，弦誦馳聲，上齊衡於鄒、魯」，〔註53〕其固有的好德和好學之風因之得以繼續發揚光大。

兩浙東部西北流寓之人在當地總人口中所佔比重大約介於中部和北部之間。按前所述，慶元府宋代人物 85 人中約有 19 人係由外路遷人。內南宋時移居者 16 人，其中 11 人來自北方（占宋人總數的 12.9%），內 6 人原籍開封，

〔註48〕據至元《嘉禾志》卷十三《人物》。

〔註49〕《宋史》卷八十七《地理三》，2170 頁。

〔註50〕孟元老：《東京夢華錄》胡震亨跋，中國商業出版社，1982 年，73 頁。

〔註51〕吳自牧：《夢粱錄》卷十八《民俗》，中國商業出版社，1982 年，149 頁。

〔註52〕《東京夢華錄》胡震亨跋，73 頁。

〔註53〕嘉泰《吳興志》卷十《風俗》，4857 頁。

2人來自京東，2人來自淮南，1人來自淮北。〔註54〕台州宋代人物539人，其中由外路移寓者74人，均係南宋時移居，內來自北方者約73人（占宋人總數的13.5％），其中55人原籍開封，7人來自京東，2人來自河北，5人來自京西北路，2人來自襄陽，2人來自長安和淮南。〔註55〕些南渡者亦大多來自開封及其鄰近地區。宋代的襄陽「習俗近荊楚」，「俗薄而質」；〔註56〕長安之人「大抵誇尚氣勢，多遊俠輕薄之風，甚者好鬥輕死；」〔註57〕其人大多具有膽汁質和多血質型氣質。南渡者的到來主要強化了東部之人的黏液質型氣質，並使其抑鬱質型氣質得到了一定的加強。但因南渡者人數有限，這種增強並不足以改變其原住民缺乏黏液質型氣質的特點。

　　兩浙南部的南渡者為數不多。亦大多來自開封及其鄰近地區。如兩宋之際始移居婺州的呂好問、呂祖謙家族即來自京師或河南，〔註58〕寓居衢州常山的趙鼎係陝西解州人，〔註59〕遷居衢州的孔傳、孔元龍等南孔家族則來自曲阜。〔註60〕南遷者帶來了以黏液質型為主，以抑鬱質型為輔的氣質。但因其人數甚少，他們的到來亦未改變其原住民膽汁質型氣質十分突出，抑鬱質型氣質相對缺乏的特點。

　　除上述移民的直接影響外，以北人南來為主的人口遷徙和宋室南渡還造成了南宋時兩浙政治、經濟、軍事和文化的變化，因而間接地影響了浙人特性的發展和風俗的變遷。具體來說，以皇室、官吏、軍隊為中心，以北人南渡為主的人口遷徙，使兩浙人口大增。為養活新增人口，為在江南重建皇室和官僚們的家園，兩浙不斷興起開墾荒地的熱潮。其結果一方面促進了農業的發展和手工業、商業、城市的繁榮，另一方面則造成了土地兼併的加劇和土地的高度集中。如紹興至慶元間，嘉興崇德縣因「戶口充斥，人物繁夥」，「生

〔註54〕據袁桷：延祐《四明志》卷四、卷五《先賢》，《宋元方志叢刊》。

〔註55〕據嘉定《赤城志》卷三十三、卷三十四《人物》。

〔註56〕《宋史》卷八十五《地理一》、卷八十八《地理四》，2118、2201頁。

〔註57〕《宋史》卷八十七《地理三》，2170頁。

〔註58〕黃宗羲、全祖望：標點本《宋元學案》卷二十三《滎陽學案》、卷三十六《紫微學案》、卷五十一《東萊學案》，中華書局，1986年，902、1233、1652頁；《宋史》卷四百三十四《呂祖謙傳》，12872頁。

〔註59〕《宋本方輿勝覽》卷七《衢州》，103頁；《宋史》卷三百六十《趙鼎傳》，11285頁。

〔註60〕《皕宋樓藏書志》卷二十六孔傳《〈東家雜記〉序》，孔宗翰等《〈東家雜記〉序》，中華書局；《宋元學案》卷八十一《西山真氏學案》，2711頁。

齒遍聚」，荒地不斷開墾成田。到慶元時，該地已達到「無尺地寸壤之不耕」，農田「非王公貴人之膏腴，即富家豪民之所兼併」，「民田之存已無幾，狹鄉一、二畝」的地步。〔註61〕土地的兼併和高度集中使生存競爭日趨劇烈，使浙人更急於進取、圖利，愈加勤嗇、敏捷，風氣漸入於澆薄。經濟的繁榮則助長了浙人厚於滋味，趨於奢靡和工巧的舊風氣。如紹興以後「煙火阜繁，生齒日眾」，開始繁榮起來的海鹽縣澉浦鎮，其人即「不事田產，無倉廩儲蓄，好侈靡，喜樓閣」，「網羅海中諸物以養生」，而「俗僭」。〔註62〕劇烈的競爭、險惡的前途、沉浮未可預卜的迅速變遷以及經濟的繁榮和統治集團的鼓勵、提倡，使更多的人轉向宗教，從中尋求精神的寄託和解脫，因而使浙人尚浮屠之教的舊風氣有增無減。

　　隨著政治中心的南移，大批皇室成員、官吏和軍人紛紛來到兩浙。為維持其生存，保衛南宋政權，必須籌措大量的經費和戰費。當時政府「軍儲歲計，多仰浙西」，〔註63〕「江浙稅重，」〔註64〕異於他處。按朱熹所說，南宋賦稅「浙中全是白撰，橫斂無數，民甚不聊生」，「故浙中不如福建，浙西又不如浙東，江東又不如江西，越近都處越不好。」〔註65〕舉例來說，因「官吏叢冗辱，兵旅繹騷」，建炎以後台州「民生產作業益艱，自是機變繁滋，有逐末而鬩於爭者」，一改以往淳遜無事的舊俗。〔註66〕不過，過重的賦斂往往會造成相反的結果。如淳祐以後，崑山等地「巨家上室，公私交困，率多替徙，市井蕭索」，以致該地「多奢少儉，競節物」的舊俗「不復見矣」，「然士風愈淳，民俗素樸，士以到訟庭、登酒壚為恥，民以務孝養、勤本業為事」，風俗亦為之一變」。〔註67〕

　　政治中心的南移，經濟和城市的繁榮助長了臨安居民的驕惰之風，以致游手奸黠，實繁有徒，〔註68〕「豪強輕於犯法，奸伏易以乘間，巧偽充斥，

〔註61〕至元《嘉禾志》卷二十六《崇福田記》，《宋元方志叢刊》，4609、4610 頁。

〔註62〕紹定《澉水志》卷上《風俗》、《鎮境》，《宋元方志叢刊》，4660 頁。

〔註63〕《建炎以來繫年要錄》卷五十四紹興二年五月庚辰條，956 頁。

〔註64〕黎靖德：標點本《朱子語類》卷一百十一《論民》，中華書局，1986 年，2715 頁。

〔註65〕《朱子語類》卷一百十一《論民》，2714、2715 頁。

〔註66〕嘉定《赤城志》卷三十七《土俗》，《宋元方志叢刊》，7572 頁。

〔註67〕淳祐《玉峰志》卷上《風俗》，咸淳《玉峰續志·風俗》，《宋元方志叢刊》，1061、1099 頁。

〔註68〕周密：《武林舊事》卷六《作坊·驕民·游手》，中國商業出版社，1982 年，121 頁。

狴獄繁興。」〔註69〕其原因誠如周密所言,「蓋生長輦下,勢使之然」,和「浩穰之區,人物盛夥」。〔註70〕

　　宋室南遷又使兩浙和臨安成為士大夫匯萃的文化中心。在其影響下,作為輔郡的湖州「風化先被,英傑輩出」。〔註71〕由皇子出任郡守且位於畿甸的明州,南宋時「禮俗日盛,家詩戶書,科第取數既多,且間占首選,衣冠文物甲於東南」。〔註72〕其結果是科舉越來越受人重視,登第、入仕者日益眾多,好學、多文的風氣更加盛行,浙人循理、靜退、柔慧的色彩愈益明顯。與此相反的是,另一些舊風氣,如北宋時明州人剽悍、多盜,頗易抵冒等風俗則漸趨淡化以至消失。在上述諸因素的共同作用下,又經過一百餘年的社會生活實踐,宋代浙人的特性和浙地風俗的特點方才最終形成并定型。

四、宋代浙人的特性和兩浙經濟的發展

　　按前所述,宋代浙人的特性和浙地的風俗是在一定的經濟條件的影響下形成的。經濟對浙人特性和風俗的作用上文已有論述,此不贅言。值得注意的是,這種特性和風俗一旦形成,又會反過來對浙地經濟的發展產生重要的影響。這種影響是通過人的活動展現出來的,它們主要表現在以下幾方面。

　　首先。急於進取和急於圖利構成了推動兩浙經濟發展的內在強大精神動力。宋代浙人的急於進取不論是急於通過科舉人仕,還是急於發財致富,大抵是以急於圖利,亦即急於謀取物質利益為主要特點和首要目標的。正是在這種急迫的進取心和競爭心的推動下,其人才勤於耕織,努力從事工商,在短時期內即將可耕之地(包括積水之地)全部開墾完畢,以至於達到四郊無曠土。無尺土寸壤之不耕的地步,並使奇技之巧層出不窮,工商業和城市日臻繁榮。

　　其次,敏慧、好學和善於圖利構成了足以推動浙地經濟克服重重阻力和種種困難,持續不斷向前發展的潛在動力。敏慧、好學意味著其人具有較強的學習能力、適應環境的能力和應變能力,善於學習他人的先進技術和經驗,善於從事經濟活動,善於開拓創新和擺脫困境,亦即善於在經濟活動中謀利。善圖利意味著其人善於治生,資源配置能力較強,能因地制宜地從事

〔註69〕《宋本方輿勝覽》卷一《臨安府》,45頁。
〔註70〕《武林舊事》卷六《作坊・驕民・游手》,121頁。
〔註71〕嘉泰《吳興志》卷二十《風俗》,《宋元方志叢刊》,4857頁。
〔註72〕紹定《四明志》卷一《風俗》,《宋元方志叢刊》,4999頁。

農桑漆茶魚鹽果蔬工商等行業並獲得成功，能因時制宜在人多地少、人口壓力形成後將剩餘勞力轉移到農業以外的工商政教等領域，或在因政局變動，人民生產作業日益艱難的情況下轉而棄本逐末。這就使浙地經濟具有足夠的靈活性、頑強的生命力和強勁的競爭力，足以長久立於不敗之地。

復次，勤儉、樂業、工巧構成了推動浙地經濟發展的直接動力。勤儉、樂業和工巧使浙人熱愛勞動，具有較強的勞動、工作能力和積累資金的能力，因而善於圖利，直接、有效地推動兩浙經濟的發展。

再次，奢靡、厚於滋味和尚浮屠之教只要不超過一定限度，便能增強和促進內部消費，造成一種持續不斷的旺盛的內在需求，足以反過來帶動生產，促進經濟的發展，構成了足以推動兩浙經濟發展的一種內在的反推力。

最後，柔順、循理構成了兩浙經濟能正常發展的重要保障。柔順、循理的特性使浙人傾向於通過和平、正當和合法的途徑，而不是以暴力和非法的手段去謀生與致富，因而易於營造出一種遵紀守法，具有良好的社會規範和社會秩序的氛圍，足以為經濟的順利成長創造良好的內在運行機制和合適的外部環境。

毋庸置疑，宋代浙人的特性和浙地風俗對經濟的發展又存在種種消極和不利的影響。例如苟且、懶惰肯定無益於經濟的發展。奢靡、厚於滋味和尚浮屠之教過度所造成的超前消費，無異於釜底抽薪，將使再生產無法進行，因而會損害經濟的發展。剽悍、尚氣和民訟繁夥太過，則會使人們糾纏於無謂的紛爭之中，浪費大量的時間、精力和金錢，亦不利於經濟的發展。

不過，在宋代浙人的特性和浙地的風俗中，消極因素是支流而非主流，浙人特性和浙地風俗對經濟的影響主要是積極的而非消極的。就兩浙內部四大區域而言，兩浙中部尤其是杭州、蘇州、嘉興和紹興四郡的風俗和人們的特性最適合亦最有利於經濟的發展。宋代乃至元明清時期，四大區域中以中部經濟發展最快，亦最為繁榮，位於中部的蘇州和上海因此而成為全國最大的工商業城市和經濟中心。這種現象的出現和長期存在與延續，不能說與其人的特性和該地的風俗無關。

第三章　經濟與政治

在古代中國，生產關係、政府的作用和社會的治亂均對農業生產具有非常重要的影響。

在宋代的太湖地區，土地高度集中，租佃制十分流行。土地的高度集中一方面使地主得以運用其所掌握的人力和物力組織水利田的開發，另一方面則使農民缺少和失去土地，造成農民生產積極性受挫乃至脫離農業，不利於土地的開發。不過，這種不利影響因租佃制的流行而多少有所緩解。

在宋代，政府在水利、救濟和組織生產等方面起著舉足輕重的作用，對經濟的發展具有重要的影響。各地在州軍之上設有監司一級機構，負責興修水利、救濟和組織生產等。慶曆以後，尤其是熙寧以後，政府開始提倡、鼓勵和組織興修水利，開發荒地。在宋代的太湖地區，政府組織的工程中，勞動力的調集則實現了由差調為主向雇募為主的轉化。所有這一切都十分有利於水利田的開發。

兩宋三百多年中，太湖地區僅在兩宋之交和南宋末經歷過戰亂的破壞。長期的和平與穩定亦十分有利於農業的發展。

在經濟與政治的關係中，中央和地方政府對水利田開發的政策及其差異與變化，官員的態度及其差異，官場風氣及其演變，對水利田的開發和農業的發展具有非常關鍵的影響。以下謹以江東宣州宣城縣百丈圩的興廢為例，來分析上述影響。

北宋仁宗嘉祐年間（1056～1063），江東轉運使張顒（1008～1086）、判官謝景溫（1021～1097）在修復太平州蕪湖縣萬春圩之後，又在該圩以東15

里宣州宣城縣境內興修起一座百丈圩。〔註1〕以上二圩的興修在統治階級中引發了一場風波，足以使人窺一斑而知全豹，洞悉當時官場的腐敗和新舊勢力的消長。茲就百丈圩的興廢來考察這場風波所揭示的種種問題。

一、百丈圩的興修

最先創議修復百丈圩的是發運使楊佐。此事沈括的《萬春圩圖記》（以下簡稱《圖記》）、〔註2〕宣城地區的志書均未記載，只有張問所撰《張顯墓誌》言之頗詳（以下簡稱《墓誌》）。《墓誌》云，萬春圩修復後，「發運使楊佐奏：『宣州有久廢百丈圩；廣袤與萬春圩等，願下本路修築』。詔：『許之』」。於是在萬春圩東就又修起了一所百丈圩。

百丈圩修築工程的主持者應是江東路的地方官吏。《圖記》云，百丈圩的興修「其工半萬春，因其舊器材蕆委之郡邑，使者不復親臨矣；典議覆非老習；多少年喜事」。其主持者似是州縣長官。

但據《墓誌》所載，事實卻並非如此。在允許修築百丈圩的詔令下達後，張顯「時為轉運使，與其佐謝景溫實董其事。部吏有宰相弟欲從役者，公與謝議，曰：『方為民興利，而以勢家預之，人豈不謂我等有希賞之心耶！』即拒之。圩成，公代去。江淮大水，州縣啟閉不以時，閘破圩決。諫官之。江漲失閉，州縣過也，圩則何罪？今可亟完，何至廢耶！』使竟以非便奏之。公坐是謫知峽州。」可知百丈圩興修工程的主持者應是「實董其事」的張顯和謝景溫。正因為他倆是掌握全局的實際負責人，他們方能拒絕「宰相弟」的參與，並為百丈圩的破決承擔責任。張顯因此而「謫知峽州」。謝景溫亦因「興宣城百丈圩，議者以為罪，降通判」。〔註3〕至於前引《圖記》所說的「郡邑」長官，至多只是張、謝領導下的具體的施工負責人，如同萬春圩修復工程中的沈披一樣。

百丈圩修築的時間顯然晚於萬春圩。《圖記》云：「先是萬春適就，又過其東十五里築圩曰百丈」。按其所說，百丈圩似修成於萬春圩竣工後不久。如有人就認為百丈圩是在「緊接修復萬春圩的兩個半月後」「築成」。〔註4〕

〔註1〕按《宋史》卷295《謝景溫傳》和張顯《墓誌》所載，百丈圩應在宣城境內。《學術月刊》1979年第8期，劉尚恒《也談萬春圩的興建》云百丈圩不在宣城，誤。

〔註2〕見《長興集》卷21。

〔註3〕《宋史》卷295《謝景溫傳》。

〔註4〕《安徽師大學報》1975年第4期《沈括在皖南地區的活動》。

　　《圖記》云，萬春圩修成於嘉祐六年。在工程即將破土之際，適逢大水、歲饑。「百姓流冗，縣官方議發粟，因重其庸以募窮民」，從募夫至工程全部結束，前後歷時凡90日。按《續資治通鑑長編》所載，嘉祐六年七月初五，仁宗詔：「淮南、兩浙、江東、西路水災，其令轉運使就差本路官體量，蠲其賦租，仍預為賑救之術，無使秋冬乏食，以致逃移」。〔註5〕據此可知，工程始於七月，歷八月和閏八月，而完成於九月。因其時適逢農忙，所以當塗縣令王知微曾建議「請候農隙」。「部使者始不悅，久乃信重之」。〔註6〕

　　既然萬春圩竣工於嘉祐六年九月，那麼按《圖記》所說，「其工半萬春」的百丈圩就應修成於嘉祐六年冬。然而令人不解的是，如果萬春、百丈二圩修的時間前後相接，張、謝二人何以要在工程進行到一半之際，即萬春圩竣工後，卻撇開沈披這樣的施工負責人，換上一班「少年喜事」者呢？顯然，百丈圩嘉祐六年冬興修一說值得懷疑。而根據現有資料來看。該圩的確不是修成於嘉祐六年冬。

　　首先，百丈圩是因楊佐倡議而興修。其修築時間應在楊佐任發運使期間或稍後。嘉祐年間的發運使計有以下幾位：元年九月以前為周湛，其後是高良夫，〔註7〕三年至五年乃孫長卿。〔註8〕五年之後，孫「改陝西都轉運使。逾年，知慶州」。〔註9〕知慶州事在嘉祐八年，〔註10〕改都轉運使應是嘉祐六年之事。就在這一年，即孫長卿卸去發運使之職後不久，李肅之於同八月十七日被任命為發運使。〔註11〕楊佐任發運使應在李肅之之後。《宋史》卷333《楊佐傳》云，嘉祐三年，宋廷置都水監後，〔註12〕楊佐即以鹽鐵判官同判都水監事。爾後又出任江淮發運使和鹽鐵副使。嘉祐六年八月初六，即李肅之的任命公布前，楊佐尚在同判都水監事任上。〔註13〕同月初九，他受命以

〔註5〕《續資治通鑑長編》卷194年嘉祐六年七月丙戌條。

〔註6〕嘉靖《南畿志》卷49《人物》、光緒《宣城縣志》卷15《宦業》。

〔註7〕《續資治通鑑長編》卷184嘉祐元年九月壬寅、十一月甲午條。

〔註8〕《宋會要輯稿·職官》六〇之二〇、《續資治通鑑長編》卷188嘉祐三年十月甲子條、《陶山集》卷15《王氏墓誌》。

〔註9〕《宋史》卷331《孫長卿傳》。

〔註10〕《二十五史補編·北宋經撫年表》，71頁。

〔註11〕《續資治通鑑長編》卷195嘉祐六年閏八月丁酉條、《宋會要輯稿·方域》一六之六。

〔註12〕《宋史》卷165《職官五》。

〔註13〕《續資治通鑑長編》卷188嘉祐三年十一月己丑條、《宋會要輯稿·食貨》四之三、《宋會要輯稿·方域》一六之六。

「契丹國母正旦使」的身份出使遼朝，〔註14〕次年才能返回開封。治平二年（1065）八月，楊佐已任鹽鐵副使。〔註15〕據此可知，嘉祐六年任發運使的是孫長卿和李蕭之，而不是楊佐。楊佐擔任發運和倡修百丈圩的時間只能在嘉祐七年至治平二年之間。百丈圩興修的時間不會早於嘉祐七年。

其次，《墓誌》指出：「圩成，公代去。江淮大水。」又按乾隆《蕪湖縣志》卷1記載，張顒「以便宜興築百丈湖，瀕水以為圩，會明年大水，百丈、化成果壞，諸圩多破」。可見百丈圩修成於江淮大水的前一年，只要能確定大水的年份，百丈圩興修的時間也就可迎刃而解了。

《宋會要輯稿》、《續資治通鑑長編》和《宋史》的記載表明，嘉祐六年至治平元年之間，只有治平元年江淮大水為災。《宋史》卷61《五行一上》指出，到該年九月，計有慶、許、蔡、潁、唐、泗、濠、楚、廬、壽、杭、宣、鄂、施、渝、洪、陳及光化軍等18個州軍大水，恰恰與《圖記》所言「郡國十八大水」相符。按此可知，百丈圩應興修於治平元年的前一年。即嘉祐八年。

最後，由張穎顒、謝景溫貶官的時間，亦可推知百丈圩興修的時間。張、謝二人因江淮大水，閘破圩決而遭貶黜，大水與貶官乃同一年之事。謝被貶於治平元年十月二十八日。〔註16〕可見江淮大水確實是在治平元年，而百丈圩的修築也確實是在嘉祐八年。

《墓誌》說，在興修百丈圩的過程中，「部吏有宰相弟欲從役」，而為張、謝二人所拒絕。這裡所說的「宰相弟」的姓氏是可以考知的。

嘉祐六年四月至治平元年的宰相僅有韓琦和曾公亮二人。〔註17〕琦有兄無弟。〔註18〕公亮父會，兄公度，弟公奭、公定、公望。〔註19〕諸弟中公望於皇祐五年（1053）知蘇州吳江縣，後知忠州，通判江州。治平二年知光州。〔註20〕其通判江州應在嘉祐末至治平初，正與百丈圩的興修時間相合。其時江州屬江東路〔註21〕，張顒為江東轉運使，江州通判曾公望正是他的

〔註14〕《續資治通鑑長編》卷195嘉祐六年閏八月己丑條。

〔註15〕《續資治通鑑長編》卷206治平二年八月甲午條、《宋會要輯稿・兵》六之一四。

〔註16〕《宋會要輯稿・職官》六五之二四、六三之五。

〔註17〕《宋史》卷210《宰輔一》。

〔註18〕尹洙《河南先生集》卷16《韓國華墓誌》。

〔註19〕乾隆《晉江縣志》卷8《選舉志》。

〔註20〕《祠部集》卷卷35《曾公望墓誌》、《朱氏墓誌》。

〔註21〕《宋史》卷88《地理四》、《元豐九域志》卷6。

「部吏」。《墓誌》所說的「宰相弟」必即曾公望無疑。此人和百丈圩的廢罷和張、謝二人的被貶不能說毫無關係。

二、百丈圩的破決和廢棄

治平元年，江東宣州等地大水，百丈圩因之破破決沉淪。對其破決的具體原因，歷來即有不同的說法。

《圖記》說，興修百丈之役「其工半萬春，因其舊器材蒿，委之郡邑。使者不復親臨矣，典議覆非老習，多少年喜事，易之弗為意」。言外之意是工程組織者的草率馬虎導致了全圩的破決。由沈披是萬春圩修復工程的施工負責人，他沒有參與百丈圩的興修來看，沈括上述這番話不免有抑此揚彼，抬高其兄沈披之嫌。加以此處敘事含糊，缺乏具體細節，沈括所述顯然不足為據。

關於百丈圩破決的具體原因還有另一說。如《墓誌》即明白無遺地指出，由於「江淮大水，州縣啟閉不以時，」才造成百丈圩「閘破圩決」的結果。《墓誌》所說才是事實。

《墓誌》和《圖記》又說，百丈圩破決後，有「諫官」（《圖記》作御史）上疏論其事，仁宗為之「遣使」臨按。使者認為此圩不應修復，百丈圩因此而被廢棄。顯而易見，在廢棄百丈圩的決策過程中，這個「諫官」（或「御史」）以及「使者」起著十分重要的作用。

上述「諫官」（或「御史」）以及使者的姓名不見於《墓誌》和《圖記》，而見之於乾隆《蕪湖縣志》。其書卷 1 云：舊志：宋嘉祐中，轉運使張顥、判官謝景溫請築之（指萬春圩）。提刑李寬言：「修圩則宣池水壅，化成及諸小圩必壞。」有詔：「毋遽修，敕運使選知水者再行按視。」顥及景溫奏；「已募工給緡，不可止也」。以便宜興築百丈湖，瀕水以為圩。會明年大水，百丈、化成果壞，諸圩多破。諫官呂誨言：「顥、景溫擅興事，罪當黜。」命都水監丞劉汝言行視。汝言是李寬說，遂貶顥知峽州，景溫通判通州。

以上文字係引自「舊志」。蕪湖之有志，始於宋人王松的《蕪湖圖志》和王梠的《蕪湖志》。〔註22〕元、明以降，蕪湖志書續修不絕。此段記載當自宋元舊志沿襲而來。由上所述，可知：

一、《圖記》和《墓誌》所說的「使者」與「使」就是劉汝言。《圖記》中

〔註22〕民國《蕪湖縣志》卷 56《藝文志》、嘉慶《蕪湖縣志》卷 13《王梠傳》。王松，《宋史》卷 204《藝文三》作「王招」。

的「御史」和《墓誌》所說的「諫官」顯然是指呂誨。嘉祐八年七月以前，呂誨在御史臺。七月乙巳以後任起居舍人，同知諫院。〔註23〕治平元年八月，誨受命出使遼朝。〔註24〕次年三月任侍御史知雜事，又回到御史臺。〔註25〕百丈圩潰決時，呂誨正任諫官。《圖記》所說的「御史」當為「諫官」之訛。

二、除呂誨、劉汝言外，江東提刑李寬在廢棄百丈圩的決策中亦起著舉足輕重的作用。

三、百丈圩的興廢與萬春圩的修復有著密切的關係。《圖記》中所說的對萬春圩的興修持異議的「比司」，即是與轉運司比鄰的提刑司。

呂誨等人主張廢棄百丈圩的原因和背景各不相同。

呂誨字獻可，幽州安次人。嘉祐六年四月從開封出知江州，次年三月尚在江州任上。〔註26〕呂誨是北宋中葉因循苟且官僚的典型代表。神宗繼位後，他即竭力反對重用王安石，說王「固無遠略，惟務改作，立異於人，徒文言而飾非，將罔上而欺下」。如「久居廟堂，必無安靜之理」。〔註27〕呂誨出守江州之際，適逢萬春、百丈的興修。從其同事江州通判曾公望「欲從役」的情況來看，呂誨對興修之事一定有所風聞。因此毫不奇怪，從其一貫反對「擅興事」的立場出發，他就在適當的時機對張、謝興修萬春、百丈一事提出彈劾。

劉汝言的生平事蹟已不可考。據《圖記》、《墓誌》說，劉「新用事，欲生威」。到江東後處處「迎諫官意，風民歸罪於圩」，「盛論百丈不當立」，最終造成了百丈圩的被廢。

李寬，字伯強，南昌人。仁宗末年任江東提刑。後「移京西，除廣西轉運使」。治平二年（1065）九月，卒於廣西任上。〔註28〕其任江東提刑應是嘉祐中事。仁宗時曾規定：地方官欲開修水利，須先具所見利害和地圖，「申本屬州軍及轉運或提刑司」，由漕、憲二司派員踏勘。如事屬可行，尚須具保申轉運、提刑司，經批准後方可動工。並有「於未農作時興役半月，不得非時差

〔註23〕《續資治通鑑長編》卷199嘉祐八年七月乙巳條。
〔註24〕《宋史》卷13《英宗紀》。
〔註25〕《續資治通鑑長編》卷204治平二年三月辛未條，卷193嘉祐六年四月庚辰條、卷194嘉祐七年三月丙辰條。
〔註26〕《續資治通鑑長編》卷204治平二年三月辛未條，卷193嘉祐六年四月庚辰條、卷194嘉祐七年三月丙辰條。
〔註27〕《宋文鑑》卷50《論王安石》。
〔註28〕《臨川文集》卷97《李寬墓誌》，卷39《上時政疏》，卷41《本朝百年無事箚子》。

擾」的限制。〔註29〕嘉祐五年，宋廷曾令「諸路提刑司遍下逐州縣，」檢查有無「陂湖塘堰溪澗溝渠泉穴，元係眾人所使水利，水〔久〕來為人耕占作田「的現象。〔註30〕這些明文規定使提刑司對水利工程的興修握有頗大的影響和權力。所以當仁宗准予興修萬春圩的詔令下達後，張顒「不復關白比司」，而直接通知各縣時，他就不僅因無視提刑司而觸犯李寬，以致「比司以為望」。而且還導致李寬「上書言其不利」（《圖記》），對興修工程提出強有力的異議，從而造成百丈圩最終被廢的結果。

　　此外，百丈圩的廢棄似乎還和張、謝二人得罪了當地豪族地主有關。萬春圩自太平興國年間廢棄後，八十年中雖屢次有人建議修復，但都因遇到種種困難而作罷。未能修治的原因固然有技術方面的，但更重要的是觸犯了當地豪強大族的既得利益。對此，《圖記》及蕪湖志書均無記載，唯有《墓誌》云，此圩破決後，「地為豪姓所佔」，任其「茭收其間」（《圖記》），獨享其利。但自從張顒「見其利，募民之願田者」加以修復後〔註31〕，地為國家所收，利為政府所奪，豪姓地主被迫「罷遷其利」（《圖記》）。萬春圩一旦修成之日，也就是他們收人頓減之時。這當然要引起他們的怨恨和反對了。正是這些「欲中傷有司者」在百丈圩破決後「漫言萬春亦沒」，積極支持李寬，以致「御史以為言」（《圖記》），使者「是李寬說」，最終決定了張、謝的被貶和百丈圩被廢的命運。

三、北宋中葉的仕宦之風與水利田的開發

　　百丈圩的興修是在張顒和謝景溫的主持、領導下完成的。他倆都是為政力求積極有為、政績斐然的官吏。

　　張顒，字仲孚，鼎州桃源縣人，自幼即「慨然有憂天下心」。〔註32〕他為人剛正，關心民疾，不怕得罪上司和權貴。曾領導通州靜海縣人民築堤百餘里以禦海潮，並引江水溉田。「熙寧中新貴人，公多自微時數加慰薦」。〔註33〕從《墓誌》來著，他雖沒有參加王安石的變法活動，但與變法派中的許多人士保持著良好的關係。

〔註29〕《宋會要輯稿・食貨》七之一二、七之一六、七之一七。
〔註30〕《宋會要輯稿・食貨》七之一二、七之一六、七之一七。
〔註31〕《張顒墓誌》。
〔註32〕《張顒墓誌》。
〔註33〕《張顒墓誌》。

　　謝景溫是謝絳之子，張顥恩師唐介的女婿，〔註34〕王安石變法的支持者，又是沈披的表侄。〔註35〕其年齡雖與沈披相仿，但職位卻比沈高得多。在興修萬春圩的過程中，沈披之所以能起到其他縣令所無法企及的作用，似與其援引不無關係。〔註36〕

　　沈括指出，張、謝興修萬春圩和百丈圩的指導思想，就在於發展生產，增加收入。他們認為：「天下之財不足以相養，豈獨野人之憂？在上者所當任也。江南之斥土如萬春者數百，襄漢青徐之間人益希，其過江南者不貲，異時有言其可耕者，天下莫之應也，予且使天下信之。故其治萬春甚力，其挑眾獨任犯患難而不顧者，意豈獨萬春而已也」（《圖記》）。誠如《墓誌》所說，他們這樣做的目的是「為民興利」。從實際效益來說，二圩的修成在發展生產的同時，還給國家和農民都帶來較大的好處。據《圖記》所載，僅萬春圩即「為田千二百七十頃」，「歲租二十而三，總為粟三萬六千斛，菰蒲桑枲之利為錢五十餘萬」。這是國家每年的收益。又按 3／20 的租率計算，全圩總產量為粟 24 萬石，農民所得約 20 萬石。

　　附帶來說，《墓誌》的記載亦有誤。如其云萬春圩「圍田四萬頃」，「歲得米八十萬，租入官者四萬」，即與事實相悖。按康熙《太平府志》所載，清初當塗、蕪湖、繁昌三縣耕地共計 130 萬畝。〔註37〕顯然易見，宋代蕪湖縣農田絕不會超過這一數字，蕪湖萬春圩也絕不會有田 400 萬畝。縱然是根據《墓誌》「廣八十里」的說法，無論按何種解釋進行計算，也無法得出了萬春圩有田 400 萬畝的結果。據南宋成書的《輿地紀勝》卷 18 記載，萬春圩「計田一千二百八十頃」。這和《圖記》所載 12.7 萬畝的說法十分接近，應該是可信的。

　　此外，按北宋時萬春圩「歲租二十而三，總為粟三萬六千斛」推算，全圩年產粟約 24 萬石，即每畝平均近 2 石，而絕不可能「歲得米約八十萬」。

　　由於圩田給農民帶來了可觀的收益，所以當劉汝言主張廢棄百丈圩的消息傳出後，農民便聚集在田頭，大聲喧嘩，以示抗議。這種抗議雖未使百丈圩逃脫被廢的命運，但已足以說明農民的態度了。

〔註34〕咸淳《臨安志》卷 60《古今人表》。

〔註35〕《宋會要輯稿·職官》六五之二四、六三之五。

〔註36〕按嘉慶《常德府志》卷 36 和光緒《桃源縣志》卷 8《張顥傳》所載，張與梅聖俞友善。梅是謝濤女婿（見《歐陽文忠公文集》卷 36《謝氏墓誌》），沈披的表姐夫。所以沈披也可能是由梅聖俞推薦給張顥的。

〔註37〕康熙《太平府志》卷 10《田賦上》。

在宋代。圩田的興修是農業和經濟進步的標誌。張、謝興修萬春、百丈之舉既有利於生產力的發展，又符合人民的意願和利益；他們的努力和成就是應該予以肯定的。

然而，在仁宗統治時期，像張、謝這樣積極有為的官吏只是少數。官場中彌漫著一種苟且保守，多一事不如少一事的腐朽氣氛。當時，皇帝「因循苟且，逸豫而無為」。〔註38〕「上有好者，下必有甚焉」。所以當時官僚士大夫亦「上下偷惰取容而已」。〔註39〕在官僚士大夫群體中，存在著種種惡習。如蘇轍曾指出，時人「好同而惡異，疾成而喜敗。事苟不出於己，小有齟齬不合，則群起而噪之」。〔註40〕

在這種腐朽風氣的影響下，誠如沈括所指出的，天下之事「其勢常若臨危之物，眾人引之不能進，一人排之則譁然往焉。蓋處順勢者易為力，矯眾違者難為功」。與此種風氣反其道而行事，真想幹一番事業的官吏不僅難以作出成績，就連保持自己的職位亦屬不易。顯然，張、謝興修萬春、百丈之舉必定不會為當時風氣所容忍。事實也正是如此：張顒和謝景溫先是遇到「事苟不出於己，小有齟齬不合」則力攻之的李寬的反對；繼則遭到因循苟且、反對「擅興事」的呂誨的彈劾；最後又受到「好同而惡異；疾成而喜敗」的劉汝言的攻訐；二人分別受到貶謫降官的處分。在這種腐朽的風氣下，張顒、謝景溫的被貶和百丈圩的被廢，是毫不奇怪的。

不過，在官僚士大夫集團中還存在著一股反對這種風尚的力量。如在張、謝被黜，百丈圩被廢時，即有知江寧府彭思永、江東轉運使孫直言和范純仁、沈立、張頔、王皙等人交章辯直其事。〔註41〕到王安石變法期間，政府鼓勵開發水利田的政策得到了進一步的肯定並大大強化，因循苟且之風遭受批判。張、謝被貶一案終於得到平反。當時還曾議追賞張顒，〔註42〕並徙謝景溫知真州。〔註43〕以上變化十分有利於水利田的開發和農業的發展。

〔註38〕《臨川文集》卷97《李寬墓誌》，卷39《上時政疏》，卷41《本朝百年無事箚子》。
〔註39〕《臨川文集》卷97《李寬墓誌》，卷39《上時政疏》，卷41《本朝百年無事箚子》。
〔註40〕《欒城集》卷21《上皇帝書》。
〔註41〕《張顒墓誌》。
〔註42〕《張顒墓誌》。
〔註43〕《宋史》卷295《謝景溫傳》。

第四章　社會輿論

　　特定社會中人們的主導思想和在此基礎上形成的社會輿論，對該社會經濟的發展具有非常重要的影響。有宋一代，以農為本的思想和墾荒闢地之說頗為流行。與此同時，主張順從自然，遵循陰陽五行之說，不能破壞水土平衡的觀點亦被很多人奉為圭臬。在生產力發展水平較低的古代，以上兩類思想及在其思想指導下的人們的行為大體上可以彼此相容，而不至於發生衝突。所以在大多數場合和宋代的大部分時期，社會輿論都支持水利田的開發。只有在少數場合和時期，反對和批評的呼聲才占上風。宋人的這種態度亦十分有利於水利田的開發。以下試就宋人對水利田開發兩種不同態度稍加分析，並闡述本人的看法。

一、宋人對浙西、江東地區水利田開發的態度

　　在宋代，浙西、江東地區水利田的開發是一件具有深遠影響的大事，它理所當然地引起了巨大的社會反響。當時，人們對修建陂塘，開濬河渠，創置堤堰斗門，開發地勢較高的水利田和沙塗、海塗之舉，一般多予肯定，並無異議。但對圍墾開發終年積水的江湖草蕩則見仁見智，看法很不一致。

　　襃之者認為：「變湖為田，……乃國之利」，〔註1〕「圍湖作田事應爾，」〔註2〕對開發成果頗多讚美之辭。如楊萬里即指出：「圩田元是一平湖」，其田「有豐年而無水患」。〔註3〕

〔註1〕范成大《吳郡志》卷一九《水利上》。
〔註2〕韓元吉《南澗甲乙稿》卷二《永豐行》。
〔註3〕《誠齋集》卷三二《圩丁詞十解》。

　　貶之者則對圍湖墾田大張撻伐。如北宋時，有人認為，蘇州稅收倍增，乃是「障陂湖而為田之過也。」〔註4〕南宋紹興至慶元間，許多統治集團中人，如史才、陳之茂、宋孝宗、張抑、范成大、衛涇和袁說友等人，紛紛對浙西的圍湖墾田提出尖銳的批評。紹興二十三年（1153），史才指出，太湖濱湖之田既成，軍隊「旱則據之以溉，而民田不沾其利，潦則遠近泛濫，不得入湖，而民田盡沒」。〔註5〕乾道二年（1166），陳之茂說，自豪右之家將平日瀦水之地圍裹成田，「中下田疇，易成泛溢，歲歲為害」。宋孝宗則聲稱：「聞浙西自圍田即有水患。」〔註6〕淳熙十年（1183），張抑指責說：「近者浙西豪宗，每遇旱歲，占湖為田，築為長堤，……蘇湖常秀昔有水患，今多旱災，蓋出於此。」〔註7〕范成大則作《圍田歎》四絕，以批評圍墾湖蕩。〔註8〕慶元二年（1196），袁說友等上言指出，浙西陂塘漊瀆，悉成圍田，「有水則無地可瀦，有旱則無水可戽，不嚴禁之，後將益甚，無復稔歲矣」〔註9〕衛涇則認為：「陂湖之為田者不止，民田之被害者滋甚。」「陂湖之利日朘月削，……而圍田之害深矣」。〔註10〕寶祐年間（1253～1258），黃國上奏曰：「自丁未（淳祐七年）以來創圍之田，……利少害多，宜開掘以通水道。」〔註11〕景定年間（1260～1264），黃震在浙西說：「議者多謂圍田增多，水無歸宿。」〔註12〕淳祐（1241～1252）、寶祐年間，劉子澄則在江東指出：「丹陽地勢少衍，官私競圩而田之，……大家巨室以勢力自圩，水失其行，宅土作陸者反告病，歲旱無所仰溉，歲潦無所逃浸，細民失網罟之利，商旅迂舟楫之程。……愚於丹陽諸圩大小歷記，以為捍湖而田非開闢本意。」〔註13〕

　　按上所述，可知宋人所抨擊的主要是圍湖墾田對水利的危害。宋代是浙西、江東地區江湖草蕩開發的鼎盛時期。湖蕩的開發是二地水利田開發的重要組成部分。對宋代浙西、江東水利田開發評估的難點或關鍵，就在於如何

〔註4〕范成大《吳郡志》卷一九《水利上》。

〔註5〕《宋史》卷一七三《食貨上一》。

〔註6〕《宋會要輯稿・食貨》六一之一一七。

〔註7〕《宋史》卷一七三《食貨上一》。

〔註8〕《范石湖集》卷二八。

〔註9〕《宋史》卷一七三《食貨上一》。

〔註10〕衛涇《後樂集》卷一三《論圍田箚子》。

〔註11〕《宋史》卷一七三《食貨上一》。

〔註12〕《黃氏日鈔》卷八四《代平江府回裕齋馬相公催泄水書》。

〔註13〕康熙《太平府志》卷三七《劉子澄磚石湖壩論》。

看待湖蕩的圍墾。

應該指出，從宋人對圍湖墾田的批評中，不能得出全面否定圍湖墾田和水利田開發的結論。

首先，以上指責只構成宋人對圍湖墾田看法的一個方面，而且是非主要方面。這些批評主要是針對紹興、慶元間浙西的圍湖墾田而發。在宋代的大部分時間裏，就浙西、江東而言，人們對此是肯定多於否定，何況圍湖墾田又只是水利田開發的一部分。我們不能僅僅根據對圍湖墾田的某些批評，而全盤否定此舉和水利田的開發。

其次，從發展的觀點來看，上述指斥只是在水利田開發的一定階段上才大量出現的一種現象。北宋時，浙西、江東地區湖蕩、荒地面積頗廣，瀦水之地尚多，圍湖墾田和水利田的開發一般不會危及水利。如嘉祐（1056～1063）中，沈披指出，蕪湖萬春圩附近，水勢浩渺，「規其二十里以為圩，豈遽能為水之消長」。開發不會導致「溢則為害，不補所得」的結果。〔註14〕

南渡後，隨著水利田的不斷開發，湖蕩、荒地多墾成田，瀦水之地日少，堵塞水道之事層出不窮。龔明之在其成書於淳熙九年（1182）的《中吳紀聞》中指出，趙霖的開浦、置閘和築圩三說與郟亶主張的側重點是不同的。他深有感觸地說；「竊謂二公之論與今日又不同。往時所在多積水，故所治之法如此。今所以有水旱之患者，其弊在於圍田。由此水不得停蓄，旱不得流注，民間遂有無窮之害」。〔註15〕這說明在「所在多積水」的北宋，圍湖墾田和水利田的開發是必要的，也是無害的；但在積水之地所剩無幾的南宋淳熙年間，圍湖墾田則會帶來種種禍害。

又按慶元（1195～1200）前後衛涇所說：「江湖之水，自常情觀之，似若無用，由農事言之，則為甚急。江湖深廣，則瀦蓄必多，遇水有所通泄，遇旱可資灌溉。倘若狹隘，則容受必少，水則易溢，未免泛濫之憂，旱則易涸，立見焦枯之患。……自紹興末年，始因軍中侵奪瀕湖水蕩，……民田已被其害，而猶未至甚者，瀦水之地尚多也。隆興、乾道之後，……廣包強佔，無歲無之。陂湖之利日朘月削，……而圍田之害深矣。」〔註16〕據此可知，上述嚴重危害水利的現象始於紹興（1131～1162）末，隆興（1163～1164）、乾道

〔註14〕沈括《長興集》卷二一《萬春圩圖記》。
〔註15〕《中吳紀聞》卷一《趙霖水利》。
〔註16〕衛涇《後樂集》卷一三《論圍田劄子》。

（1165～1173）以後，才愈演愈烈。

由於紹興以後江湖草蕩和水利田的開發給水利造成越來越多和日益嚴重的問題，人們也就逐漸重視這一問題，並開始大聲疾呼，以求盡快解決此事。對圍湖墾田的抨擊之所以集中出現於這一時期，其原因即在於此。

就以上批評的性質而言，紹興以後，尤其是紹興、慶元之間對浙西圍田的措責，只是在水利田開發的某一發展階段上，即圍湖墾田帶來大量水利問題時，社會所作出的一種出自本能的自衛反應。批評的作用在於喚起注意，敦促人們解決圍田危害水利的問題，並在湖蕩所剩無幾的地區，大力限制圍墾，以避免可能造成的新的災難。由此可見，這種責難並非對圍湖墾田的全面總結或評價，更不是對水利田開發所作的一種否定性的結論。

再次，事實表明，圍湖墾田對水利的危害僅具有暫時或局部的意義。湖蕩的開發對其鄰近地區抵禦水旱能力的削弱，主要出現於紹興、乾道以後。圍墾堵塞水道的現象一旦出現，政府通常都會採取措施，予以開決。堵塞問題往往不會長期存在。江東政和圩、童圩和焦村圩的興廢，浙西太湖之濱的壩田、平江府清沼湖圍田等13所圍田、澱山湖山門溜圍田、張子蓋家在長安和四塘圍田的開決，〔註17〕都證明了這一點。

就數量而言，只有部分湖蕩的開發削弱了其鄰近地區抵禦水旱的能力，即使在紹興以後也是如此。如嘉泰（1201～1204）前後，湖州西北諸鄉湖蕩、荒地的圍墾開發就沒有危及該地的水利，而是在很大程度上改變了以往十歲九潦，「諸郡熟，我無谷」的局面。〔註18〕同樣，也只有一部分圍湖墾田才堵塞水路。按目前所知和以上所述，屬於這一類的圍墾並不多，與乾道時太平州所修455圩，以及淳熙十一年（1184）為止浙西創築的1489圍相比，只是區區之數。

最後，就圍湖墾田對農業的影響而論，這種圍墾雖會造成農田的失收，但這只是一種暫時和局部的現象，並未引起任何嚴重的後果。例如在圍湖墾田規模最大，人們的批評也最集中的太湖地區，總的來說，湖蕩的開墾並沒有導致農業的衰退。相反，隨著湖蕩的不斷開發，該地農業生產迅速發展，逐漸成為全國最重要的稻米產區，社會經濟出現了進一步繁榮的局面。顯

〔註17〕《宋史》卷一七三《食貨上一》、《後樂集》卷一五《與鄭提舉箚》、《宋會要輯稿・食貨》六一之一〇八、一一八、一二〇、一四五。

〔註18〕嘉泰《吳興志》卷二〇《物產》。

然，根據這種局部和暫時的現象是無法得出否定圍湖墾田和水利田開發的結論的。

二、對水利田的開發應予肯定

宋代浙西、江東地區水利田的開發產生了深遠而又廣泛的影響。其影響涉及許多領域。從不同的領域或立場出發，根據不同的衡量標準，可以對水利田的開發作出截然相反的估價。

如以是否有利於生產力和社會的進步，是否有利於國計民生為取捨標準，則必然予水利田的開發以較高的評價。如元人王禎即認為，築堤開發「藪澤」和「瀕水不時淹沒」之地所成之田，「雖有水旱，皆可救御。凡一熟之餘，不惟本境足食，又可贍及鄰郡。實近古之上法，將來之永利。富國富民，無越於此。」〔註19〕

如以是否危及鄰近地區的水利或破壞生態平衡為唯一標準，則勢必得出否定水利田開發的結論。如劉子澄即認為：「天生五行，水土各一。其性利舟楫者，不利耒耜；生龍蛇者，不育人民。……（古者）相地所宜種，魚鹽稻粟不相凌奪，……蓋亦輔天地之宜，與萬物之自然而已。」而大家巨室倚勢自圩，水失其行，歲旱無所仰溉，歲潦無所逃浸。他據此而得出了「捍湖而田非開闢本意「的觀點。〔註20〕

毋庸置疑，生態平衡的觀念含有某種合理的思想，但又具有片面性。其片面性在於：它只注意到生態結構的平衡方面，而沒有看到在某些條件下具有積極作用的非平衡方面；沒有將非平衡的進化過程與退化趨勢加以區別，而是一概予以否定。平衡與不平衡是對立的統一。平衡是暫存的、相對的。不平衡則是絕對的。事物的發展往往是通過平衡─不平衡─新的平衡的途徑實現的。農業的發展就是如此。農業每前進一步，往往就是打破舊的生態平衡，並進而建立起新的平衡。運用含有某種片面性的生態平衡說是不能對它所未看到，屬於非平衡的進化過程的宋代水利田的開發，作出全面、正確的評估。

人們普遍認為，生產活動是決定其他一切活動的要素，而生產力則是生產中最活躍最革命的因素，在生產發展過程中一般地表現為主要的決定的作

〔註19〕《農書》《農器圖譜集之一・田制門》。
〔註20〕康熙《太平府志》卷三七《劉子澄磚石湖壩論》。

用。我們應根據水利田的開發是促進了生產力的發展,還是阻滯或破壞了生產力,來對其作出肯定或否定的評價。

宋代浙西、江東地區水利田的開發推動了二地農業生產力的發展,同時又帶來了一些水利問題,給農業造成一定的破壞。所以在運用生產力這一標準時,應從全局和水利田開發的全過程出發,根據開發對生產力發展的全部影響及其總效果,來考察和評價水利田的開發。

按下所述,宋代浙西、江東地區水利田的大規模開發使上述地區耕地利用水平大幅度提高,耕地面積不斷增加,稻米生產日趨繁榮,浙西、江東地區在餘糧生產中的地位大大提高。顯然,按照生產力這一標準,從全局、全過程和總效果著眼,對宋代浙西、江東地區水利田的開發應予充分的肯定和高度的評價。

毋庸諱言,在予以充分肯定的同時,我們也不應忽視水利田的開發,尤其是南宋隆興至慶元間圍湖墾田所帶來的弊端。這些弊端主要是由豪強地主和政府的貪婪、自私及短視,由封建的生產關係造成的。此外,在浙西和江東,治田與治水,農田和水利密不可分。水利之事在官,政府的失職和調控能力的削弱,如未能預防、制止和及時消除豪強地主與政府本身對水利的破壞,沒有大力興修水利,加強蓄洪排潦能力,也直接或間接地造成種種問題。但上述這一切原因均與水利田的開發或圍湖墾田無關,我們不能因此而否定水利田的開發。

第二篇　水利田的開發與農業的發展

第五章　水利田的名稱及其異同

　　有宋一代，浙西、江東地區擁有大量名稱不同的各種水利田。這些水利田是有史以來人們不斷開發高地、低田，尤其是開發終年積水或不時被水淹沒的低窪地的產物。這種開發始於先秦，而盛行於兩宋，堪稱宋代經濟史上的一件大事。就其實際效果而言，宋代浙西、江東地區水利田的大規模開發有力地推動了上述地區農業的發展，使之成為全國最先進、最發達的農業區，和政府的財政命脈所在。本文擬在前人研究的基礎上，對宋代浙西、江東地區名目眾多的各種水利田的異同和水利田開發的成就等問題作進一步的探討。

一、名稱不一的各種水利田及其異同

　　按地勢的高下，宋代浙西、江東地區的田地大致可分為高地和低地兩類。高地患旱，低地患水。人們多因地制宜，運用修濬陂塘、河渠和設置堰閘的方法，以瀦水、引水，解決高地的灌溉問題，借助於興修圩岸、河渠，設置斗門和車水等手段，以解決低地的防水、排水問題。將兩者開發成旱澇有收的水利田。

　　在宋代的浙西和江東，人們依靠上述手段開發出為數頗多，名稱互異的種種水利田。這些水利田當時主要被稱作圍、田圍、圍田、圩、圩田、田圩、湖田、沙田和塗田等。現分別考察如下。

　　在太湖平原，圍這一名稱早在宋代以前即已產生。按北宋中葉蘇州崑山人郟亶所說，蘇州古時田各成圩，每圩四周堤岸、塘浦環繞，「然所名不同，或謂之段，或謂之圍。今崑山低田皆沉在水中，而俗呼之名，猶有野鴨段、大

泗段、湛段，及和尚圍、盛熟圍之類。」〔註1〕

圍既可指「和尚圍」這類地勢低下的水利田，又可指地勢較高的水利田。南宋時，嘉興府崇德縣之田，「以千字（文）為圍以別之，大圍數千畝，小圍亦數百畝，自『天』字至『逼』字，內兼重字，共七百二十六圍。」〔註2〕而「宋志云：『支港縱橫分布，迴環七百圍之間。』」〔註3〕全縣「一半上鄉」，「一半下鄉」。〔註4〕運河「塘以西屬低鄉」，「塘以東屬高鄉」。〔註5〕高鄉田「其患在旱，宜時疏洪浜涇，以資車戽」。〔註6〕崇德之圍即包括高、低二類水利田。南宋時，平江府（蘇州）之圍通常被寫作「潙」。〔註7〕

宋代太湖地區的水利田又有被稱作田圍或田圩的。郟亶曾指出，古時民在圩中居住，今崑山富戶，「田舍皆在田圍之中，每至大水之年，亦是外水高於田舍數尺，此今人在田圩中作田舍之驗也」。〔註8〕元祐（1086～1094）中，單鍔在其《吳中水利書》中多次提及田圍一詞，並主張在江陰常患積水，難以耕殖的低地修作田圍。北宋末，餘杭有萬延之者，「行視苕霅陂澤可為田者即市之，遇歲連旱，田圍大成。」〔註9〕

除這些築岸防水的低田外，田圍又包括地勢較高的水利田。端平（1234～1236）初，嘉興府華亭縣經界，「置田圍局」，將全縣田地劃為數以千計之圍。事畢，藏其籍於「田圍文籍庫」。主持其事者且撰文叮囑後任認真保管，「庶幾田圍可垂永久」。〔註10〕華亭地勢與崇德相似，除西鄉外，其地多為患旱之高田。華亭之田圍和崇德之圍一樣，亦應包括高、低二類不同的水利田。

〔註1〕范成大《吳郡志》卷一九《水利上》。

〔註2〕嘉慶《桐鄉縣志》卷四《田畝》。明代析崇德縣地置桐鄉縣。

〔註3〕光緒《石門縣志》卷一《水利》。崇德縣清代改稱石門縣。

〔註4〕康熙《石門縣志》卷二《賦役》。

〔註5〕光緒《石門縣志》卷一《水利》。崇德縣清代改稱石門縣。

〔註6〕雍正《浙江通志》卷五三《水利三》。

〔註7〕《江蘇金石志》卷一八《總所撥歸本學圍租公據》載：「崑山縣朱塘鄉第三保王珍名下取、離、履字號積年圍田共壹千壹百貳拾畝。」同書卷一三《吳學糧田籍記二》則云：「朱塘鄉第三保王珍佃取字潙下腳蕩田捌百貳拾畝，離、履字潙蕩田三百畝。」

〔註8〕范成大《吳郡志》卷一九《水利上》。

〔註9〕何薳《春渚紀聞》卷二《瓦缶冰花》。

〔註10〕正德《松江府志》卷六《華亭縣修復經界記》、《經界始末序》、《修復經界本末記》。

在江東，築堤圍裏厭水瀕江之地所成之田，稱作圩或圩田。秦家圩和萬春圩的歷史表明，圩這一名稱早在南唐或南唐以前即已出現。〔註11〕

圩田或係築堤圍墾終年積水的湖蕩水面而成，或係圍裏不時被水淹沒的低地而成。嘉祐（1056～1063）時，江東宣城百丈圩是「築百丈湖瀕水地」而成。〔註12〕南宋紹熙四年（1193），葉翥說，太平州管下三縣，「並低接江湖，圩田十居八、九，皆是就近湖泊低淺去處築圍成埂」。〔註13〕該地的圩田多係圍湖而成。

政和（1111～1118）以後，浙西出現了圍田這一名稱。按《宋史》所載，政和中，「平江府興修圍田二千餘頃」。〔註14〕又據後人追溯：「舊吳江縣之土田，自五代錢氏至北宋末，名未區別，南宋始立諸名」，有「公田」、「圍田」、「沙田」等名目。〔註15〕圍田一名的出現，應在北宋末，其正式載人田籍則係南宋時事。

南宋時，有關圍田的記載大量出現。按南宋時陳之茂、袁說友、張抑和衛涇等人描述，圍田係築堤圍墾江湖草蕩陂塘淹瀆潭瀼一類終年積水之地而成。〔註16〕明初，盧熊追溯說：「宋有田則，……曰圍田者，則是旁江湖民戶圍水淺處成田」。〔註17〕這一定義正與上述南宋時人的描述吻合。

南宋時，浙西一帶築堤圍墾瀕湖陂蕩所成之田又稱塘田、埧田或壩田。〔註18〕此三者和圍田並無任何實質上的區別。〔註19〕

在宋代的浙西和江東，開發湖泊或濱湖之地所成之田又稱湖田。它可以是築堤防水而成，亦可不設堤障。衛涇所說的澱山湖湖田係築堤而成，應屬前一類。〔註20〕陳旉《農書》卷上《地勢之宜》篇中所說的湖田，不能「避水溢之患」，則屬後一類。

〔註11〕參見沈括《長興集》卷二一《萬春圩圖記》。
〔註12〕乾隆《蕪湖縣志》卷一《地理志·鄉都》。
〔註13〕《宋會要輯稿·食貨》六一之一三六。
〔註14〕《宋史》卷一七三《食貨上一》。
〔註15〕乾隆《吳江縣志》卷四《田蕩》。
〔註16〕《宋會要輯稿·食貨》六一之一一七、一三八，衛涇《後樂集》卷一三《論圍田劄子》。
〔註17〕洪武《蘇州府志》卷一〇《田畝》。
〔註18〕《宋會要輯稿·食貨》六一之一二七、一一一，《宋史》卷一七三《食貨上一》。
〔註19〕《宋會要輯稿·食貨》六一之一一七、一三八，衛涇《後樂集》卷一三《論圍田劄子》。
〔註20〕《後樂集》卷一五《與鄭提舉劄》。

　　沙田這一名稱至遲在北宋時即已流行。〔註21〕南宋人葉顒說：「沙田乃江濱地，田隨沙漲而出沒不常。」〔註22〕盧熊則指出：「宋有田則，……曰沙田者，民戶經理江湖漲沙地為田。」〔註23〕沙田係開發江湖淤沙地而成。

　　沙田因地勢低下，易受洪澇潮水的侵襲，往往需築堤防水。如鎮江府學胡鼻莊沙田，係紹興十七年（1147）以後「圍而成田」。官沙莊沙田係隆興二年（1164）「鳩材潴防設版」，圍裏成田。其田外的蘆蕩灘地，則係嘉定三年（1210）「圍而成田」。〔註24〕

　　南宋時，浙西崑山有所謂「塗田」或「沙塗田」。〔註25〕在宋代，浙西塗田分布不廣，有關記載很少。熙寧六年（1073），邵光因「根括溫、臺等九縣沙塗田千一百餘頃」，而獲嘉獎。

　　〔註26〕次年四月，沈括指出：「溫、臺、明州以東海灘塗地可以興築堤堰，圍裏耕種，頃畝浩瀚，可以盡行根究修築，收納地稅。」〔註27〕崑山之「塗田」或「沙塗田」就是這類築堤圍裏海塗所成之田。

　　由上可知，上述各種水利田大多具有堤岸，堤外則為水面，應屬形制相近的一類水利田。除一部分地勢較高的圍和田圍外，這些水利田均位於低窪多水之地，常有水患，多築堤以防水潦，可視為同一類別的水利田，所以其名稱亦經常通用。

　　不過，在另一方面，這些名稱不同的水利田之間又存在一些差異。如按開發前的狀態來說，圍田原是終年積水之地，沙田係江湖之濱不時被水淹沒的低地，塗田本為海邊不時為水淹沒之低地，圩田、湖田原係常年積水或不時被水淹沒的窪地，圍、田圍或為長期積水或經常被水淹沒的低地，或為常患旱的高地。

　　就開發的手段而言，圍、田圍和湖田可以是築堤防水而成，也可以不是。地勢較高的圍、田圍四周雖有支港、堤岸環繞，仍其堤主要並非用於防水，而是濬河積土堆疊而成。其他各種地勢低下的水利田則多係築堤防水而成。

〔註21〕《宋會要輯稿‧食貨》一之三一。
〔註22〕《宋史》卷三八四《葉顒傳》。
〔註23〕洪武《蘇州府志》卷一〇《田畝》。
〔註24〕至順《鎮江志》卷一一《學校》。
〔註25〕淳祐《玉峰志》卷中《官租》。
〔註26〕李燾《續資治通鑑長編》卷二四八熙寧六年十二月辛卯條。
〔註27〕《宋會要輯稿‧食貨》六一之一〇一。

又從形制和地勢的高低來看：一部分水利田如某些湖田不具備堤岸，其餘的則多築有堤防；一部分地勢較高的圍和田圍屬於高田，另一部分則可歸入低田之列。

此外，以上各種水利田在名稱的起源、行用的時代和地區方面也存在若干差異。如圍和田圍之名起源於浙西，主要通行於兩宋時的浙西。圩田一名亦起源於浙西，主要盛行於南宋時的浙西。圩和圩田的名稱則起源於江東，主要通用於兩宋時的江東及浙西、淮南等地。

總之，上述種種水利田雖有許多相同之處，但也存在一定的差異。這些差異的存在，使我們絕對不能將這些水利田完全等同看待。

二、圍田和圩田的異同之爭

近年來，圩田和圍田的異同始終是一頗有爭論的議題。一方面有人說：「圩田即圍田」，兩者並無嚴格的界限。〔註28〕另一方面則又有人認為，兩者「有本質的不同：圍田原指圍占淤湖為田，與水爭地，可能發生嚴重水害，圩田是在低窪地築堤擋水而成，有利無弊」。〔註29〕解決這一爭議的關鍵，在於必須從歷史的事實出發，根據宋人的議論和史料的記載來下結論。

按前所述，圩田和圍田都是在低窪多水地區築堤防水，開發低地而成。其形制、來源和性質基本相同，應屬同一類水利田。

毋庸諱言，圍田圍占淤湖，會造成嚴重水害。但圩田也存在同樣的問題。按前所述，圩田亦多係圍湖而成，它們也會危害水利。所以一方面固然有人指責圍田造成水害，另一方面也有人批評說：「圩田未作，歲多豐稔。作圩以來，水旱屢告。」〔註30〕如劉子澄即指出：「丹楊地勢少衍，公私競圩而田之，⋯⋯水失其行，宅土作陸者反告病，歲旱無所仰溉，歲澇無所逃浸，細民失網罟之利，商旅迂舟楫之程，」〔註31〕對圩田頗多責難之辭。試舉例來說，在宋代的江東，童湖圩、政和圩和焦村私圩等圩田即曾嚴重危害水利。童湖、政和二圩係圍墾童家湖、路西湖而成。又按焦村圩「梗塞水面」，後遭「廢決」的記載推斷，該圩地處泄水要道，地勢低下，開墾前亦應為積水之地。以上

〔註28〕《史學月刊》一九五八年一二期寧可《宋代的圩田》，《歷史教學》一九六四年八期吉敦諭《何謂圩田？其分布地區與生產情況怎樣》。
〔註29〕一九七九年版《辭海》《圍田》條。
〔註30〕樓鑰《攻媿集》卷八九《陳居仁行狀》。
〔註31〕康熙《太平府志》卷三七《劉子澄磚石湖壩論》。

諸圩修成後，即堵塞水道，使周圍眾圩俱受其害。」〔註32〕顯然，圩田亦並非有利無弊，它和圍田是並無實質區別的同一類水利田。

不過，在承認其本質相同的同時，還應看到兩者畢竟又存在一些細微的差別。

差別之一：圍田只是開發終年積水之地所成之田。圩田則除此而外，還包括開墾不時被水淹沒之地所成之田，其概念的外延廣於圍田。

差別之二：圍田這一名稱起源於浙西，主要通行於南宋時的浙西。圩田之名則起源於江東，主要流行於宋代的江東以及淮南、浙西等地。

這些差異表明，「圩田即圍田」一語不免有過於武斷之嫌。

宋代以降，圍田的涵義有所擴大。元人王禎說：「圍田，築土作圍以饒田也。蓋江淮之間，地多藪澤，或瀕水不時淹沒，妨於耕種。其有力之家度視地形，築土作堤，環而不斷，內容頃畝千百，皆為稼地。……復有圩田，謂疊為圩岸，捍護外水，與此相類。」〔註33〕他所說的江淮之間的圍田，已包括開發瀕水不時淹沒之地所成之田。這種含義擴大了的圍田，與圩田已無差別。只是在此時和此後，「圩田即圍田」這一論斷方始成立。但宋代以後兩者的等同，並不足以動搖宋代兩者並不完全相等的結論。

三、圍田不等於田圍和圍

在宋代的浙西，田圍和圍並不等於圍田。它們的關係歷來為人們所忽略，而又極易引起誤解。

按前所左，圍和田圍包括築堤開發常年積水或不時被水淹沒之低地所成之田，和一些形制相仿的高田。圍田只構成田圍和圍的一部分。以淳祐（1241～1262）以後的崇德為例。當時該縣共有田地 103 萬畝，分隸 726 圍。其中圍田 3600 畝，圍蕩 383 畝，只占農田總數的很小一部分。〔註34〕

圍田和田圍、圍的關係既是如此，那麼，在某些場合下，就絕對不能將其等同看待，混為一談。周藤吉之先生和寧可先生說，南宋時浙西有圍田 1489 所，元代浙西僅平江路二縣四州即有圍田 8829 圍。〔註35〕又梁庚堯先生根據

〔註32〕《宋會要輯稿‧食貨》六一之一〇八、一一八、一二〇、一四五。
〔註33〕《農書》卷 11《農器圖譜一‧田制門》。
〔註34〕康熙《石門縣志》卷二《賦役》。
〔註35〕《史學月刊》一九五八年一二期《宋代的圩田》，周藤吉之《宋代浙西地方圍田的發展》二九頁（《東洋文化研究所紀要》第三九冊）。

端平初華亭縣按圍劃分田地一事，斷言該縣農地全是圍田。〔註 36〕以上二說即是誤將圍田和田圍、圍混為一物了。

8829 圍這一數字，出自明初盧熊所撰之《蘇州府志》。盧熊說，蘇州「元則有田圍，二縣四州共計八千八百二十九圍」。其中吳縣 917 圍、長洲 1718 圍、常熟 1111 圍。吳江 3268 圍、崑山 1645 圍、嘉定 100 圍。〔註 37〕上述史籍的記載表明，8829 圍是田圍之圍，而非圍田。

再以吳江為例，延祐四年（1317），該州定墾田共 3268 圍，計田 114 萬餘畝。這 3268 圍即包括延祐四年以前的圍田、公田等十多種名目的田地。〔註 38〕

華亭縣農地全是圍田的說法，也是經不起推敲的。此說的根據，出自袁甫的《蒙齋集》卷一四《華亭縣修復經界記》。該記又收見於正德（1506～1521）《松江府志》卷六。二書所載幾逐字相同，其歧異之點僅在於前者提及「圍田局」和「圍田文籍庫」凡二處，後者均作「田圍局」和「田圍文籍庫」。值得注意的是，正德《松江府志》所收經界主持者楊瑾撰寫的《經界始末序》、經界文獻《便民省札》和卷一一《官署上》，亦多載有「田圍文籍庫」一詞，並使用了「田圍「這一字眼。以上事實表明，正德《松江府志》所載袁甫《華亭縣修復經界記》中的「田圍局「和「田圍文籍庫」二詞不可能出自刻鈔之誤，因而是比較可靠的。

最能證明華亭農田全是圍田說之謬的，莫過於南宋人黃震所提供的一有力反證。端午經界後，黃震權知華亭。時值大水，上司責其督修田岸。黃震推辭說：「竊見本縣管下圍田，盡在西鄉，見今茫茫，尚成巨浸，未可施工。」〔註 39〕這說明華亭圍田全在西鄉，全縣數以千計之圍並不都是圍田，而是田圍之圍。

除史籍的訛誤外，上述將田圍、圍等同於圍田錯誤的產生，還和三者名稱近似，形制相仿，極易混淆有關。

宋代以後，人們常將這三種名稱混用，視為一物。如明代嘉靖年間（1522～1566），王同祖說；「東南水田皆以岸塍為裏，外通水道，以時蓄泄。在宋謂之圍田，皆有字號名色。……一圩之田多至二、三千畝，少或不及百畝。

〔註 36〕梁庚堯《南宋的農地利用政策》，140 頁。
〔註 37〕洪武《蘇州府志》卷一〇《田畝》。
〔註 38〕弘治《吳江縣志》卷二《土田》，乾隆《吳江縣志》卷四《田蕩》。
〔註 39〕《黃氏日鈔》卷七一《權華亭縣申嘉興府辭修田塍狀》。

『其田』四周皆涇港環繞」。〔註40〕對照上述有關崇德之圍的記載，便不難發現：王同祖所說的宋代圍田，實際上是南宋時崇德和華亭等地的田圍及圍。這類現象的存在，也在很大程度上使今人將宋代的圍和田圍完全等同於圍田。

〔註40〕嘉慶《松江府志》卷一〇《水利》。

第六章　水利田的開發

一、開發的基本手段及其作用

按地勢的高下，宋代浙西、江東地區的田地可分為高地和低地二類。兩宋之交，江浙兩淮一帶的著名農學家陳旉指出：「夫山川原隰江湖藪澤，其高下之勢既異，則寒燠肥瘠各不同。大率高地多寒⋯⋯且易以旱乾。下地多肥饒，易以潦浸」。[註1]以蘇州為例，該地常熟以北，崑山以東之田，在宋代「皆謂之高田」。常熟以南，崑山岡身以西，「其地低下，皆謂之水田。高田者，常欲水，⋯⋯故常患旱也。⋯⋯水田者，常患水」，[註2]可謂大相徑庭。

高田患旱，低田患水，欲將其開發成旱潦有收之水利田，必須解決高田的灌溉問題和低田的防水、排水問題。而要做到這二點，就應因地制宜，採取不同的手段。誠如陳旉所說：「故治之各有宜也。若高田，視其地勢高水所會歸之處，量其所用，而鑿為陂塘，⋯⋯以瀦蓄水，⋯⋯旱得決水以灌溉，潦即不致於彌漫而害稼。⋯⋯其下地易以潦浸，必視其水勢衝突趨向之處，高大圩岸環繞之」。[註3]兩者的主要區別在於高田應著重修鑿陂塘，低田應著重築岸繞田。

除陂塘的修鑿外，地勢較高的水利田的開發還經常採用開濬河渠、設置堰閘等手段。陂塘的功能在於蓄水，旱得決水灌溉，潦則瀦水以防泛濫。河

〔註 1〕《農書》卷上《地勢之宜篇》。
〔註 2〕《吳郡志》卷 19（水利）。
〔註 3〕《農書》卷上《地勢之宜篇》。

渠、閘門的作用在於排水和蓄水、引水以溉田。堰則陂被用於瀦水。如按郟亶所說，在蘇州高田區，「古者堰水於岡身之東，灌溉高田。」其地港浦溝洫縱橫，足以「畎引江海之水，周流於岡阜之地。……車畎以溉田。而大水之歲，積水或從此而流泄耳。……至於地勢西流之處，又設岡門、斗門以瀦蓄之」，「恐水之或壅則決之」。〔註4〕

高田主要需解決灌溉問題。河渠、堰、閘的瀦水功能有限。就以上諸手段的作用而言，解決這一問題的主要途徑或手段是修塘蓄水和濬河引水。除圩岸或田岸的修築外，地勢低下的水利田的開發通常還借助於開濬河渠和設置斗門等手段。以江東蕪湖縣萬春圩的興修為例。嘉祐六年（1061年），張顗、沈披等人組織民力，「發原決藪，焚其菑翳，五日而野開，表堤行水，稱材賦工，凡四十日而畢。」圩堤高 1.2 丈。「圩中為田千二百七十頃。……方頃而溝之，四溝澮之為一區，……為水門五，又四十日而成」。〔註5〕

眾所周知，圩岸的功用主要在於防水護田。河渠的功能則比較複雜，它可用來排水。開河有助於泄去積水，使水底之地獲得開發。如紹熙四年（1193），知太平州葉翥建議，圩田內應開濬通水溝港，使之深闊，可以納水，「遇水可以瀦蓄，遇旱可以灌溉」。〔註6〕這一建議當時曾付諸實行。按其所說，可知河渠的開修又具有蓄水防澇和引水溉田的作用。斗門可控制、調節水的出入。當「圩內積水深長，外河水低於斗門」時，可「開斗門出入，排放內水」。〔註7〕「旱則開閘引江水之利」，〔註8〕或閉閘「以防溪水走瀉」。〔註9〕其作用在於澇時排決積水，旱時蓄水或引水溉田。

在地勢低下的水利田的開發過程中，車水也是一頗為重要的手段。熙寧六年（1073年），郟亶受命赴蘇州修治塘浦、田岸，神宗擔心「圩大，不可成，車水難」。王安石即解釋說：「今江南大圩至七八十里，不患難車水」。〔註10〕在這裡，車水具有顯而易見的重要地位。

地勢低下的水利田的開發，主要需解決防水排水問題。河渠的蓄水能力

〔註 4〕《吳郡志》卷 19〈水利〉。
〔註 5〕《長興集》卷 21《萬春圩圖記》。
〔註 6〕《宋會要輯稿·食貨》六一之一三六。
〔註 7〕《宋會要輯稿·食貨》八之五二。
〔註 8〕《范文正公集·政府奏議》，《答手詔條陳十事》。
〔註 9〕嘉泰《吳興志》卷 5《河瀆》。
〔註 10〕《續資治通鑑長編》卷 245 熙寧六年五月乙丑條。

有限，斗門只能在特定的時間和範圍內排水，車水僅在局部範圍內起作用。就上述各種手段作用的大小而言，解決防水、排水問題的主要方法或手段，當推築岸防水和濬河排水。

二、開發的組織

在宋代的浙西和江東，水利田的開發通常需築堤、開河、設堰、置閘和修鑿陂塘。這些工程一般都具有相當規模，需投入較多的人力、物力，牽涉到不少農戶的利益。這種水利田的開發顯然不是一家一戶之事，它大都是有組織地進行的。

在浙西和江東水利田開發的組織問題上，地主和政府始終存在著比較明確的分工。分工的原則是。大規模的水利田的開發一般由政府組織，小規模的則多由地主組織。

綜觀宋代浙西水利田開發的歷史，這一地區政府有組織舉行的大規模的水利田的開發主要有三起：從熙寧三年（1070年）至九年（1076年），兩浙共修水利田1980處，計田1048萬多畝，〔註11〕平均每處約5000餘畝。在此期間，神宗先後委派郏亶、沈括在浙西蘇州等地比戶調夫，或募民興役，開濬塘浦涇浜，修築田岸。〔註12〕熙寧中所修1048萬多畝水利田，大多位於浙西，其中相當大一部分應是沈括等人組織修成。政和六年（1116年），徽宗委任趙霖為兩浙提舉常平。霖於平江置局辟官，主持開河、置閘、築圩裏田，共開修江港塘浦讀65條，修築塘岸1條，圍裏常湖、華亭泖為田，役工計270餘萬。同時，又由官司糾集植利之眾，築圩圍裏積水之地。〔註13〕紹興二十八年（1158年）至二十九年（1159年），宋政府命兩浙轉運副使趙子㵼等人差官起工，雇募人夫，投入數百萬人工，監督開濬蘇州諸浦和修築田岸。〔註14〕宋代江東規模最大的一起水利田的興修，與盧宗原有關。政和四年（1114年），宋政府採納盧宗原的建議，專遣官總核興修，開發積水之地。其中僅3萬畝以上者即有9所，計田420萬畝。〔註15〕馬端臨說。「圩田、湖

〔註11〕《宋會要輯稿·食貨》六一之七○。
〔註12〕《宋會要輯稿·食貨》六一之一○○、一○一，《吳郡志》卷19《水利上》，《續資治通鑒長編》卷287熙寧八年八月戊午條。
〔註13〕《吳郡志》卷19《水利下》，《宋會要輯稿·食貨》六一之一○五、一○六。
〔註14〕《宋會要輯稿·食貨》六一之一一三至一一五。
〔註15〕《宋會要輯稿·食貨》六一之一○四。

田多起於政和以來」。〔註16〕這說明在政府的組織下，當時確曾興修起大量圩田。宋代江東所修規模最大之圩，當推萬春圩或永豐圩。萬春圩係嘉祐六年（1061 年）轉運使張顒等人募工 1.4 萬，分隸 8 縣主簿，由沈披等人總統，授以方略，張顒等人親臨工地，歷時 80 日而修成。全部工程耗費人工 112 萬，粟 3 萬斛，錢 4 萬。〔註17〕永豐圩係政和五年（1115 年）徽宗下詔，「集建康上元江寧句容溧水五邑民夫，命將軍張抗督築」，圍而成田。其圩岸總長 84 里，與萬春圩相等，內有田 10 萬畝。〔註18〕二圩均由政府組織修成。

又乾道九年（1173 年），有詔令「諸路州縣將所隸公私陂塘川澤之數，開具申本路常平司籍定，專一督責縣丞，以有田民戶等第高下分布功力，結甲置籍，於農隙日濬治疏導，務要廣行瀦蓄水利，可以公共灌溉田畝」。〔註19〕至次年，即淳熙元年，江東計投入人工 133.815 萬，修治波塘溝堰 22451 所，可灌溉田 442 萬多畝。浙西計修治陂塘溝堰 2100 餘所。這次大規模的興修也是由政府組織的。〔註20〕

相對政府而言，地主僅擁有有限的人力和物力。政和中，趙霖說；「目今積水之中，有力人戶間能作小塍岸，圍裏己田，禾稼無虞。蓋積水本不深，而圩岸皆可築。但民頻年重困，無力為之，必官司借貸錢穀，集植利之眾，並工畢力，督以必成」。〔註21〕這說明單憑地主之力，只能組織一些小規模的水利田的開發。

宋代浙西私人組織開發的水利田，以萬延之的苕雪陂澤之田和張子蓋家圍田為大。但前者歲人租萬斛，僅有四萬畝上下。後者二圍合計也只有 9000 餘畝。〔註22〕其餘之田，更等而下之。如南宋乾道初（1165 年），平江府開決民戶所修圍田 13 所，其最大之圍僅 2300 餘畝，平均每圍只有 100 多畝。〔註23〕江東也不例外。南宋時，張榮所修之童湖圩，僅有 2500 畝。當時太平州圩田，「每遇水災決壞，除大圩官為興修外，其他圩並係食利之戶保借官米，自行

〔註16〕《文獻通考》卷 6《田賦考六》、民國《高淳縣志》卷 3《水利》。
〔註17〕《長興集》卷 21《萬春圩圖記》。
〔註18〕《文獻通考》卷 6《田賦考六》、民國《高淳縣志》卷 3《水利》。
〔註19〕《宋會要輯稿·食貨》六一之一二二。
〔註20〕《宋會要輯稿·食貨》六一之一二三至一二五。
〔註21〕《吳郡志》卷 19（水利）。
〔註22〕《宋會要輯稿·食貨》六一之一一七。
〔註23〕《宋會要輯稿·食貨》六一之一一七。

修治」。〔註24〕地主組織的只是小圩的修復工程。

　　黃震所說的「水利之事在官」,「田岸之事在民」,是由上述分工原則派生的一條準則。南宋景定年間（1260～1264 年）,上司令黃震監督修復被水圍田。黃震說,圍田「各有田主,（修岸）自繫己事,何待官司監督」。「田岸之事小,水利之事大。田岸之事在民,在民者在官不必慮。水利之事在官,在官者在民不得為。必欲利民,使之蒙福,則莫若講求水利之大者,⋯⋯今若準舊開濬,則百姓自然利賴,其為修田岸也大矣」。〔註25〕黃震闡述的這一準則便是對當時實際情況的概括。

　　還應指出,政府和地主既有分工,又有合作。合作的形式是：在政府的領導、組織下,由地主具體負責工程。如在趙霖置局辟官組織的興修中,他即主張「將逐浦合用工料召有力人戶出備錢米,官為募夫,監部開修,或一戶、數戶管一浦,侯畢工日,計實用錢米,紐直給空名」。對其建議,徽宗「詔並依所奏施行」。〔註26〕可見當時曾實行一戶或數戶地主分管一浦開修的主張。又紹興八年（1138 年）,宋政府規定,諸路（包括浙西和江東）修治陂塘堰埭,應由「縣官董其大概」,並「隨其土著,分委土豪,使均敷民田近水之家,出財穀工料,具體負責興修」。〔註27〕

　　在宋代的浙西和江東,地主組織的水利田的開發自然由地主主持。政府組織的開發,一般由漕、憲、倉諸監司,州縣或朝廷特派的官員主持。這些官員或是利用固有的行政組織,或是臨時成立某些機構來組織興修。嘉祐六年（1061 年）,萬春圩的興修係由轉運使、判官,以及太平州、宣州、廣德軍屬下諸縣的縣令和主簿主持。百丈圩的興修則是由「郡邑」組織的。〔註28〕二圩的興修應屬前一類。又政和六年（1116 年）,趙霖在平江置局辟官,興修水利。其局以「提舉措置興修水利」為名,〔註29〕其官有「準備差遣檢踏官」、「監轄造堰閘官,俵散錢糧、巡視催促、檢覆工料官,點檢醫藥、飲食官」等。諸官分工嚴密,各有所司。這屬於後一類。〔註30〕在上述官員、機構和

〔註24〕《宋會要輯稿·食貨》六一之一二〇。
〔註25〕《黃氏日抄》卷 71《權華亭縣申嘉興府辭修田塍狀》。
〔註26〕《宋會要輯稿·食貨》六一之一〇五、七之三五。
〔註27〕《宋會要輯稿·食貨》六一之一〇九。
〔註28〕《長興集》卷 21《萬春圩圖記》。
〔註29〕《宋會要輯稿·食貨》六一之一〇五。
〔註30〕《吳郡志》卷 19（水利）。

地主之下，一些稍具規模的水利田的開發大多還有專人具體負責，和更細密的組織存在。至和初（1054年），田淵鑒於民間不肯協力乘閒修作陂塘，建議：「諸路凡有陂塘湖港可以漑田之處，……逐一拘收，每年預先檢計工料，各具析合係使水人戶各有田段畝數，據實戶遠近，各備工料，候至初春，本縣定日，如差夫例，點集人役，仍逐處立團頭、陂長監修，本州差逐縣官點檢部轄。……後雖完固，亦須每歲計度合添工料，補疊堤防高厚。……其久來湮塞遺跡，及地勢合有可以創置陂塘之處，……依例興修。……所差團頭、陂長於上等戶內如差夫隊頭例選差，仍給文帖，令董其役」。該建議後由朝廷「下三司施行」，[註31] 推行至包括浙西和江東在內的諸路。按上可知當時所修陂塘，其夫役係由出身地主的「團頭」或「陂長」具體負責的。

按前所述，淳熙初，浙西和江東陂塘溝堰的修治係由縣丞等官吏組織人戶，「結甲置籍」以興工 [註32]。嘉定二年（1209年），有人鑒於當時浙西多旱，主張委監司下之郡縣，相視開濬陂塘溝瀆，命官主持其事，「募民之無食者役而食之，分團申結，如雇庸夫役體例，日役若干，用錢米若干，皆可稽考」。宋政府採納了這一建議。[註33] 從以上二例來看，在地勢較高的水利田的開發中，民工是以「結甲置籍」和「分團申結」的方式組織起來的。

又南宋時，毛翊作《吳門田家十詠》，其一云：「主家文榜又圍田，田甲科丁各備船。下得椿深笆土穩，更遷垂柳護圍邊」。[註34] 據此可知，在平江府一帶，「主家」之下尚有「田甲」具體負責興修事宜。在江東水鄉，每圩均有「圩長」，係由「有心力，田畝最高之人」擔任。每逢政府組織興修，即由其具體負責工程。[註35]

紹興二十三年（1153年），宋朝廷命鍾世明往江東主持圩田修復事宜。鍾氏到江東後即上奏曰：「取會到逐縣被水修治官私圩埠體例，係是人戶結甲保借常平米自修。今來損壞尤甚，人戶功力不勝，不能修治。今措置，欲乞依見今人戶結甲乞保借米糧自修圩埠體例，不以官私圩人戶等第納苗租錢米，充雇工之費。官為代支過錢，年限帶納。自余合用錢米，並乞下提舉常平司，照會日下取撥津發，應副本州雇工修治施行。」奏上，朝廷即「從

[註31]《宋會要輯稿‧食貨》七之一三至一五。
[註32]《宋會要輯稿‧食貨》六一之一二二。
[註33]《宋會要輯稿‧食貨》六一之一四六。
[註34]《吾竹小稿》。
[註35] 楊萬里《誠齋集》卷32《圩丁詞十解》，《宋會要輯稿‧食貨》六一之一二〇。

之」。〔註36〕顯然，當時及在此之前，這一地區圩田的興修是以「結甲」借米的形式進行的。再參照以上平江府一帶圍田的興修，可知在圍田和圩田的開發中，民工往在是按甲編制或組織的。

此外，在某些州縣，還設有專業的水利隊伍。如浙西的蘇州，即有廂軍開江四指揮，其名額計 2000 人。崇寧四年（1105 年），蘇秀湖三州實有開江兵士 1400 人。其士兵皆由使臣統率，在平時和大舉興修水利之際，均在政府官員的組織下從事塘浦的開濬〔註37〕。

三、開發工費的籌集

在私家組織的水利田開發工程中，調集夫力的方式主要有二：其一，人力由一家負責糾集（獨家組織的工程多如此）。南宋時，平江府一帶興修圍田，即是「主家文榜又圍田，田甲科丁各備船」，由「主家」通過「田甲」科派人丁。其二，有田眾戶分攤。嘉祐五年（1060 年），宋政府應兩浙轉運司之請，規定不許人戶佔據水利，「並仰有田分之家各據頃畝多少均攤，出備功力」，開修陂塘等。〔註38〕當時這類工程所需功力，係有田人按田畝均攤。

在政府組織的工程中，徵召夫力的方式主要有三。

其一，差調。慶曆三年（1043 年），宋政府令江浙諸路州軍，選官計工料，組織人戶興修圩田、陂塘、河渠。「每歲於二月間未農作時興役半月，……內有係災傷人戶，即不得一例差夫搔擾」。這一詔令是應范仲淹之請，針對江東、浙西農田水利失修的情況制定的。新政失敗後，這一詔令亦隨之失效。故慶曆五年（1045 年），宋朝廷又採納兩浙提刑宋純的建議，重申興修水利「仍依元敕，於未農作時興役半月，不得非時差擾」。〔註39〕按前所述，至和初（1054 年），宋政府又有令諸路「如差夫例，點集人役」，組織人戶修治陂塘之詔。這些詔令均規定了差夫興役的辦法。其實在此之前，浙西一帶即已採用了這一辦法。如慶曆二年（1042 年），華亭縣政府即「籍新江、海隅、北亭、集賢四鄉之民，得役夫三千五百五人」，開濬顧會浦。「又諭墾田者乘農之際，戶出丁壯」，疏導其餘諸浦。〔註40〕以上敕令應是現實的一種反映，和對當時實際

〔註36〕《宋會要輯稿·食貨》六一之一一二。
〔註37〕《宋會要輯稿·食貨》六一之一一四，《宋會要輯稿·方域》一七之一二、一三。
〔註38〕《宋會要輯稿·食貨》六一之九五。
〔註39〕《宋會要輯稿·食貨》六一之九三。
〔註40〕《雲間志》卷下《重開顧會浦記》。

情況的承認和肯定。

　　在宋代，夫役主要按田產家業多少、戶等高下差調，〔註41〕這也是浙西、江東地區水利田開發工程中差夫的原則。如按前所述，乾道、淳熙之交，二地陂塘的修治，即是「以有田民戶等第高下分布功力」。

　　其二，雇募。嘉祐六年（1061年），江東歲饑，百姓流冗。宋政府方議發粟賑濟，張頤等人即重其庸直，出官錢米「募窮民」，「募民之願田者」，興工修復萬春圩。熙寧六年，沈括建議：「今後災傷年份，如大段饑歉，更合賑救者，並須預具合修農田水利工役人夫數目，及召募每夫工直申奏，當議特賜常平倉斛錢，召募闕食人戶從下項約束興修。如是災傷本處不依敕條賑濟，並委司農寺點檢察舉」。奏上，朝廷即「從之」。〔註42〕這類以工代賑的條令，即范成大所謂「荒歲得殺工直以募役」的「農田令甲」，〔註43〕在宋代曾被推行至浙西、江東等地。

　　其三，調用士兵。如前所述，太湖地區有「開江指揮」一類廂軍，專事修治塘浦。有時，正規軍也被用於興修農田水利。如淳熙七年（1180年），常熟許浦湮塞，宋政府即批准出動水軍濬治開通。〔註44〕

　　由於廂軍人數有限，正規軍很少參與工役，政府負擔口食、雇直之事無幾，開發所需夫力多由民間出具，它主要由有田之家按田產家業和戶等分攤。

　　有宋一代，在政府組織的水利田的開發工程中，民工的糾集經歷了一個從以差調為主到以雇募為主的發展過程。熙寧以前，民工主要按差調的方式徵發。上引慶曆三年、五年和至和元年的條令可以證明這一點。但是雇募的方式在這一時期已經出現。如景祐元年（1034年），蘇州水災，大水不退，「災困之氓，其室十萬」。知州范仲淹按其「荒歉之歲，日以五升，召民為役，因而賑濟」的主張，「募游手疏五河，導積水入海」。〔註45〕嘉祐中，萬春圩的興修亦是如此。兩者均可歸入以工代賑之列。

　　熙寧中，郟亶建議在浙西蘇州興修農田水利。他主張：「以佚道使民」，「每夫一年，借雇半月」，每年興役六個月，「分為五年」，或「要以三年，而

〔註41〕見《宋史研究集刊》第29頁梁太濟《兩宋的夫役徵發》。
〔註42〕《宋會要輯稿‧食貨》五七之七、八。
〔註43〕《浙西水利書》卷1《崑山縣新開塘浦記》。
〔註44〕《宋會要輯稿‧食貨》六一之一二四。
〔註45〕《范文正公集》《尺牘》下《與晏尚書書》。

蘇之田治矣」。〔註46〕這和「農田水利法」中，興修須「立定期限，令逐年官為提舉人戶，量力修築開濬「的規定相符。〔註47〕但當宋政府令其主持興修時，他卻一反其原先的主張，沿襲差夫舊法，在「六郡三十四縣」內，「比戶調夫，同日舉役」，企圖畢其功於一役。由於「措置乖方」，「所為倉卒，又妄違條約」，下戶負擔過重，民大以為擾，「愁苦無訴，逃移已多」。故罷役之詔既下，「人民皆歡叫，如脫重辟」。〔註48〕郟亶的失敗對其後繼者無疑會產生很大的影響。熙寧六年（1073年）六月，就在郟亶免官20多天後，沈括受命赴兩浙相度水利。〔註49〕他到浙西後即上言，「蘇秀等州湖水耗減，涇浜多淺涸者，歲比有年，民力饒裕，易於興工。乞至本路先計度今年一料夫役，若一料先畢，則處置規畫皆有成法，又民間曉然知其為利，次年樂於趨役。又言浙西諸州水患久不疏障，堤防川瀆多皆湮廢。今若一出民力，必難成功，乞下司農貸官錢募民興役」。奏上，朝廷即「從之」。〔註50〕他一面主張穩妥行事，一面又建議由政府貸錢，不再差調而是募民興役，終於比較順利地組織起興修工程。從此，雇募這一方式被廣泛地推廣到水利田開發的工程中。熙寧以後，雇募逐漸成為水利田開發工程中糾集民工的主要方式。如按《吳郡志》卷19《水利下》所載郟僑「官司以鄰郡上戶熟田例敷錢糧，於農事之際和雇工役，以漸辟之」之言，雇募在元符元年（1098年）以後已成浙西一帶的慣例。

應該指出，雇募並不意味著人戶有拒絕受雇的自由或權利，而是帶有濃厚的科派性質。如乾道三年（1167年）四年，宋政府在「常州、江陰軍兩郡均募」民夫，開濬申、利二港，〔註51〕其夫役係據人戶田產物力錢出具，每6.69貫科夫一工。這和差調頗為相似。〔註52〕

雇募和差調的主要區別在於：差調僅支給口糧，而雇募除支付口糧外，

〔註46〕《續資治通鑑長編》卷240熙寧五年十一月癸丑，卷245熙寧六年五月乙丑；《吳郡志》卷19《水利上》。

〔註47〕《宋會要輯稿・食貨》一之二八。

〔註48〕《續資治通鑑長編》卷240熙寧五年十一月癸丑，卷245熙寧六年五月乙丑；《吳郡志》卷19《水利上》。

〔註49〕《宋會要輯稿・食貨》六一之一〇〇、一〇一，《吳郡志》卷19《水利上》，《續資治通鑑長編》卷287熙寧八年八月戊午條。

〔註50〕《續資治通鑑長編》卷246熙寧六年八月丁丑。

〔註51〕《宋會要輯稿・食貨》八之二一、二二。

〔註52〕正德《江陰縣志》卷3《河渠》。

還需支付雇直,其經濟待遇一般高於差調。如慶曆二年,華亭縣差夫開濬顧會浦,役工 10.295 萬,用錢 136 萬,〔註53〕平均每工得錢約 13 文。按慶曆三年范仲淹所說,江浙米每百六、七百文至一貫計,〔註54〕每工支米僅 1.3～2.2 升。嘉祐中募民興修萬春圩,役工 112 萬,費米 3 萬斛,錢 4 萬。每工平均支米 2.7 升,錢若干。紹興二十九年雇工開治平江府諸浦,役工約 337.4664 萬,費米 101539.89 石,錢 337466.3 貫。每工計支錢 100 文,米 3.1 升。〔註55〕乾道初(1165 年),崑山募民開濬諸浦,役工 13.46 萬,費糧 7700 石,錢 11200 貫。每工支錢 83 文,糧 5.7 升。〔註56〕乾道時,募民開申、利二港。每工支錢 50 文,米 3 升。〔註57〕

在水利田的開發過程中,工役從差調向雇募的轉變,在一定程度上改善了民工的經濟待遇,使夫役負擔變得比較容易接受。在較少遇到強烈反對的情況下,政府也就能比較順利地組織和完成一系列水利田的開發工程。當然,由於它將夫役的雇直分攤給有田之家,這就在一定程度上增加了有田者(主要是地主)的負擔,勢必會引起他們的不滿。熙寧中,沈括在蘇州按田率錢,募民興役築堤。在蘇州擁有大片田地的呂惠卿說:「一畝田率二百錢,有千畝即出錢二百千,如何拼得此錢」!〔註58〕即反映了這種情緒。不過,這種反對并未能阻止歷史前進的步伐。

在私家組織的水利田開發的工程中,經費或由一戶承擔(獨家組織的工程都如此),或由有田之家均攤。乾道六年(1170 年),宋政府在浙西低田地區,「鏤板曉示民間有田之家,各自依鄉原體例,出備錢米與租佃之人,更相勸諭、監督,修築田岸」。〔註59〕《宋史》中,這一條令作「各依鄉原畝步,出錢米與租佃之人,更相修築」。〔註60〕可見在有田眾戶均攤經費的工程中,錢米習慣上是按田畝多少的原則分攤的。

在政府組織的工程中,經費籌集的方式主要有四:

〔註53〕 《雲間志》卷下《重開顧會浦記》。

〔註54〕 《范文正公集·政府奏議》,《答手詔條陳十事》。

〔註55〕 《宋會要輯稿·食貨》六一之一一四。

〔註56〕 《浙西水利書》卷1《崑山縣新開塘浦記》。

〔註57〕 正德《江陰縣志》卷3《河渠》。

〔註58〕 《續資治通鑒長編》卷267熙寧八年八月戊午。

〔註59〕 《宋會要輯稿·食貨》六一之一二〇。

〔註60〕 《宋史》卷173《食貨上一》。

其一，勸募。如慶曆二年，華亭縣調發新江等四鄉之民開濬顧會浦，即「募邑之大姓，泊瀕浦豪居，力能捐金錢助庸者，意其豐約，疏之於牘，誘言孔甘，喜輸叢來，凡得錢一百三十六萬」。〔註61〕按慶曆五年敕令規定，兩浙一帶興修水利，應由地方官「計夫料餉糧，設法勸誘租利人戶情願出備」。〔註62〕可知這一方式當時曾推廣至兩浙各地，工程所用經費是根據地主財產的多寡募集的。

其二，科派。按前所述，至和初，宋政府令諸縣「各具析合係使水人戶各有田段畝數，據實戶遠近，各備工料」，修治陂塘。熙寧中，沈括在蘇州等地按田徵錢，修築堤岸。乾道、淳熙之交，浙西、江東地區修治陂塘，係按有田之家戶等高下分攤功力。元符以後浙西江浦的開濬，和紹興時江東圩田的修復，其雇工之費係由有田之人按田畝、苗租均攤。又工程中取土為岸，用去田地，往往於「眾戶有田之家均敷價錢給還」。〔註63〕興修費用一般由有田者按田畝、苗租、戶等及距水遠近攤派。

其三，官為借貸。熙寧二年（1069年），農田水利新法規定，開墾廢田、興修水利、建立堤防、修築圩埠如工役浩大，民力難以承擔，「許受利人戶於常平廣惠倉係官錢斛內連狀借貸支用，……如是係官錢斛支借不足，亦許州縣勸諭物力人，出錢借貸，依例出息，官為置簿，及時催理」。〔註64〕此法在很大程度上是據王安石等人在江浙一帶興修水利的實踐經驗制定，頒布後又推行至諸路，其規定自當適用於浙西和江東。如熙寧六年（1073年），宋政府即應三司之請，「下司農貸官錢，募民興役」，在浙西濬河築堤，疏障水患」。〔註65〕按上所述，官為借貸可細分為官府自出錢米，及代人戶向富家借貸二類，這是宋代常用的一種籌款方式。

其四，官出。這類錢米主要取自賑濟款項、水利經費、朝廷特支專款和地方經費。按前所述，以工代賑一類工程的費用係來源於賑濟錢米。熙寧時，兩浙有可用於興修水利的「陂湖等遺利錢」。〔註66〕政和、宣和年間，太湖平

〔註61〕《雲間志》卷下《重開顧會浦記》。
〔註62〕《宋會要輯稿·食貨》六一之九三。
〔註63〕《宋會要輯稿·食貨》六一之一三七，又《吳郡志》卷19《水利下》中，趙霖有取土為岸之棄地，應「令眾戶均價償之」一語。
〔註64〕《宋會要輯稿·食貨》一之二七、二八，六一之一〇〇。
〔註65〕《宋會要輯稿·食貨》六一之一〇一。
〔註66〕《宋會要輯稿·食貨》六一之一〇一。

原濬河築堤所用錢米係取自「法許興修水利支用」的鑑湖租米，以及朝廷所賜之空名度牒、官告和坊場、市易、抵當等錢。〔註67〕紹興二十九年（1159年），開濬平江府諸浦所用經費，「錢於御前激賞庫支降，米就平江府撥到綱米內支取」。〔註68〕紹熙四年（1193年），葉翥在太平州「州用米內取撥米三千石，趲積到錢一千貫」，組織民戶開濬圩內溝港。〔註69〕

在浙西、江東水利田開發的工程中，官出錢米僅構成經費籌集的幾種方式之一。宋代的條法和史實都說明開發費用往往取諸民間。如僅按《宋會要》記載，慶曆五年（1045年）、至和初（1054年）、嘉祐五年（1060年）、熙寧二年（1069年）、紹興八年（1138年）和乾道九年（1173年），宋政府即多次頒布詔令，規定由民戶負擔錢米，從事水利田的開發。〔註70〕

就幾次大規模的工程而言，沈括在蘇州一帶組織的工程系由人戶按田出錢。趙霖組織的開河、置閘之役雖由政府出資，但築圩裹田工程則多由官司借貸錢穀，主要由民間負擔費用。盧宗原在江東組織開發圩田，「召人戶自備財力興修，更不用官錢糧」，「令人戶送納興修錢糧」。〔註71〕紹興二十九年，平江府諸浦的開濬是由政府出資，其修治田岸係「有田之家計畝均出錢米」。〔註72〕乾道、淳熙之交，浙西、江東二地陂塘溝堰的修治主要由民戶出具功力。只有在部分地區，當民力不能獨辦時，才由政府出資，助其工役。〔註73〕以上五起工程中，三起基本上由民間負擔費用，其餘二起所用財力亦有相當一部分由民間出備，政府出資的只占少數。

臺灣學者梁庚堯說：「北宋末年新修的圩田雖然也有些是私人財力所興治，但是大部分的圩田都是北宋政府所修築」。〔註74〕這一論斷顯然不符合歷史事實。北宋末主要有二起大規模創修圩田之舉。一起由盧宗原組織，由民戶出錢米。另一起由趙霖組織，除圍裹常湖、華亭泖二役外，主要由政府貸借錢穀興修。當時新修之圩大部分應是私人，而非政府財力所興治。

〔註67〕《宋會要輯稿‧食貨》六一之一〇四、一〇五，《吳郡志》卷19《水利下》。
〔註68〕《宋會要輯稿‧食貨》六一之一一五。
〔註69〕《宋會要輯稿‧食貨》六一之一三六。
〔註70〕《宋會要輯稿‧食貨》六一之九三、九四、九五，一之二八，六一之一〇〇、一〇四、一一二、一二二。
〔註71〕《宋會要輯稿‧食貨》六一之一〇四、一〇五，《吳郡志》卷19《水利下》。
〔註72〕《宋會要輯稿‧食貨》六一之一一五。
〔註73〕《宋會要輯稿‧食貨》六一之一二四。
〔註74〕《南宋的農地利用政策》，152頁。

　　綜上所述，除政府出資的工程外，水利田開發所需之費用（包括雇直）基本上是由有田之家按財產、田地、苗稅和戶等攤派的。這一辦法使貧富按其財力大小出具錢米，比較公平合理，又簡便易行。它能在宋代浙西和江東水利田開發的工程中得到廣泛的運用，顯然並非出於偶然。

第七章　水利田開發的進程

本章主要從歷史發展的過程出發，來探討各種因素對水利田開發的影響和作用。

一、北宋時期浙西、江東地區的自然條件和宋初至北宋中葉土地開發的狀況

水利田的開發總是在特定的自然條件下和一定的歷史基礎上進行的，其進程勢必受到自然和歷史因素的制約和影響。

宋代浙西之地除睦卅以外，大部分位於太湖平原之內。該平原幅員廣達數萬平方公里，地勢低窪，雨量充沛，氣候溫和，土地肥沃。境內湖蕩密布、塘浦縱橫、水域遼闊，十分適合水稻的生長。經過勞動人民的長期開發，到唐代後期至北宋初年，太湖地區已開墾出大量農田，具備了較好的水利基礎，已成一相當發達的農業區。如唐元和年間，浙西（包括睦州）墾田已達 512 萬餘畝。〔註1〕北宋景祐年間（1034～1038 年），范仲淹知蘇州，「點檢簿書，一州之田係出稅者三萬四千頃」，〔註2〕有田約 340 萬畝。其中包括一些雖已耕種，但並未築堤防水之田。

不過，在宋初或北宋中葉，太湖地區仍有大量的荒地未得到充分的開發和利用。試以蘇州為例，在吳越國納土，即太平興國三年（978 年）以後，蘇州崑山「郡邑地曠人稀，（民）占田無紀，但指四至涇瀆為界」，〔註3〕全州地

〔註1〕《元和郡縣圖志》卷 26《江南道一》。
〔註2〕《長編》卷 145 慶曆三年九月丁卯條。
〔註3〕張方平：《樂全集·附錄》王鞏《張方平行狀》。

曠而人稀。景祐時，蘇州約墾田 340 萬畝，僅比端平二年（1235 年）蘇州六縣之一的常熟縣多 100 萬畝。〔註4〕郟亶說：「蘇州之地，……當有十八萬夫之田，國朝之法，一夫之田爲四十畝」。〔註5〕按郟亶推算全州應有耕地 720 萬畝，景祐時蘇州墾田總數尚不到這一數字的一半。農業最發達的蘇州尚且如此，其餘諸州由此可以想見。

　　土地的開發一般是按照先易後難的順序進行的。宋初或北宋中葉以前開發的農田，多爲投入工費不大，較易開發的平地或高地。未開發的多爲積水低窪之地。湖熙寧時（1068～1077 年），郟亶指出，蘇州除太湖、昆承湖、沙湖、陽城湖外，其餘如崑山之邪塘、大泗、黃瀆、夷亭、高墟、巴城、雉城、武城、夔家、江家、柏家、鰻鱺諸瀆，常熟之市宅、碧宅、五衢練塘諸村，長洲之長蕩、黃天蕩之類，皆爲積水不耕之田。〔註6〕元符元年（1098 年）以後郟僑說，平江積水幾四萬頃。其中頗有可治之田。如積水中所謂湖瀼陂淹計三十餘所，可修治成田者即超過一半（今蘇州常熟、太倉、崑山、吳江、吳縣湖泊河網水面，除太湖以外，約有 200 萬畝）。〔註7〕又按單鍔所說，元祐時（1086～1094 年），常州運河以北之田，皆未修田圍，常患積水，難以耕植。〔註8〕直至北宋中葉，太湖地區尚有大量低窪積水之地未開墾成田，或未開發成旱澇無憂的水利田。

　　江東沿江濱湖（指丹陽、固城諸湖）地區的自然條件與太湖地區十分相似。北宋初至北宋中葉，這一地區的土地雖已大量開墾成田，但仍有不少農地沒有獲得充分開發。北宋中葉，沈括指出：「江南大都皆山也，可耕之土皆下濕，厭水瀕江，規其地以堤而藝其中，謂之圩」。按其所說，可知當時江東所開發的和未開發的可耕之土皆爲下濕厭水之低地。如嘉祐六年（1161 年）以前蕪湖縣荒廢積水之秦家圩，東南濱於大澤，北有丹陽、石臼諸湖，「綿浸三、四百里。當水發時，環圩之壤皆湖也，如丹陽者尚三、四」，積水面積頗爲可觀。當時，「江南之斥土，如萬春（秦家圩修復後改稱萬春圩）者數百」。〔註9〕萬春圩爲田 12 萬餘畝，江南路當時約有數千萬畝低窪積水之

〔註4〕《琴川志》卷 6《版籍》云，端平二年，常熟墾田爲 241 萬餘畝。
〔註5〕《吳郡志》卷 19《水利上》。
〔註6〕《吳郡志》卷 19《水利上》。
〔註7〕《吳郡志》卷 19《水利下》。200 萬畝這一數字出自《蘇州地區水利基本資料》。
〔註8〕《三吳水利錄》卷 2《單鍔書》。
〔註9〕《長興集》卷 21《萬春圩圖記》。

地沒有開墾成田。

宋初至北宋中葉，浙西、江東地區存在著大量以低窪積水之地為主的荒地。這些荒地的存在，使以上二地在宋代有可能出現大規模的水利田的開發，決定了二地水利田開發的主要對象是低窪積水之地。

二、北宋社會與浙西、江東地區水利田的開發

社會是以共同的物質生產活動為基礎而相互聯繫的人們的總體。物質資料的生產是社會存在的基本條件。人們在生產中形成的生產關係的總和，構成了社會的經濟基礎。在這一基礎上產生了與其相適應的上層建築。這一總體是由組成物質生產活動諸要素的人、科學技術、生產工具和生產關係，以及建立在生產關係基礎之上的政治法律制度、機構和社會意識形態等因素構成。水利田的開發是一種社會生產勞動，它必然受到上述社會諸因素的制約，社會的發展必將影響水利田開發。反過來，水利田的開發也必定會影響社會，為社會的進一步發展奠定基礎。如人口的增長促進了水利田的開發，為水利田的大規模開發提供了充足的勞動力。水利田的開發，又為人口的增加創造了有利條件。此處主要考察社會對水利田開發的影響，而將開發對社會的影響放入下一篇加以探討。北宋一代浙西、江東地區人口的增長是相當可觀的。

北宋浙西人口增長表　　（單位：戶）〔註10〕

地　區	蘇　　州	秀　　州	湖　　州	常州江陰
雍熙前後	35249	23052	38748	70103
崇寧年間	152821	122813	162335	165116
發展速度	434%	533%	419%	236%
地　區	杭　　州	潤　　州	睦　　州	浙　　西
雍熙前後	70457〔註11〕	27547	12251	277407
崇寧年間	203574	63657	82341	952657
發展速度	289%	231%	672%	343%

〔註10〕此表據文淵閣四庫全書《太平寰宇記》、《宋史·地理志》製成。
〔註11〕據金陵書局本《太平寰宇記》和乾道《臨安志》卷2《戶口》。

北宋江東人口增長表

（單位：戶）〔註12〕

地　區	江寧府	宣　州	太平州	歙　州	池　州
雍熙前後	61690	46947	15060	51763〔註13〕	33424
崇寧年間	120713	147040	53261	108316	135059
發展速度	196%	313%	354%	209%	404%
地　區	饒　州	信　州	南康軍	廣德軍	江　東
雍熙前後	45918	40685	26948	10933	333368
崇寧年間	181300	154364	70615	41500	1012168
發展速度	395%	379%	262%	380%	304%

北宋浙西人口密度表

（單位：戶／平方公里）

年　代	戶　數	面　積〔註14〕	密　度
雍熙前後	277407	45300	6.1
元豐年間	928942〔註15〕	45300	20.5
崇寧年間	952657	45300	21.0

北宋江東人口密度表

（單位：戶／平方公里）

年　代	戶　數	面　積〔註16〕	密　度
雍熙前後	333368	73800	4.5
元豐年間	1031927〔註17〕	73800	14.0
崇寧年間	1012168	73800	13.7

按上表可知，崇寧年間浙西、江東地區的戶數均為雍熙（984～987年）前後的三倍以上。百餘年中，二地人口的增長是相當大的。到元豐時（1078～1085年），浙西的人口密度已達20.8戶／平方公里，江東為14.0戶／平方公里，

〔註12〕此表據文淵閣四庫全書《太平寰宇記》、《宋史·地理志》製成，包括南康軍，而不包括江州。
〔註13〕據金陵書局本《太平寰宇記》。
〔註14〕據譚其驤《中國歷史地圖集》第6冊第57～58圖，用數方格法算得。
〔註15〕據《元豐九域志》。
〔註16〕據《元豐九域志》。
〔註17〕據譚其驤《中國歷史地圖集》第6冊第57～58圖，用數方格法算得。

人口已相當密集。

在以農立國的宋代社會中，人口的增長主要應是農業生產者數量上的增長。在擁有大量荒蕪不耕之地的浙西和江東，隨著農業生產者的增多，與之俱來的應是荒地的不斷開闢成田。但是，由於土地兼併的影響，人口的增加並未帶來十分理想的土地大量開墾的結果。

有宋一代，田制不立，不抑兼併。其結果是土地兼併不斷加據，大量土地落入地主的掌握之中。到仁宗時，情況已發展到「勢官富姓占田無限，兼併冒偽習以成俗，重禁莫能止焉」的地步了。〔註18〕劇烈的土地兼併雖能刺激一部分地主和農民去開墾荒地。但總的來說卻不利於土地的開發。仁宗時人李覯指出：「今者天下雖安矣，生人雖庶矣，而務本之法尚或寬弛，何者？貧民無立錐之地，而富者田連阡陌。……（富人）專以其財役使貧民而已。貧民之點者則逐末矣，冗食矣。其不能者乃依人莊宅為浮客耳。田廣而耕者寡，其用功必粗。天期地澤風雨之急，又莫能相救，故地力不可得而盡也。山林藪澤原隰之地可墾闢者往往而是，貧者則食不自足，或地非己有，雖欲用力，未由也已。富者則恃其財雄，膏腴易至，孰肯慮於菑畬之事哉？故田不可得而墾闢也。〔註19〕土地兼併的結果，是土地大量集中於富人之手。雖然富者並非如李氏所說的那樣都無意墾闢。但兼併使一些農民脫離農業，增長的人口中有相當一部分未能成為農業勞動者；同時又使另一些農民因「食不自足，或地非己有」，生產積極性受到挫傷。所以人口雖不斷增加，土地的開發卻未能盡如人意，封建的生產關係嚴重地束縛了生產力的發展。不過，土地的高度集中另一方面又使地主得以運用其所掌握的人力和物力組織水利田的開發，而其不利影響復因太湖地區租佃制的流行而多少有所緩解。

北宋時，農本思想和墾闢之說頗為盛行。如太宗至道二年（996年），陳靖即認為欲厚生民，「莫先於積穀而務農」，誘民耕墾閒曠之田。〔註20〕仁宗時，李覯主張務本，范仲淹則主張「厚農桑」。在這種思想的影響下，統治階級中人提出了某些解救辦法。如李覯主張：「今將救之，則莫若先行抑末之術，以驅游民。游民既歸矣，然後限人占田。……游民既歸而兼併不行，……

〔註18〕《宋史》卷173《食貨上一》。
〔註19〕《盱江集》卷16《富國策第二》。
〔註20〕《宋史》卷173《食貨上一》。

則地力可盡矣。然後於占田之外，有能墾闢者，不限其數」〔註21〕。李覯的抑末限田說雖未付諸實行，但它卻代表了當時流行的一種社會傾向。

在務本或厚農桑思想的支配下，宋政府採取了一系列措施，來推進土地的開發。特別是慶曆以後，宋政府開始大力提倡、鼓勵和組織農戶興修農田水利，開墾荒地。如按沈括所載，張顗、沈披等人倡議組織興修萬春圩的指導思想，即是出民自：「天下之財不足以相養，豈獨野人之憂，在上者所當任也。江南之斥土如萬春者數百，襄漢青徐之間人益希，其過江南者不貲。異時有言其可耕者，天下莫之應也，予且使天下信之」。〔註22〕指導其行動的便是墾田生財以養民，亦即農為食貨之本的思想。王安石變法期間，宋政府更進而從「因天下之力以生天下之財「的原則出發，採取摧制兼併，減免徭役，借貸錢米，組織興修農田水利等措施，使農民安心務農，開發荒地，擴大生產。

農本思想與墾闢主張的盛行，宋政府積極鼓勵墾荒和發展農業的政策，推動了土地的開發。在以上諸因素的綜合作用下，隨著人口的增加，北宋時期的土地開發取得了顯著的成就。如按《宋史·食貨志·農田》所說：「自景祐以來，四方無事，百姓康樂，戶口蕃庶，田野日闢，仁宗繼之，……久之，天下生齒益蕃，闢田益廣」。按宋政府統計，從太宗至道年間（995～997 年）至神宗元豐年間（1078～1085 年），諸路戶數從 413 萬餘戶增至 1721 萬餘戶，墾田總數從 31252 萬餘畝增至 46165 萬多畝。人口增加了三倍多，墾田增加了一半左右。〔註23〕

這也正是浙西、江東二地的寫照。如隨著蘇州人口從大中祥符四年（1011年）的 66139 戶，增至元豐三年（1080 年）199892 戶，〔註24〕該地「澤地沮洳，寖以耕稼」，〔註25〕吳越國納土時「郡邑地曠人殺」的蕭條景象，已為元祐中「田疇沃衍，生齒繁夥，……畎澮脈分，原田棋布，丘阜之間，灌以機械，沮洳之濱，環以菱楗，則瀉鹵磽確，變為膏澤之野，蘋藻葭葦，墾為粳稻之陸」的一派繁榮氣象所取代。〔註26〕江東蕪湖一帶，原有幅員數百里以至

〔註21〕 《盱江集》卷 16《富國策第二》。
〔註22〕 《長興集》卷 21《萬春圩圖記》。
〔註23〕 《文獻通考》卷 4《田賦考四》、卷 11《戶口考二》。
〔註24〕 《吳郡圖經續記》卷上《戶口》。
〔註25〕 同上《風俗》。
〔註26〕 《吳郡志》卷 37《縣記》。

上千里的積水之地。嘉祐中，萬春圩修成，邦民附益而圩者如櫛比，……崇觀闢陶辛、政和、易泰」，〔註27〕原先的積水之地大量地開發成良田。

　　如果說上述因素促進了水利田的開發，那麼以下諸因素則為水利田的開發，尤其是大規模開發創造了有利條件。如在水利田開發的工程中，勞動力的調集由差調為主向雇募為主的轉化，或多或少改善了民工的待遇，因而有利於水利田的開發。

　　宋代將全國諸州軍分為若干路，州軍之上有監司一級常設機構。這類機構，尤其是以興修水利為其主要職責的倉司的設置，十分有利於大規模的水利田的開發。州縣無力組織的較大的水利田的開發，通常是由其主持的。如召募八縣民工，役工1.4萬人的萬春圩的興修，便是由江東轉運司組織的，主持者為轉運使張顒。政和、宣和年間，趙霖以兩漸提舉常的身份在蘇湖秀常諸郡雇募民夫，大舉興修農田水利。紹興初，江東宣州、大平州圩田的大規模修復，則是由守倅合同漕臣、提刑並工修治，並專責帥臣提總其事。〔註28〕

　　北宋時，浙西、江東地區的勞動人民已掌握了築堤、開河、設置堰閘的技術，重要的提水工具龍骨水車已為農民普遍使用。當時，蘇軾有《無錫道中賦水車》一詩。起首二句為「翻翻聯聯銜尾鴉，犖犖確確蛻骨蛇」。趙彥材注曰：「江浙間人目水車為龍骨車」。〔註29〕據紹熙間（1190～1194年）樓鑰所說：「少陵、東坡詩，出入萬卷，……蜀趙彥材注二詩最詳，讀之使人驚歎」。〔註30〕可知趙氏之注作於紹熙之前，蘇軾所詠之水車，即北宋和南宋初廣泛見於江浙，當地人所說的龍骨車。熙寧八年（1075年），無錫運河乾涸，知縣焦千之「率民車四十二管車梁溪之水以灌運河。五日，河水通流，舟楫往來」。〔註31〕龍骨車提水的效率是相當高的。

　　隨著水利田的大量開發，北宋時人已發明和推廣了水中取土築堤的技術。在低窪積水之地，築堤最患無土。沈括說：「蘇州至崑山縣凡六十里，一皆淺水，無陸途。民頗病涉，久欲為長堤。但蘇州皆澤國，無處求土。嘉祐中，人有獻計就水中以簟篨裒稾為牆，栽兩行，相去三尺。去牆六尺，又為一牆，亦如此。漉水中淤泥，實簟篨中。候干，則以水車畎去兩牆之間舊水。牆

〔註27〕康熙《太平府志》卷37《劉子澄磚石湖壩倫》。
〔註28〕《宋會要輯稿·食貨》六一之一〇七。
〔註29〕四部叢刊本蘇軾《集注分類東坡詩》卷13。
〔註30〕四部叢刊本陳與義《箋注簡齋詩集·簡齋詩箋敘》。
〔註31〕《三吳水利錄》卷2《單鍔書》。

間六丈皆土，留其半以為堤腳，掘其半為渠，取土以為堤，不日，堤成」。
〔註32〕按其所說，這種在積水平地上取土的方法，發明於嘉祐年間（1056～
1063）。

另一種水中取土築堤的方法，是向塘浦河底要土。熙寧五年（1073年）
末，郟亶在太湖平原組織民戶，築堤固田。他主張深濬塘浦，因所出之土以
為堤岸。呂惠卿則認為無處取土築堤，極力反對興修。王安石支持郟亶的辦
法說。「臣嘗遍歷蘇州河，親掘試，皆可取土，土如墼，極可用。臣始議至和
塘可作，蘇人皆以為笑，是時朝廷亦不施行」。〔註33〕王安石議修至和塘系皇
祐（1049～1054年）中事。〔註34〕熙寧五年呂惠卿的反對和皇祐「蘇人皆以
為笑」的記載表明：最晚在皇祐中，已有人提出了從河底取土築堤的方法。
但這一方法的推廣，卻不會早於熙寧六年。

上述農田水利技術方面的進步和水車的普及，為以積水低地為主要對象
的水利田的開發，尤其是大規模開發，創造了有利的條件。

此外，浙西、江東地區人口的增長和人煙的稠密，為水利田的大規模開
發提供了豐富的人力資源。自宋初統一以來，浙西、江東地區享受了一百餘
年的和平。和平穩定的社會環境，使得水利田開發的進程不致因戰亂或戰亂
所造成的人口的劇減而中斷。和平統一的局面使政府鼓勵開發水利田的政策
得以貫徹實施。所有這一切也都對浙西、江東地區水利田的開發產生了積極
有利的影響。

在上述諸因素的影響下，浙西、江東地區水利田的開發經歷了以下幾個
發展階段：

慶曆三年（1043），范仲淹在其著名的《答手詔條陳十事》疏中指出，自
北宋一統，政府「慢於農政，不復修舉」水利，以致「江南圩田、浙西河塘大
半壞廢」。這說明在慶曆以前，宋政府很不重視江浙一帶的農田水利，其結
果是使這一地區的農田水利事業始終處於蕭條不振的狀態之中。在此期間，
雖也有一些官吏，如范仲淹曾在蘇州組織民力，濬河以決積水，但這只是少
數地方官的孤立之舉，影響不大。這一時期浙西、江東地區水利田的開發無
疑是很不景氣的。

〔註32〕《夢溪筆談》卷13《權智》。
〔註33〕《長編》卷245熙寧六年五月乙丑條。
〔註34〕《吳郡志》卷19《水利上》。

　　慶曆三年以後，由於范仲淹等人的倡導，政府中人開始注重農田水利。
慶曆三年、四年、五年和至和元年（1054），宋政府先後頒布一系列詔令鼓勵
興修農田水利。此後，江東有萬春、百丈諸圩的興修，浙西有至和塘、松江
白鶴匯的開濬，以及嘉祐年間田塍的修築。〔註35〕當時，兩浙「諸處係官湖
塘並運河邊田土，多被權貴之家請射，及鄰近鄉民侵佔污澱，種作成田」。
〔註36〕水利田的開發進入了一個新的、成果顯著的階段。

　　從熙寧年間（1068～1077）開始，尤其是在王安石主持變法期間，由於
政府的鼓勵和組織，全國興起一股開發水利田的熱潮。僅熙寧三年至九年，
諸路即興修水利田10793處，約3600餘萬畝。其中兩浙田1980處，1048萬
多畝；江東田510處，107萬畝。〔註37〕在扣除浙東後，浙西、江東二地合計
應有近千萬畝之多。

　　徽宗在位期間，浙西、江東地區掀起了開發水利田的又一高潮。在宋政府
的倡導組織下，崇寧（1102～1106年）中，有吳松江、青龍江的開濬。〔註38〕
政和（1111～1118年）中，平江府一地即興修圍田20萬畝。〔註39〕大觀四年
（1110年），徽宗下詔指出：「宣州、太平州圩田並係近年所作」。〔註40〕政
和、宣和年間，趙霖、盧宗原等政府官員分別在浙西、江東等地大舉興修農
田水利，其中盧氏計劃興修之田約達一千萬畝。〔註41〕

　　按馬端臨所說：「圩田、湖田多起於政和以來，〔註42〕可知這一時期水利
田開發的成果極為可觀，宋朝政府在開發的進程中起著十分重要的作用。

三、南宋時期水利田開發的進程

　　南宋初的戰亂，使浙西、江東地區的水利田遭到很大的破壞。如建炎三
年（1129年），為防止金人騎兵南下，張俊在平江府「決水溉田，以限戎馬」。
〔註43〕同年六月，宋高宗又在更廣大的地區內推行這一辦法，下令在江浙淮

〔註35〕《吳郡圖經續記》卷下《治水》。
〔註36〕《宋會要輯稿・食貨》六一之九五。
〔註37〕《宋會要輯稿・食貨》六一之六八、六九。
〔註38〕《宋史》卷96《河渠六》。
〔註39〕《宋史》卷173《食貨上一》。
〔註40〕《宋會要輯稿・食貨》一之三〇。
〔註41〕《宋會要輯稿・食貨》六一之一〇四。
〔註42〕《文獻通考》卷6《田賦考六》。
〔註43〕李心傳《繫年要錄》卷20建炎三年二月戊午條。

南,「開畎畝瀦水之地,以限戎馬」,阻止金兵南侵。〔註44〕紹興元年(1143),邵青、張琪乘亂起兵。邵在太平州「開畎河水,盡淯圩岸」。張則在該地「決水灌田」,以致「舊圩盡壞」。〔註45〕戰亂不僅使堤岸破決,低田被淹,而且使人口銳減。如建炎四年,因金人殺掠,平江府一地「士民死者近五十萬人」。〔註46〕至於江東,直至乾道末,仍然是「村疃之間,人戶凋疏」,一派蕭條。〔註47〕到淳熙時,(1174～1189年),太平州只有35056戶,尚未恢復到崇寧年間(1102～1106年)53261戶的水平。〔註48〕

由於圩岸破決,低田被淹,人口劇減。二地在北宋時興修的水利田大都陷於荒蕪不耕的境地。如紹興初,太平州圩田因「賊馬蹂踐,掘破圩岸,及佃戶逃亡未歸,荒閒甚多」。〔註49〕據當時臣僚所言:「沿江兩岸沙田、圩田頃畝不可勝計,例多荒閒」。〔註50〕

從紹興初開始,隨著浙西、江東地區社會秩序的恢復和流民的遷入,二地的荒廢之田,包括戰亂中和戰亂前荒廢的土地又大量開墾成田。紹興二年(1132年)至三年(1133年),宋政府在江東宣州、大平州等地,組織人戶,修復荒決之圩。〔註51〕紹興三年,前知平江府李擢指出:「今東之民流徙者眾,東南乘田疇者多」。他主張招誘流民,耕墾平江府東南「湖浸相連,塍岸久廢」的積水之地和沮洳草萊。其建議爾後曾次第行之。〔註52〕紹興十九年(1149年),宋政府又下令多方勸誘平江民戶,將積水之地修築成田。如民戶不來,則官為拘收,召人請佃。〔註53〕

紹興中葉以後,浙西、江東地區水利田開發的規模日益增大。隨著可開墾的荒地的不斷減少,湖蕩越來越成為開發的主要對象。危害水利的現象屢屢出現。如紹興二十三年(1153年),史才指出,浙西民戶素仰太湖之利,但「數

〔註44〕《繫年要錄》卷24建炎三年六月戊午條。

〔註45〕《繫年要錄》卷44紹興元年五月壬戌條,《宋會要輯稿‧食貨》二之七,《宋會要輯稿‧兵》一〇之二八。

〔註46〕《繫年要錄》卷32建炎四年三月丁未條。

〔註47〕《宋會要輯稿‧食貨》六一之三四。

〔註48〕康熙《太平府志》卷9《戶口》。

〔註49〕《宋會要輯稿‧食貨》六一之一〇七。

〔註50〕《宋會要輯稿‧食貨》二之七。

〔註51〕《宋會要輯稿‧食貨》六一之一〇七、一〇八。

〔註52〕《宋會要輯稿‧食貨》一之三六,《文獻通考》卷5《田賦考五》、《繫年要錄》卷64紹興三年四月丁未條。

〔註53〕《繫年要錄》卷159紹興十九年六月辛亥條、卷160紹興十九年七月辛巳條。

年以來，瀕湖之地多為軍下兵卒請據為田，擅利妨農，其害甚大」。〔註54〕到隆興時（1163～1164 年），江浙一帶，「勢家圍田，湮塞流水」的現象已十分嚴重。〔註55〕

　　上述危害水利的行為，損害了多數農民和地主的利益。如童圩有田 1800餘畝，圍湖成田後，「向上諸圩悉遭巨浸」，「被害者眾矣」〔註56〕。澱山湖圍田修成，「旁湖被江民田無慮數千頃反為不耕之地，細民不能自伸，抑鬱受弊而已」。〔註57〕這正如范成大所指出的：「萬夫堙水水源乾，障斷江湖極目天。秋潦灌河無泄處，眼看飄盡小家田……壑鄰岡利一家憂，水旱無妨眾戶愁」。〔註58〕

　　危害水利的開發行為同時也損害了南宋朝廷的利益。按衛涇所說，圍湖成田，增租所入有限。而常歲倍收之田，稍有水旱，反為荒土。常賦所損，不可勝計。況且所增有限之租，又不係省額，州縣可以移用，中央所得無幾，只白白中飽了貪官污吏的私囊。〔註59〕誠如范成大所說，圍湖墾田，「浪說新收收若干稅，不知逋失萬新收」。〔註60〕僅就朝廷租稅收入這一點而論，圍湖為田即得不償失。

　　此外，主持圍裏的豪強地主又多蓄無賴惡少及刑餘罪人。饑荒之歲，他們即數十為群，四出剽掠，殺傷江湖商賈和村野居民。而某些圍湖墾田所造成的水旱，又使農人失業，繦負流離。〔註61〕所有這一切都增強了社會的不穩定因素，因而不利於宋政府的統治。

　　由於部分圍湖墾田之舉損害了南宋朝廷和多數地主與農民的利益，宋朝廷就承擔起糾正和彌補已造成的損害，預防和避免造成新的水利問題的責任。特別是在積水之地大量開墾成田，瀦水之地日益減少，水土比例嚴重失調，圍湖成田不斷造成更大水利問題的南宋中葉，糾正和制止人為造成水旱的問題已被提到議事日程上來了。此外隆興和議以後，對金戰爭的結束和軍費開支的減少，則使宋政府能承受局部的財政損失，還田為湖，嚴禁圍墾，

〔註54〕《宋會要輯稿‧食貨》六一之一一一。
〔註55〕《宋史》卷 173《食貨上一》。
〔註56〕《宋會要輯稿‧食貨》六一之一一八、一四五。
〔註57〕《後樂集》卷 15《與鄭提舉箚》。
〔註58〕《范石湖集》卷 28《圍田歎》。
〔註59〕《後樂集》卷 13《論圍田箚子》。
〔註60〕《范石湖集》卷 28《圍田歎》。
〔註61〕《後樂集》卷 13《論圍田箚子》。

同時又得以集中精力，處理和解決這一問題。

一開始，宋政府主要採取開決堵塞水道，危害水利之圍的辦法，來消除圍湖墾田所造成的水旱災害。如紹興二十三年（1153年），宋政府斷然下令開決太湖沿岸的壩田。〔註62〕乾道初（1165年），浙西有平江府清沼湖圍田等13所圍田，以及四塘、長安二圍的開決。〔註63〕爾後，又有江東童圩的開決。〔註64〕

自乾道五年（1169年）始，宋政府開始嚴禁圍裏江湖草蕩。該年九月，政府下令：「凡係積水草蕩，今後並不許請佃」。〔註65〕淳熙三年（1176年），孝宗下詔說：「浙西諸州縣輒敢給據與官民戶及寺觀買佃江湖草蕩，圍築田畝者，許人戶越訴。仍重置典憲」。〔註66〕淳熙八年（1181年），政府又重申這一詔令。〔註67〕翌年，有詔令『兩浙漕司行下所部州縣，自今常切禁止官民戶，毋得將草蕩圍裏成田。如失覺察，其漕臣取旨施行。淳熙十年（1183年），政府又發布禁令：「凡有陂塘，自令下之後尚復圍裏，斷然開掘」〔註68〕。次年，宋政府進一步規定：」浙西諸州府各將管下舊來圍田去處，明立標記。仍出榜曉諭官民戶，今後不得於標記外再有圍裏」。〔註69〕到慶元二年（1196年），除標記之外不得圍墾外，政府更進一步規定：「如舊圍之田，有累年積水，已係眾共水利」者，亦不許「再行修圍。〔註70〕嘉泰年間（1201～1204年），宋寧宗又委派留佑賢、李澄將淳熙十一年（1184年）立碑後新圍之田「盡行開掘」。〔註71〕

值得注意的是，當時禁止開發的只限於江湖草蕩。淳熙十一年，劉穎言：「相視得華亭縣澱山湖闊四十餘里，所以潴泄九鄉之田。近歲被人戶妄作沙塗，經官佃買，修築岸塍，圍裏成田，計二萬餘畝，以此北鄉之田，遇水無處通泄，遇旱亦無由取水灌溉」。宋政府因此令「浙西提舉司更切委官審實。如

〔註62〕 《宋史》卷173《食貨上一》。

〔註63〕 《宋會要輯稿·食貨》六一之一一七。

〔註64〕 《宋會要輯稿·食貨》六一之一一八。

〔註65〕 《後樂集》卷13《論圍田箚子》。

〔註66〕 《宋會要輯稿·食貨》六一之一二五、一二六。

〔註67〕 《宋會要輯稿·食貨》六一之一二七。

〔註68〕 《後樂集》卷13《論圍田箚子》。

〔註69〕 《後樂集》卷13《論圍田箚子》，又據《宋會要輯稿·食貨》六一之一二八。

〔註70〕 《宋會要輯稿，食貨》六一之一三八、一三九。

〔註71〕 《宋會要輯稿·食貨》六一之一四〇。

係妄作沙塗，則仰照條開掘施行」。〔註72〕這說明在嚴禁圍湖墾田的同時，宋政府對沙塗等低地的開發卻是大開綠燈的。如在「水之不及，人乃以桑為田，猶必堤其外以備水之爭」的長洲，乾道八年（1172年），有僧築庵於陳湖費氏之洲上。「其後，磧砂四面沙益延，而水日邪，東北皆為田屬於岸」，沙塗即被大量開發成田。〔註73〕

此外，在慶元二年（1196年）以前，宋政府對積水荒田的開發也是完全不加禁止的。如淳熙五年（1178年），由於農戶施加功力，將積水荒地修始成田，而豪強形勢之家卻告首爭占，宋政府遂規定：「浙西州縣人戶自今於積水官荒田內種植稻畝，許經官陳訴畝步，起理二稅」。〔註74〕直至慶元元年（1195年），宋政府仍在兩浙鼓勵民戶開墾係官荒田，〔註75〕包括積水官荒田。即使在慶元二年以後，宋政府所禁止的，也是不得將多年積水，已成眾共水利的積水荒田圍墾成田。

還應指出的是，以上禁令主要是針對浙西的。南宋時，江東圍湖為田的現象不如浙西普遍，開決和禁圍之事亦少於浙西。

禁令頒布後，宋政府曾採取措施加以貫徹。如嘉泰年間（1201～1204年），宋政府委提留佑賢、李澄赴浙西各地開決淳熙十一年立碑後所圍之田。為防止開而復圍，當時各縣均置有所掘圍田的冊籍，由知縣掌管。每逢農事方興，知縣、縣尉即持籍親至開決之處，檢查有無人再次圍裏，這就在一定程度上達到了禁止圍墾湖蕩的目標。〔註76〕

又開禧年間（1205～1207年），宋政府規定：修冊有籍，曾經開決之田，許令圍裏。〔註77〕到開禧三年六月，平江府原先列案開決的圍田不僅全部修復，而且在冊籍數額之外又增圍了7萬餘畝。〔註78〕到嘉定二年（1209年）正月，湖州修復的草蕩圍田，至少有10萬畝。〔註79〕上述平江府的7萬多畝圍田，是嘉泰以前未曾圍墾的。這說明嘉泰以前的禁令是有一定效果的，嘉泰年間的開決則是卓有成效的。

〔註72〕《宋會要輯稿·食貨》六一之一二九。
〔註73〕周永年《吳都法乘》卷10下之上《平江府陳湖磧砂延聖院記》。
〔註74〕《宋會要輯稿·食貨》六之二七。
〔註75〕《宋會要輯稿·食貨》六之二九。
〔註76〕《宋會要輯稿·食貨》六一之一四〇、一四二。
〔註77〕《宋會要輯稿·食貨》六一之一四六、《宋史》卷173《食貨上一》。
〔註78〕《宋會要輯稿·食貨》六之三〇。
〔註79〕《宋會要輯稿·食貨》六之三一。

不過，事實表明，嘉泰以前禁令實行的效果並不理想。按衛涇所說，「奈何條畫雖備，奉行不虔」，圍田者或易名而請佃，或已開而復圍，或謂既成之業難以破壞，或謂垂熟之際不可毀撤。特別是隆興、乾道以後，豪宗大姓，相繼迭出，大舉圍裹湖蕩。其結果是，三十年間，昔之江湖草蕩皆變為田，新圍之田，所在遍滿。〔註80〕又慶元二年，袁說友、張抑指出：「近年以來，浙西諸郡圍田之利既行，而陂塘淹瀆皆變為田」。〔註81〕如平江府資壽寺永豐莊圍田，即係慶元年間（1196～1200年）圍裹成田。〔註82〕湖州西北諸鄉的湖泊，也是在慶元、嘉泰間大量圍墾成田。〔註83〕這都表明禁令未能消滅圍湖成田的現象，也未能完全制止這一類水利田的開發。

另外，在紹興二十九年（1159），浙西有常熟、崑山諸浦的開濬。乾道（1165～1173年）中，江陰有申港的開濬。〔註84〕淳熙初（1174），浙西和江東又有大規模的陂塘的修治。

總的來說，從紹興二十三年（1153）年至開禧二年（1206），宋政府開決危害水利之圍和禁止圍墾蕩的措施，僅僅只起節制浙西、江東地區水利田開發的作用，而沒有取消這一開發。

開禧二年（1206）十二月，因宋金戰爭再起，為安置兩淮流民，南宋政府下令：「兩浙州縣已開圍田，人許元主復圍」。〔註85〕浙西再度興起了圍裹湖蕩的浪潮。當時政府規定，復圍者只限於「奏冊有籍，曾經開掘之田」，而「不許稍有過數」。但豪民巨室，「並緣為奸，廣行圍裹，殆且加倍」。〔註86〕以致圍裹規模，「反過其舊」，超過嘉泰開決之前。〔註87〕按前所述，二年之內，湖州興修草蕩圍田10萬畝；半年中，平江府則在奏冊數外，又增圍7萬餘畝。開發的進程在開禧、嘉定以後也沒有結束。如寶慶年間（1125～1127年），平江府壽寧萬歲寺僧組織人力，將常熟華涇興修成田。從此，「向之漫口不可得而蓄畜者，變為膏腴矣」。〔註88〕

〔註80〕《後樂集》卷13《論圍田箚子》。
〔註81〕《宋會要輯稿‧食貨》六一之一三八。
〔註82〕釋居簡《北磵集》卷3《資壽寺永豐莊記》。
〔註83〕嘉泰《吳興志》卷20《物產》。
〔註84〕《宋會要輯稿‧食貨》八之二一、二二。
〔註85〕《宋史》卷173《食貨上一》，卷33《寧宗二》。
〔註86〕《宋會要輯稿‧食貨》六一之一四六。
〔註87〕景定《建康志》卷23《諸倉‧平止倉》。
〔註88〕蘇州雙塔《壽寧萬歲歸田之記》碑。

淳祐七年（1247 年），殿、步司建議將蘆蕩「開為良田，裨國餉」。史宅之因之而創括圍田、湖蕩為公田之議。南宋朝廷採納了這些建議，下令設田事所，將天下沙田、圍田和沒官田等撥隸田事所，並「辟官分往江浙諸郡打量圍築」。〔註 89〕圍墾的湖蕩已不再限於嘉泰時列案開決之田，又有大量湖蕩被開發成田。例如崑山當時撥歸田事所的田地中，除舊屬安邊所、總領所和地方府的外，「又增新、續改正兩項圍田」。〔註 90〕江東太平州管下的路西湖，也在此時被「招田之官」圍裏成田。〔註 91〕淳祐以後，湖蕩的開墾仍在繼續。如寶祐四年（1256 年）和景定五年（1264 年），平江府長洲縣吳官鄉 20 都學蕩，先後被盛松和盛椿年圍裏成田〔註 92〕。又按咸淳（1265～1274 年）《玉峰續志》所說「前志（指淳祐《玉峰志》）載，百家瀼、大馹瀼在縣北口口口裏，鰻鱺湖在縣西北二十里。昔皆深闊，旱澇藉以瀦溉。今多成圍，所存不過白蕩，僅存其名。而百家瀼、大馹瀼之跡，並不可考矣」。這些圍田即多係淳祐以後開發成田。在開發進程中，宋政府始終起著十分重要的作用。

四、影響南宋水利田開發的諸因素分析

與北宋相比，南宋時，浙西、江東地區人口增長的幅度並不大。

浙西人口增長表　　　　　　　　　　　　　　　　　（單位：戶）〔註 93〕

地　區	平江府	嘉興府	湖　州	常州、江陰
崇寧年間	152821	122813	162335	165116
至元年間	466158	426656	255828	263553
發展速度	305%	347%	157%	160%
地　區	臨安府	鎮江府	嚴　州	浙　西
崇寧年間	203574	63657	82341	952657
至元年間	360850	103315	103481	1979841
發展速度	177%	162%	126%	208%

〔註 89〕稗海本周密《癸辛雜識・別集》下《史宅之》。俞文豹《吹劍錄外集》。
〔註 90〕《玉峰志》卷中《官租》。
〔註 91〕康熙《太平府志》卷 37《劉子澄磚石湖壩倫》。
〔註 92〕《江蘇金石志》卷 20《吳學糧田續記》。
〔註 93〕此表據《宋史・地理志》和《元史・地理志》製成。其中至元湖州戶數據《永樂大典》卷 2275《湖州府》所引《吳興續志・戶口》。

浙西人口密度表

(單位：戶／平方公里)〔註94〕

地　區	戶　數	面　積	密　度
崇寧年間	952657	45300	21.0
至元年間	1979841	45300	43.7

江東人口增長表

(單位：戶)〔註95〕

地　區	建康府	寧國府	太平州	徽　州	池　州
崇寧年間	120713	147040	53261	I08316	135059
至元年間	214538	232538	76202	157471	68547
發展速度	178%	158%	143%	146%	51%
地　區	饒　州	信　州	南康軍	廣德軍	江　東
崇寧年間	181300	154364	70615	41500	1012168
至元年間	680235	158325	95678	56513	1740047
發展速度	375%	IO3%	136%	136%	172%

江東人口密度表

(單位：戶／平方公里)〔註96〕

年　代	戶　數	面　積	密　度
崇寧年間	1012168	73800	13.7
至元年間	1740047	73800	20.2

不過就絕對數量而言，二地人口的增長還是相當可觀的。和北宋時一樣，人口的蕃熾昌衍促進了田地的開闢，帶來了「民多則田墾而稅增，役眾而兵強」的結果。但正如葉適所指出的，這一促進作用及其效果亦由於「有田者不自墾，而能墾者非其田」，而遭到削弱。〔註97〕

　　與北宋不同的是，南宋時，浙西、江東二地增加的人口有相當一部分是來自北方的移民。南渡的移民主要分為二類：一類是皇親貴戚、文武百官和軍人。另一類是一般的平民。統治集團中人來到浙西、江東地區後，為重建

〔註94〕據譚其驤《中國歷史地圖集》第 6 冊第 57～58 圖，用數方格法算得。
〔註95〕此表據《宋史·地理志》和《元史·地理志》製成。其中元代鉛山戶數係至順時數。
〔註96〕據譚其驤《中國歷史地圖集》第 6 冊第 57～58 圖，用數方格法算得。
〔註97〕《水心別集》卷 2《民事中》。

家業，隨即利用其擁有的權勢和金錢，展開了掠奪田地，開發湖蕩、低地的活動。如紹興年間，江東的童圩即是淮西總管張榮組織人力，圍湖成田。〔註98〕太湖沿岸的草蕩，多為軍卒侵據為田。〔註99〕分處臨安、嘉興二郡的四塘、長安二圍，則為大將張子蓋家圍裏成田。〔註100〕又按前所述，紹興初，東北流徙之民的到來，促進了浙西平江府「塍岸久廢」的積水荒田和沮洳之地的開發。開禧時，淮南流民大批遷入兩浙。宋政府「以準農流移，無田可耕，詔兩浙州縣已開圍田，許元主復圍，專召淮農租種」。〔註101〕大量的湖蕩由此而再度開墾成田。北方移民的南來，直接促進了浙西、江東地區水利田的開發。

　　南宋時，墾闢之說盛行一時。和北宋時一樣，墾闢之說和政府的鼓勵促進了水利用的開發。如著名思想家葉適說：「為國之要，在於得民。……有民必使之闢地，闢地則增稅。故其居則可以為役，出則可以為兵」。〔註102〕在闢地增稅思想的指導下，除乾道至開禧間，宋政府曾一度嚴禁圍墾湖蕩外，政府對水利田的開發大體上採取了鼓勵的態度，並曾多次組織大規模的水利田的開發。同樣，在墾闢主張的影響下，浙西眾多豪右兼併之家，「始借墾闢之說，併吞包占，創置圍田。其初止及陂塘，……已而侵至江湖」。尤為嚴重的是，「隆興、乾道之後，豪宗大姓，相繼選出，廣包強佔，無歲無之，（以致）陂湖之利日朘月削，已亡幾何，而所在圍田則遍滿矣」。〔註103〕

　　因此，隨著人口的增長，與之俱來的則是湖蕩的不斷開墾成田，以及其餘各種水利田的進一步開發。如按衛涇所說，紹興以後，特別是隆興、乾道以後，隨著生齒日繁，人口歲增，浙西的江湖草蕩大量變為農田。到光宗、寧宗之際，該地已無荒而不治的可耕之田。當時所存之江湖陂澤，皆為公共水利，已不可再修治成田。〔註104〕開禧時，方信孺說，浙西「生齒日繁，增墾者眾，葦蕭歲闢，圩、圍浸廣」，〔註105〕更明確指出了人口的增長與水利田開闢的關係。又按孝宗、光宗時人陸九淵所說，隨著江東人口的增長，當時

〔註98〕《宋會要輯稿‧食貨》六一之一四五。
〔註99〕《宋會要輯稿‧食貨》六一之一一一。
〔註100〕《宋會要輯稿‧食貨》六一之一一七。
〔註101〕《宋史》卷173《食貨上一》。
〔註102〕《水心別集》卷2《民事中》。
〔註103〕《後樂集》卷13《論圍田箚子》。
〔註104〕《後樂集》卷13《論圍田箚子》。
〔註105〕葉紹翁《四朝聞見錄》乙集《函韓首》。

出現了「江東、西無曠土」的現象。〔註106〕到景定年間，丹陽、石臼湖一帶，「濱湖之地皆堤為圩田」。建康境內，「勤無曠土」。〔註107〕南宋初的荒廢之田亦已大量開闢為良田。

與北宋時相同，南宋時，浙西、江東地區水利田開發中雇募方式的盛行，監司機構的存在，農田水利技術的進步，豐富的人力資源，以及二地保持了140餘年的和平穩定的社會環境，也都對浙西、江東地區水利田的開發產生了積極的影響。此不贅述。

以下主要闡述劉刀的發明和普遍運用。王禎說劉刀，「闢荒刃也。其制如短鐮而背則加厚。嘗見開墾蘆葦蒿萊等荒地，根株駢密，雖強牛利器，鮮不困敗。故於耕犁之前，先用一牛引曳小犁，仍置刃裂地，闢及一隴，然後犁鑱隨過。覆坂截然，省力過半」。按其所說：「泊下蘆葦地內，必用劉刀引之，犁鑱隨耕，起坂特易，牛乃省力」。〔註108〕可見劉刀是開發湖蕩蘆葦灘地的必備農具。北宋時，人們已大規模開墾蘆葦叢生的海塗、沙塗。按此分析，當時劉刀當已發明，並已獲得普遍的運用。又乾道時，徐子寅等人在淮南組織人戶開荒，借予耕牛、農具，「每牛三頭，用開荒鏊刀一副」，〔註109〕或「六丁加一鏊刀」。〔註110〕這說明最晚在乾道時，鏊刀即已廣泛使用於開荒的過程中。鏊刀的普遍運用，為宋代浙西、江東地區水利田的大規模開發創造了有利的條件。

按上所述，人口的增長、政府的鼓勵和組織、農本思想和墾闢主張的盛行，促進了浙西、江東地區水利田的開發。農田水利技術的進步、龍骨車的普及、豐富的人力資源、勞動力由差調向雇募的轉化、監司機構的設置和長期和平統一穩定的社會環境則對水利田的開發產了有利的影響。宋代浙西、江東地區水利田的大規模開發是社會諸因素共同作用的結果。

〔註106〕《象山先生全集》卷16《與章德茂書》。
〔註107〕景定《建康志》卷16《堰埭》，卷40《田數》。
〔註108〕《農書》《農桑通訣集之二·墾耕篇》、《農器圖譜集之五·錢艾門》。
〔註109〕《宋會要輯稿·食貨》三之一七。
〔註110〕呂祖謙《東萊文集》卷10《薛季宣墓誌》。

第八章 水利田的開發與農業的發展

一、水利田的開發促進了土地的充分利用

　　有宋一代，浙西、江東地區一次又一次地興起了大舉開發水利田的熱潮。水利田的大規模開發產生了多方面的經濟效益和社會效益。但其直接成果和主要成就則是大大提高了上述地區的耕地利用水平，使該地區的耕地面積得到大幅度的增加，在質量和數量兩個方面使浙西和江東地區的土地得到充分的利用，從而有力地推動了以上地區農業的發展。這裡主要從土地充分利用的角度出發，來探討這一開發的成就。

　　首先，水利田的開發使原先常患水旱，難以耕作和收穫的農田，得到了充分的利用。熙寧（1068～1085）時，郟亶指出，蘇州崑山岡身以西，常熟以南之低田，「常患水也」。每春夏之交，天雨未盈尺，湖水未漲二、三尺，「而蘇州低田，一抹盡為白水」。「唯大旱之歲，……而蘇州水田幸得一熟耳」。至於常熟以北，崑山以東之高田，則「常患旱」。「每至四、五月間，春水未退，而岡阜之田即乾坼矣。唯大水之歲，……則岡阜之田，幸得一大熟耳」。〔註1〕經熙寧以後的不斷開發，上述局面已有較大改變。如南宋時范成大即指出：「崑山田從昔號為下濕，數十年前，十種九潦。自趙霖鑿吳松江積潦，三十年來，歲無薦饑」。〔註2〕湖州的情形與此相仿。嘉泰（120～1204）以前，湖州西北諸鄉，「春夏水易暴長，曩年悉為湖泊，畎畝荒蕪，十歲九潦」，難得

〔註1〕《吳郡志》卷19《水利上》。
〔註2〕姚文灝《浙西水利書》卷一《水利圖序》。

一熟。但到嘉泰時，該地「漸復起塍圍，歲亦有收矣」。〔註3〕

又治平（1064～1067）前後，周之道知江東江寧縣，邑有田「苦下潦，與江通。公築圩數千丈，民賴其獲，至今以公名其圩」。〔註4〕通過開發，上述水旱瀕仍，難得一熟的農田，多成足以抵禦一般水旱之災，常年可事耕作，收穫穩定的良田。

其次，水利田的開發又使原本無法耕種的荒地成為農田，從而使耕地面積不斷擴大。以江東丹陽湖地區為例，嘉祐六年（1161）以前，蕪湖縣荒廢積水之秦家圩，東南濱於大澤，北有丹陽、石臼諸湖，「綿浸三、四百里」，湖面頗為寬廣。尤其是「當水發時，環圩之壞皆湖也，如丹陽者尚三、四」，水面十分遼闊。當時「江南之斥土，如萬春（即秦家圩）者數百」。嘉祐中，萬春圩修成，「邦民附益而圩者如櫛比」。〔註5〕熙寧三年（1070）至九年，江東興修水利田510處，共計107萬畝。〔註6〕大觀四年（1110年），徽宗下詔指出，江東「宣州、太平州圩田並近年所作」。〔註7〕政和（1111～1118）、宣和年間（1119～1125），盧宗原在江東大舉興修農田水利，計劃興築「自古江水浸沒膏腴田」約近一千萬畝。〔註8〕按馬端臨所說：「圩田、湖田多起於政和以來」。〔註9〕可知這一時期水利田開發的成果是十分可觀的。到乾道初（1165），原先「此地無田但有湖」的丹陽湖區，已有「東西相望五百圩」，〔註10〕墾田面積有了很大的增加。

再看浙西。吳越國納土之初，蘇州「郡邑地曠人殺」，〔註11〕湖蕩、荒地頗多。又按范仲淹所說，景祐時（1034～1038），蘇州五縣共有稅田340萬畝，〔註12〕僅比端平二年（1235）六縣（嘉定間，由崑山分出嘉定縣）之一的常

〔註3〕嘉泰《吳興志》卷二〇《物產》。

〔註4〕汪藻《浮溪集》卷二六《周之道墓誌》。

〔註5〕《長興集》卷二一《萬春圩圖記》，康熙《太平府志》卷三七《劉子澄磚石湖壩論》。

〔註6〕《宋會要輯稿·食貨》六一之六九。

〔註7〕同上書一之三〇。

〔註8〕同上書六一之一〇四。

〔註9〕《文獻通考》卷六《田賦考六》。

〔註10〕韓元吉《南澗甲乙稿》卷二《永豐行》。

〔註11〕張方平《樂全集·附錄》王鞏《張方平行狀》。

〔註12〕《續資治通鑒長編》卷一四三慶曆三年九月丁卯條，《范文正公集·政府奏議》上《答手詔條陳十事》。

熟多 100 萬畝。〔註13〕農業最發達的蘇州尚且如此，其餘諸州可以想見。熙寧三年至九年，兩浙興修水利田 1980 處，共 1048 萬餘畝。〔註14〕當時蘇州「澤地沮洳，寖以耕稼」。〔註15〕到元祐七年（1092）該地「郡邑地曠人殺」的蕭條景象，已為「田疇沃衍，生齒繁夥，⋯⋯畎澮脈分，原田棋布，丘阜之間，灌以機械，沮洳之濱，環以荄稑，則瀉鹵磽确，變為膏澤之野，蘋藻葭葦，墾為粳稻之陸」的一派繁榮氣象所取代。〔註16〕徽宗在位期間，浙西掀起了開發水利田的又一高潮。政和間，平江府一地即興修圍田 20 萬畝。〔註17〕南宋淳熙十一年（1184），浙西有圍田 1489 處。〔註18〕到慶元二年（1196），「浙西圍田相望，皆千百畝，陂塘漊瀆，悉為田疇」。〔註19〕昔之江湖草蕩皆變為田，新圍之田，所在遍滿。〔註20〕開禧二年（1206），浙西再度興起圍裹湖蕩的熱潮。當時豪民巨室，「並緣為奸，廣行圍裹，殆且加倍」〔註21〕。淳祐七年（1247），宋政府又「辟官分往江浙諸郡打量圍築」湖蕩。〔註22〕經過長期不斷的開發，北宋初浙西的湖蕩、荒地已多圍墾開發成田。

　　正是有鑒於此，清代學者胡渭才指出，蘇松常嘉湖五郡，「自唐宋以來，其田日增，大率圍占江湖以為之者也」。〔註23〕誠如胡氏所云，宋代太湖地區耕地的增加在很大程度上確實是通過圍墾開發江湖的形式進行的。

　　種種證據表明，隨著水利田的開發和耕地的不斷擴大，到南宋中葉以後，浙西太湖地區和江東丹陽湖地區的可耕地已幾乎全部開墾成田和地。〔註24〕當時，浙西太湖地區有平江府、嘉興府（秀州）、湖州（安吉州）、常州和江陰

〔註13〕寶祐《琴川志》卷六《版籍》云，端平二年，常熟修復經界，管田 241 萬多畝，地 20 萬多畝。

〔註14〕《宋會要輯稿·食貨》六一之六九。

〔註15〕朱長文《吳郡圖經續記》卷上《風俗》。

〔註16〕《吳郡志》卷三七《縣記》。

〔註17〕《宋史》卷 173《食貨上一》。

〔註18〕《宋史》卷 173《食貨上一》。

〔註19〕《宋史》卷 173《食貨上一》。

〔註20〕衛涇《後樂集》卷一三《論圍田剳子》。

〔註21〕《宋會要輯稿·食貨》六一之一四六。

〔註22〕稗海本周密《癸辛雜識·別集》下《史宅之》，俞文豹《吹劍錄外集》。

〔註23〕《禹貢錐指》卷六。

〔註24〕有跡象顯示，到北宋末，浙西、江東地區可以開墾的耕地已大致開墾成熟。但時隔不久，即因戰爭的破壞而出現大量荒田。對此，筆者擬另撰文探討，此不贅述。

軍五郡。嘉興下轄華亭、海鹽、嘉興、崇德四縣。紹熙四年（1193），「華亭田四萬七千頃」。〔註25〕其時，海鹽有田88萬畝。〔註26〕淳祐（1241～1252）末，崇德有田地103萬畝。〔註27〕南宋後期，三縣共有耕地661萬畝。加上嘉興縣，全府所墾田地當在700萬畝以上。景定五年（1264），黃震指出，常州田地之畝數「與蘇、秀略等」。〔註28〕按其所說，每郡耕地至少均應在700萬畝上下，三郡合計應在2100萬畝上下。紹熙（1190～1194）和紹定三年（1230），江陰有田125萬餘畝。〔註29〕慶元間（1195～1200），長興所墾田土為79萬多畝。〔註30〕四郡一縣共有田地2300萬畝上下。如加上湖州烏程、歸安、安吉、德清和武康五縣，其數當更多。這和清代康熙（1662～1722）、嘉慶（1796～1820）以下，蘇州府田地544萬餘畝，〔註31〕太倉州田蕩塗207萬餘畝，〔註32〕常州府（包括江陰，不包括宋末常州管下之江北三沙圍田等田地）田地586萬多畝，〔註33〕湖州府田地348萬多畝，〔註34〕松江府田地401萬多畝，〔註35〕嘉興府田地414萬多畝，〔註36〕太湖地區田地總計2500萬畝之數已相差無幾。如再加上杭州和鎮江的部分地區，南宋後期該地區的田地總數和目前太湖流域（南至杭州、餘杭一線，西至臨安、安吉、溧陽，鎮江一線）耕地2665萬畝之數亦已十分接近。〔註37〕

又具體而言。南宋後期，江陰有田125萬多畝（包括馬馱沙），華亭墾田470萬畝（包括部分後來沉入海中之田），崇德（後分為石門、桐鄉二縣）有田地103萬畝，海鹽有田88萬餘畝，長興所墾田土為79萬多畝。清代江陰

〔註25〕顧清《傍秋亭雜記》卷上。
〔註26〕天啟《海鹽縣圖經》卷五《田土》。
〔註27〕康熙《石門縣志》卷二《賦役》。
〔註28〕《黃氏日鈔》卷七三《申省控辭改差充官田所幹辦公事省箚狀》。
〔註29〕嘉靖《江陰縣志》卷五《田賦》。
〔註30〕嘉慶《長興縣志》卷六《田賦》。
〔註31〕同治《蘇州府志》卷一四《田賦三》。
〔註32〕嘉慶《直隸太倉州志》卷二二《田賦》。
〔註33〕康熙《常州府志》卷八《田賦》。《黃氏日鈔》卷七一《總所差踏江北三沙圍田回幕申提刑司狀》云，三沙圍田雖在江北，實分屬常州。又咸淳《毗陵志》卷首武進縣圖則列江北沙巡檢司。
〔註34〕同治《湖州府志》卷三四《田賦一》。
〔註35〕嘉慶《松江府志》卷二一《田賦下》。
〔註36〕光緒《嘉興府志》卷二一《田賦一》。
〔註37〕據鄭肇經《太湖水利技術史》。

有田地等 113 萬多畝，松江有田地 401 萬多畝，石門、桐鄉二縣共有田地約 102 萬畝，海鹽、平湖（明析海鹽地置）二縣共有田地 111 餘萬畝，長興有田地 82 萬畝。〔註38〕以上五例表明，上述地區土地的開發在南宋後期即已基本完成。

本文所說的丹陽湖地區包括當塗、蕪湖、繁昌、南陵、宣城、上元、江寧、溧水諸縣。南宋時，宣城、南陵二縣分別有田 140 萬多畝和 58 萬餘畝。清代康熙年間，二縣所墾田地分別為 156 萬餘畝和 59 萬多畝。〔註39〕南宋景定間，上元、江寧二縣有田地 73 萬多畝和 50 萬多畝。〔註40〕清代順治年間（1644～1661），二縣分別有田地山塘 86 萬餘畝和 75 萬多畝。〔註41〕景定間，溧水田地共計 84 萬多畝。明代，溧水析為二縣。清代乾隆年間（1736～1795），這二縣共有田地 122 萬多畝。〔註42〕南宋後期，太平州所屬當塗、蕪湖、繁昌三縣至少有田 113 萬畝。〔註43〕康熙時，全郡約有田 130 萬畝。〔註44〕可見到南宋後期，丹陽湖地區的可耕地亦已大致開墾成熟。顯而易見，在太湖和丹陽湖地區土地的開墾過程中，水利田的開發起著十分重要的作用。

二、水利田的開發推動了稻米生產的發展

在以種植業為主的中國古代農業社會中，耕地利用水平的提高和面積的迅速擴大，勢必會大大促進種植業的發展。

在宋代的浙西和江東，稻穀是水利田種植的主要作物。陳旉說：「高田旱稻，自種至收，不過五、六月。其間旱乾，不過灌溉四、五次，此可力致其常稔也」。〔註45〕地勢較高的水利田多種旱稻。地勢低下的水利田則多種水

〔註38〕參見注 33、34、35、36。

〔註39〕嘉慶《寧國府志》卷一六《田賦上》、卷一七《田賦中》。

〔註40〕景定《建康志》卷四〇《田數》。

〔註41〕嘉慶《江寧府志》卷一四《賦役一》。

〔註42〕光緒《溧水縣志》卷六《賦役》，民國《高淳縣志》卷七《賦役》。

〔註43〕南宋後期，岳珂指出：「太平、寧國山、圩田相半」（景定《建康志》卷二三《平止倉》）。寧國府僅宣城、南陵二縣有圩田（《宋會要輯稿・食貨》六一之一一八）。全府墾田 360 萬畝，其中宣城有圩田 75.8 萬畝，山田 64.2 萬畝。南陵山、圩田共 58.2 萬畝（嘉慶《寧國府志》卷一六《田賦上》）。太平州則「圩田十居八、九」（《宋會要輯稿・食貨》六一之一三六）。據此，可算出太平州至少有農田 113 萬畝。

〔註44〕康熙《太平府志》卷一〇《田賦上》。

〔註45〕《農書》卷上《地勢之宜》。

稻。如按談鑰所說，湖州「郡地最低，性尤沮洳，特宜水稻」，「田疇必築塘乃有西成之望。」該地築塘防水之水利田即多種植水稻。其中粳稻「大率多壩田所種」。〔註46〕南宋時，「吳中之民，開荒墾窪，種粳稻，又種菜麥麻豆」。〔註47〕平江府開發荒灘窪地所成之水利田，亦多種粳稻。

「種稻則費少利多，雜種則勞多獲少」。〔註48〕在浙西和江東，以稻為主要作物的水利田的單產往往高於其他田地。北宋末，秦觀指出：「今天下之田稱沃衍者，莫如吳越閩蜀。其一畝所出，視他州輒數倍」。〔註49〕政和六年（1116），趙霖說：「天下之地，膏腴莫美於水田。水田利倍，莫盛於平江。……平江水田，以低為勝」。〔註50〕浙西農田的畝產為全國之冠，其中單產最高的則是平江的水田，尤其是其中地勢低下的水利田。北宋慶曆三年（1043），范仲淹指出，蘇州「中稔之利，每畝得米二碩至三碩」。〔註51〕宋末元初，按方回所說：「吳中田今佳者，歲一畝豐年得米三石。山田好處，或一畝收大小穀二十秤，得米兩石」。〔註52〕南宋嘉定二年（1209），王炎指出，湖州圍田「畝收三石」米。〔註53〕圍田等地勢低下的水利田的畝產，代表著該地的最高水準。水利條件較好的高田，其單產則高於一般的山田。又按岳珂所說，江東上色田每畝產穀4石。〔註54〕按官租「稻子二石，折米一石」，「常平官租納米一斛，則折穀二斛」的比率折算，〔註55〕江東上田畝產米約2石，與蘇湖等地相去不遠。除「百川甚溢之歲」外，宋代江東圩田「公私所人，視陸作三倍」。〔註56〕以蕪湖萬春圩為例，該圩「歲出租二十而三，總為栗三萬六千斛。」或云歲納米4萬石。接3／20的租率推算，全圩12.7萬畝農田共出米24～26.7萬石。〔註57〕單產為1.9～2.1石。所以岳珂說：「宣升接境古高圩，多稼

〔註46〕嘉泰《吳興志》卷二〇《物產》。

〔註47〕吳泳《鶴林集》卷三九《隆興府勸農文》。

〔註48〕《宋史》卷173《食貨上一》。

〔註49〕《淮海集》卷一五《財用下》。

〔註50〕《吳郡志》卷一九《水利下》。

〔註51〕《續資治通鑑長編》卷一四三慶曆三年九月丁卯條，《范文正公集·政府奏議》上《答手詔條陳十事》。

〔註52〕《古今考·續考》卷一八《附論班固計井田百畝歲入歲出》。

〔註53〕《宋會要輯稿·食貨》六之三一。

〔註54〕《愧郯錄》卷一五《祖宗朝田米直》。

〔註55〕《宋會要輯稿·食貨》一之四五，舒璘《舒文靖集》卷下《與陳倉論常平》。

〔註56〕康熙《太平府志》卷三七《劉子澄碑石湖壩論》。

〔註57〕《長興集》卷二一《萬春圩圖記》、《張顯墓誌》。

連雲號上腴」。〔註58〕這些地勢較低的水利田的畝產，亦位居江東之首。

水利田的大規模開發提高了浙西、江東地區農田的利用水平，使耕地面積不斷增加，這些水利田大多種稻，其單產往往又比較高，所以水利田的開發也就推動了以上二地稻米生產的發展。

北宋中葉，浙西和江東已是重要的餘糧產區。慶曆三年，范仲淹指出，當時政府所需糧斛多取自江東、西，「江南不稔，則取之浙右，浙右不稔，則取之淮南」。〔註59〕又按仁宗時人宋祁所說：「江浙二方，天下仰給」。〔註60〕熙寧二年（1069），司馬光亦云，江淮之南，「土宜粳稻，彼人食之不盡」。〔註61〕

隨著水利田的不斷開發，到南宋時，浙西和江東，尤其是浙西，在稻米生產中已具有越來越重要的地位。南宋初，有人指出，政府「軍儲歲計，多仰浙西」。〔註62〕南宋中葉，按衛涇所說：「承平之時，京師漕粟多出東南，而江浙居其大半。中興以來，浙西遂為畿甸，尤所仰給」。〔註63〕理宗時，杜範指出：「浙西稻米所聚」，〔註64〕是稻米生產和集散的中心。元初，南宋遺老吳自牧則追溯道：「杭城乃輦轂之地，有上供米斛，皆辦於浙右諸郡縣」。〔註65〕這說明南宋政府所需糧食多取諸浙西。

南宋時，浙西又是全國重要的餘糧外銷地區。如浙東慶元府，「小民率仰米浙西」。〔註66〕紹興所產不足充用，所需之米，多取自水路相通，最為近便的浙西。〔註67〕溫、臺二州，每遇不熟，「全藉轉海般運浙西米斛」。〔註68〕福建雖上熟之年，仍需仰賴二廣、浙西之米。除浙東、福建外，浙西之米還經常透過華亭、海鹽、顧逕、青龍和江陰等口岸，銷往金國境內，甚至遠銷海外。〔註69〕

〔註58〕《玉楮集》卷七《夏旱》。

〔註59〕《續資治通鑑長編》卷一四三慶曆三年九月丁卯條，《范文正公集·政府奏議》上《答手詔條陳十事》。

〔註60〕《景文集》卷二八《請募民入米京師箚子》。

〔註61〕《文獻通考》卷二一《市糴考二》。

〔註62〕李心傳《建炎以來繫年要錄》卷五四紹興二年五月庚辰條。

〔註63〕衛涇《後樂集》卷一三《論圍田箚子》。

〔註64〕《宋史》卷四〇七《杜範傳》。

〔註65〕《夢粱錄》卷一二《河舟》。

〔註66〕寶慶《四明志》卷四《敘產》。

〔註67〕朱熹《朱文公文集》卷二一《乞禁止遏糴狀》。

〔註68〕《宋史全文》卷二五下乾道九年十月甲子。

〔註69〕《歷代名臣奏議》卷二四七《趙汝愚奏》，《宋會要輯稿·刑法》二之一四一、一四二，文天祥《文山集》卷三《御試策》。

　　南宋中葉以後，江漢平原、洞庭湖四周、鄱陽湖流域、淮南、珠江三角洲和江東的丹陽湖地區，也是頗為重要的餘糧產區。荊湖之米主要產自潭、常德、澧、復、德安諸郡。〔註70〕其中潭州「名為產米之地，中戶以下，輸賦之餘，僅充食用，富家巨室，所在絕少」。〔註71〕湖北地曠人稀，廣種薄收。「每到豐稔之年，僅足贍其境內」。〔註72〕食用之餘，所剩無幾。江西之米主要出自隆興、吉州等處，但該地土瘠民貧，「雖豐年，僅能卒歲，一遇小歉，民以乏食告矣」。〔註73〕淮南因戰亂的破壞，開禧（1205～1207）以後，糧食生產一直沒有多大起色。廣東之地，「嶺民計口而耕，苦無餘積」。〔註74〕「江東圩田，為利甚大」，產米頗多，政府所需之米仍多取自該地。〔註75〕但因幅員狹小，所產畢竟有限。而浙西之地，素有「蘇湖熟，天下足」之說。按開禧年間方信孺所說，諸郡「生齒日繁，增墾者眾，葦蕭歲闢，圩、圍浸廣，雖不熟亦足以支數年矣」。〔註76〕其所產稻米，顯非他處所能比擬。到南宋中葉，在全國稻米生產和餘糧集散方面，浙西已獨佔鰲頭，穩居首要地位。

　　浙西的稻米主要出自蘇湖常秀諸郡。北宋景祐二年（1035），范仲淹指出：「蘇常湖秀，膏腴千里，國之倉庾也」。〔註77〕南渡後，四郡所產，「為兩浙之最」。〔註78〕「平江湖秀之產，倍於他郡」。〔註79〕紹熙五年（1194），王炎又指出：「兩浙之地，蘇湖秀三州號為產米去處，豐年大抵舟車四出」，〔註80〕是餘糧的主要產地。

　　隨著水利田的不斷開發和稻米生產的發展，太湖地區產生了「蘇湖熟，天下足」的民諺。這一諺語最早收見於薛季宣（1134～1173）的《浪語集》卷二八《策問》其第四問曰：「淮浙當承平之世，非惟國用之所仰賴，『蘇湖熟，

〔註70〕葉適《水心文集》卷一《上寧宗皇帝第二劄》，黃榦《勉齋集》卷二八《申制置司乞援鄂州給米》。

〔註71〕真德秀《真文忠公文集》卷一〇《申尚書省乞撥和糴米及回糴馬穀狀》。

〔註72〕彭龜年《止堂集》卷六《乞權住湖北和糴疏》。

〔註73〕《黃氏日鈔》卷七五《申安撫司乞撥白蓮堂田產充和糴莊》，蔡戡《定齋集》卷一三《隆興府勵農文》。

〔註74〕李曾伯《可齋續稿·後集》卷五《條具廣南備禦事宜狀》。

〔註75〕《宋會要輯稿·食貨》八之一六。

〔註76〕葉紹翁《四朝聞見錄》乙集《函韓首》。

〔註77〕《范文正公集》卷九《上呂相公並呈中丞諮目》。

〔註78〕《宋會要輯稿·食貨》八之一三。

〔註79〕李心傳《建炎以來繫年要錄》卷五四紹興二年五月庚辰條。

〔註80〕《雙溪類稿》卷二一《上趙丞相書》。

天下足」則又發於田家之諺。今也行都所在，內奉萬乘，外供六師，而水利之講不詳，號稱十年九潦。……豈無術耶？願詳聞之。」上述「承平之世」是南宋人對北宋時的習稱。如前引衛涇之語中的「承平之時」，即指與「中興以來」相對立的北宋之時。薛季宣是南宋人，他所說的「今」當指南渡以後，即「中興以來」。「行都」則指臨安。其文先曰北宋時淮浙（包括蘇湖）是國用仰賴之地。接著引「蘇湖熟，天下足」諺語的產生以論證其說。最後又指出南宋建都臨安，國用愈加仰仗蘇湖，但該地卻水利不修，要求對策者提出解決辦法。從引文的語意、語氣的連貫性和今昔對比的論述方式來看，諺語應產生於北宋「承平之時」的浙西。又從第四問只述及隆興元年（1163）至乾道三年（1167）孝宗下令開決堙塞流水之圩，〔註81〕派員核查勢家侵耕、冒佃之沙田，〔註82〕濬治申港及蔡涇閘等「德至溥」之舉，〔註83〕而隻字未提乾道三年以後孝宗的其他德政，如五年濬治利港之役和嚴禁圍裹湖蕩以杜絕水害之舉，〔註84〕可知第四問應成文於乾道三年至五年之間。

　　「蘇湖熟，天下足」一語雖產生於北宋，但它的廣為流傳卻是南宋中後期的事。乾道以後，范成大《吳郡志》卷五〇《雜誌》、葉紹翁《四朝聞見錄》乙集《函韓首》、吳泳《鶴林集》卷三九《隆興府勸農文》和高斯得《恥堂存稿》卷五《寧國府勸農文》也都記載了這一諺語。《吳郡志》成書於紹熙三年（1192）。《四朝聞見錄》指出，開禧三年（1207）使金的方信孺曾向金元帥轉述了這一民諺，並說這是「元帥之所知也」。吳泳於淳祐中出知隆興。〔註85〕高斯得則於南宋末出守寧國。〔註86〕「蘇湖熟，天下足」這一田家之諺在乾道以後獲得廣泛傳佈一事表明：南宋中葉以降，蘇湖一帶已經確立其作為「天下」最重要餘糧產區的地位。

　　由上所述，浙西之米多產自太湖地區，尤其是蘇湖一帶。而該地又是宋代水利田開發最集中的地區。可見正是水利田的大規模開發，促進了浙西稻米生產的發展。南宋紹定（1228～1233）間，劉宰指出：「浙人所仰下

〔註81〕《宋史》卷173《食貨上一》。

〔註82〕《宋會要輯稿·食貨》一之四三、四四。

〔註83〕同上書八之二一、二二，六一之一一八，《宋史》卷一七三《食貨上一》，嘉靖《江陰縣志》卷九《河防》《乾道治水記》。

〔註84〕衛涇《後樂集》卷一三《論圍田箚子》。

〔註85〕乾隆《南昌府志》卷三〇《職官一》。

〔註86〕《宋史》卷四〇九《高斯得傳》。

田」。〔註87〕元人周文英說;「蘇湖常秀四路,田土高下不等。田之得糧,十分為率,低田七分,高田三分。」〔註88〕浙西和太湖地區的稻米主要產自低田。這又說明促進該地稻米生產發展的主要是以低田為主的水利田的開發。「江東圩田,為利甚大」。促進江東稻米生產發展的,也正是以地勢低下的圩田為主的水利田的開發。

〔註87〕《漫塘集》卷九《回平江守吳秘丞淵》。按《姑蘇志》卷三〇《古今守令表》,
　　　　吳淵於紹定三年至四年知平江府。
〔註88〕歸有光《三吳水利錄》卷三《周文英書》。

第九章　北宋和南宋太湖地區農業發展水平的比較與評估

　　為避免引起誤解，有必要先對本文經常運用的兩個概念作出明確的界定。本文所說的太湖地區，是指宋代的蘇州（平江府）、湖州（安吉州）、秀州（嘉興府）、常州和江陰軍。這裡所說的農業，並非指大農業意義上的農業，而是指狹義的以稻米為主的糧食種植業。

一、「蘇湖熟，天下足」的諺語並非產生於南宋

　　長期以來，人們普遍認為南宋是宋代太湖地區農業發展的高峰。支持此說的主要論據之一，便是在南宋時，太湖地區出現了「蘇湖熟，天下足」的農諺。這種看法及其論據都是不符合事實的。

　　與人們通常所認為的相反，「蘇湖熟，天下足」這一諺語并非產生於南宋，亦非最早載見於紹熙三年（公元 1192 年）成書的《吳郡志》卷五〇《雜誌》。

　　南宋學者薛季宣（公元 1134～1173 年）所撰《浪語集》卷二八《策問》第四問指出：「淮浙當承平之世，非惟國用之所仰賴，『蘇湖熟，天下足』則又發於田家之諺。今也行都所在，內奉萬乘，外供六師，而水利之講不詳，號稱十年九潦。古者塘堰陂湖之地，顧已變為桑田之野。……豈無術耶？願詳聞之」。上述「承平之世」是南宋人對北宋時的習稱。如南宋中葉，衛涇即說過：「承平之時，京師漕粟多出東南，而江浙居其大半。中興以來，浙西遂為畿甸，尤所仰給」。〔註1〕薛季宣是南宋前期人，他所說的「今」當指南渡以後，

〔註 1〕《後樂集》卷一三《論圍田箚子》。

即「中興以來」。「行都」則指臨安。其文先言北宋時淮浙（包括太湖地區）是國用仰賴之地，接著引「蘇湖熟，天下足」諺語的產生以論證其說，最後又指出南宋建都臨安，國用愈加仰仗太湖地區，但該地卻水利不修，要求對策者提出解決辦法。從引文的語意、語氣的連貫和今昔對比的論述方式來看，「蘇湖熟，天下足」應是北宋「承平之世」出現於太湖地區的「田家之諺」。

薛季宣對這一諺語產生於北宋太湖地區的記載應是真實可信的。他身為浙東溫州人，但卻與浙西的太湖地區有著十分密切的關係。他的岳父孫汝翼是常州人。薛本人曾多次到過太湖地區，並在這一地區生活過若干年。例如他曾於紹興二十六年（公元 1156 年）前後「觀省自東甌」，在往返於湖北、浙東的行程中，途經岳父故里常州，與從荊州卸任歸鄉僅數日的岳父相聚。〔註2〕隆興末（公元 1164 年），他由武昌調任婺州司理參軍，再次經過太湖地區。乾道五年（公元 1169 年），改知平江府常熟縣。他「退待次具區漷上」約一年半，在常州漷湖之畔讀書講學候缺，〔註3〕並曾訪鄭伯英於嘉興。〔註4〕八年八月，除知湖州。任職半年，旋改知常州。〔註5〕正因為薛氏在太湖地區住過若干年，他才能有「走遊浙西，行湖潡上，常怪其地庳下，古人何以能田」的感性認識。〔註6〕薛季宣於北宋滅亡後七年出生，他生活的時代上距北宋不遠，他和太湖地區的關係又是如此密切，因此，他很可能是直接從生長於北宋末的當地耆老（包括其岳父）口中，而不是僅僅根據南宋人的傳聞和有關記載，才得知這一諺語發自北宋太湖地區的「田家」之口。

《策問》第四問的成文時間，顯然早於范成大的《吳郡志》。第四問曰：「皇上究求民瘼，知無不為。蓋嘗決圩岸之遏流，抑沙田之專利，通五瀉之堰，導申、季之港，德至溥也。而旱潦之害未聞加損。或者以謂吳江之岸……通之未睹其利，漕舟凝滯，軍食乃不可闕，佃者已為成業，將見其流散，興役動眾，又不可以輕舉，置而不問，非安國利民之意也。……豈無術耶，願詳之。」按上述「皇上」當指宋孝宗。孝宗自隆興元年（公元 1163 年）開始，屢屢下令開決湮塞流水之圩；〔註7〕又於乾道元年（公元 1165 年）以後，因

〔註 2〕《浪語集》卷三四《墓祭外舅姑文》。

〔註 3〕《浪語集》卷三五《薛季宣行狀》、《薛季宣墓誌銘》。

〔註 4〕《浪語集》卷三五《鄭伯英祭文》。

〔註 5〕嘉泰《吳興志》卷一四《郡守題名》。

〔註 6〕《浪語集》卷二七《書單鍔〈吳中水利書〉後》。

〔註 7〕《宋史》卷一七三《食貨上一》，《宋會要輯稿·食貨》六一之一一六至一一八。

官戶、形勢之家侵耕冒佃沙田，派員核實頃畝，起立租稅。〔註8〕三年，申港及蔡涇閘亦因孝宗下詔興修而得到濬治。〔註9〕文中所說的季港，當指黃田港上游。「黃田港一名漢港，一名李（應作季）港」。〔註10〕該港北通大江，上游「東經蔡涇閘」，〔註11〕「歲久潮泥淤塞河港，〔註12〕在修治蔡涇閘時亦得到疏導。季港似即北宋時單鍔所說的」季子港」。〔註13〕第四問只述及乾道三年申港的興修，而隻字未提乾道五年利港的濬治和三年以後孝宗的其他德政。另外，從乾道五年起，宋政府為擺脫既不可輕舉，又不能置之不問的困境，轉而採取嚴禁圍裏江湖草蕩，以杜絕水害的政策。〔註14〕據此可知，第四問應成文於乾道三年至五年之間。這和乾道二年至六年，他在家鄉和滆湖之畔著述授徒，與陳傅良「日考古論今」，以備召對和太學考試的情形正相一致。〔註15〕《吳郡志》是范成大晚年，即淳熙九年（公元1182年）歸里閒居後所著。〔註16〕該書成書於紹熙三年，在編撰過程中曾得到龔頤正、滕宬（公元1154～1218年）和周南（公元1159～1213年）的幫助。〔註17〕乾道三年至五年，即薛季宣著錄「蘇湖熟，天下足」這一諺語時，范成大尚未著手編撰《吳郡志》，滕、周二位尚未成年，也還不能協助范成大編纂此書。因此，最早記載這一農諺的顯然不可能是《吳郡志》。按目前所知，最先記述這一田家之諺的很可能就是薛季宣。

　　值得注意的是，在北宋時，太湖地區不僅產生了「蘇湖熟，天下足」的農諺，而且還出現了與此相似的「蘇常熟，天下足」的諺語。後一諺語載見於南宋嘉泰四年（公元1204）陸游所撰的《常州奔牛閘記》。其文曰：「方朝庭在故都時，實仰東南財賦，而吳中又為東南根柢。語曰：『蘇常熟，天下足』，故此閘尤為國用所仰，遲速豐耗，天下休戚在焉。自天子駐蹕臨安，

〔註8〕《宋會要輯稿‧食貨》一之四三、四四。

〔註9〕《宋會要輯稿‧食貨》八之二一、二二，《宋史》卷一七三《食貨上一》，嘉靖《江陰縣志》卷九《河防記》、《乾道治水記》。

〔註10〕《吳中水利全書》卷六《水名‧江陰縣》。

〔註11〕嘉慶《一統志》卷六○《常州府》。

〔註12〕《宋會要輯稿‧食貨》六一之一一八。

〔註13〕《吳中水利書》。

〔註14〕《後樂集》卷一三《論圍田箚子》。

〔註15〕《浪語集》卷三五《薛季宣行狀》。

〔註16〕周必大：《文忠集》卷六一《范成大神道碑》。

〔註17〕《水心文集》卷二四《滕宬墓誌銘》、卷二○《周南墓誌銘》，趙汝談《《吳郡志》序》。

牧貢戎贄，四方之賦輸，與郵置往來，軍旅征戍，商賈貿遷者，途出於此，居天下十七，其所繫豈不愈重哉」！〔註18〕上述「朝廷在故都時」至「自天子駐蹕臨安」以前一段文字論述了北宋時東南地區的重要，「蘇常熟，天下足」這一諺語則被用來說明蘇常地區是當時東南之根柢。由此可知，「蘇常熟，天下足」這一諺語亦產生於北宋，而不是像通常人們所認為的那樣出現於南宋。

宋代常州糧食生產狀況的演變可以證明這一點。景祐三年（公元 1035年），范仲淹指出：「蘇常湖秀，膏腴千里，國之倉廩也」。〔註19〕可見常州是北宋糧食生產的主要基地之一，它在太湖地區擁有僅次於蘇州的重要地位。但到南宋時，情況已發生很大變化。按乾道時李結所言：「蘇湖常秀之產為兩浙之最」，〔註20〕常州已列於湖州之後。紹熙五年（公元 1194 年），王炎說：「兩浙之地，蘇湖秀三州號為產米去處，豐年大抵舟車四出」，〔註21〕更將常州排除在兩浙產米去處和蘇湖秀三地以外。李心傳則指出「自巡幸以來，軍儲歲計，多仰浙西，而平江湖秀之產倍於他郡」。〔註22〕可見自南渡以後，常州的糧產已遠不如湖秀二地。到南宋末，按當時人所說；「浙右郡號沃壤，獨毗陵田高下不等，必歲大熟，民乃足」。〔註23〕常州已落到不僅無餘糧外運，就連自給都很困難的境地。據此可知，「蘇常熟，天下足」這一諺語不可能產生於南宋。而只能產生於南宋以前。

由上所述，可知根據「蘇湖熟，天下足」和「蘇常熟，天下足」諺語產生於北宋的事實，我們並不能得出南宋是宋代太湖地區農業發展頂峰的結論，而只能認為北宋才是這一地區農業發展的高峰。

二、影響北宋和南宋太湖地區農業發展的諸條件的比較

當然，在對兩宋太湖地區農業發展的水平作出最終評估前，還必須對影響這一地區農業發展的自然條件、技術條件和社會條件加以分析研究和綜合。

〔註18〕《渭南文集》卷二〇《常州奔牛閘記》。
〔註19〕《范文正公集》卷九《上呂相公並呈中丞諮目》。
〔註20〕《宋會要輯稿·食貨》八之一三。
〔註21〕《雙溪類稿》卷二一《上趙丞相書》。
〔註22〕《建炎以來繫年要錄》卷五四紹興二年五月庚辰條。
〔註23〕咸淳《毗陵志》卷二四《財賦》。

　　就自然條件而言。北宋時太湖地區的水文和天然植被狀況略優於南宋，〔註24〕土壤條件則稍遜於南宋。該地的天氣在北宋前期尚屬溫暖期，以後則轉冷，十三世紀初又轉暖。〔註25〕其餘各項條件則大致相同。總的來說，北宋時太湖地區農業發展的自然條件與南宋大致相同。

　　宋代是農業生產技術取得重要進步的時期。這些進步主要是在北宋時取得的。從慶曆年間開始，宋政府曾多次下令鼓勵和組織農戶興修水利。如仁宗時有太湖地區諸浦的多次開濬，以及蘇湖常秀諸州田岸的興修。〔註26〕熙寧三年（公元1070年）至九年，兩浙共興修水利田1980處，計田1048萬餘畝，〔註27〕其中有相當大一部分位於太湖地區。崇寧至宣和間，宋政府又在太湖地區大舉興修水利，開導松江、青龍江，修築圍田。〔註28〕其興役之頻繁，用工之浩大，與南宋相比是有過之而無不及。北宋時，重要的提水工具龍骨水車已得到廣泛運用。按沈括所說，當時人們已掌握築堤、開河、設置堰閘的一整套技術，已發明並推廣在積水平地上取土和從河底取土築堤的方法。〔註29〕按成書於兩宋之交和南宋初的陳旉《農書》和樓璹《耕織圖》所說，〔註30〕北宋時，農民已採用牛耕，其所用耕具、水田作業農具、水稻栽培技術、耕作方法及種植制度和南宋時並沒有大的不同。又按北宋時秦觀《淮海集》卷一五《財用》所說，當時吳地農民採用精耕細作的方法，「培糞灌漑之功至也」。這和南宋高斯得《恥堂存稿》卷五《寧國府勸農文》中所介紹的「浙人治田」法同屬集約經營之列。農業著作是農業生產技術的總結和水平的體現。宋代反映江浙淮南一帶農業生產技術的著作主要有陳旉的《農書》、曾安止的《禾譜》和樓璹的《耕織圖》。〔註31〕前者作於兩宋之交，後二者成書於兩宋，均係兩宋農業生產技術的結晶，也是對兩宋太湖地區農業生產具

〔註24〕《農業考古》一九八五年第一期汪家倫《古代太湖地區的洪澇特徵及治理方略的探討》。

〔註25〕《考古學報》一九七二年第一期竺可楨《中國近五千年氣候變遷的初步研究》。

〔註26〕《吳郡圖經續記》卷下《治水》。

〔註27〕《宋會要輯稿‧食貨》六一之六九。

〔註28〕《宋史》卷九六《河渠六》，《吳郡志》卷一九《水利下》。

〔註29〕《夢溪筆談》卷一三《權智》，《續資治通鑑長編》卷二四五熙寧六年五月乙丑條，《吳郡志》卷一九《水利上》。

〔註30〕《文獻通考》卷二一八《經籍考四十五》。

〔註31〕《文獻通考》卷二一八《經籍考四十五》。

有指導意義的三部主要的宋人著作。又在如何治理太湖地區水土的問題上，北宋時出現了范仲淹、郟亶、單鍔、郟僑和趙霖諸家之說。南宋時各家則均深受其影響，並未提出新的重要見解〔註32〕。由此看來，南宋時太湖地區的農業和水利技術仍大致停留在北宋中晚期的水平上。

社會條件包括歷史基礎，人口，生產關係，上層建築等項。茲分別考察如下。

北宋太湖地區農業的發展是以晚唐五代這一地區農業的發展為基礎的。當時，該地已出現《耒耜經》、《烏耘辨》等著述。海塘體系已初步形成，水利工程星羅棋佈，牛耕和江東犁、耙、耖等耕具及水田作業農具已經普及。農戶已越來越多地使用肥料，並已採用水稻移栽技術，運用耘爪等稻田除草農具。農戶的墾田數已減至平均每夫耕種22～38畝的水平，〔註33〕集約程度有所提高。隨著人口日增，田地日闢，勞動生產率的提高，農民的剩餘產品日見增多。到晚唐時，「三吳者，國用半在焉」，〔註34〕太湖地區已成為全國財賦的重要來源，其農業水平已接近於北宋。唐末的戰亂雖給該地的農業造成較大的破壞，但由於吳越統治者比較注重農業，宋初這一地區又兵不血刃，納土歸順，這就使該地的農業生產很快得到恢復和發展，並為北宋太湖地區農業的迅速發展和繁榮奠定了良好的基礎。

南宋太湖地區農業發展的起點理應較北宋為高。但是，由於建炎年間戰亂的影響，南宋初這一地區堤岸破決，農田大量荒廢，人口銳減，農業生產遭到十分嚴重的破壞。如僅平江府一地，建炎末即「士民死者近五十萬人」，常熟一縣僅有8972。〔註35〕當時浙西沿江一帶，田土荒廢甚多，以致不可勝計。〔註36〕可見南宋太湖地區農業發展的起點要比通常人們所想像的低得多。

在傳統的農業社會中，人口的增長主要意味著農業勞動者數量的增加。勞動者是生產力的首要因素。對於正處於開發過程中的宋代太湖地區來說，

〔註32〕《農業考古》一九八五年第一期汪家倫《古代太湖地區的洪澇特徵及治理方略的探討》。

〔註33〕《甫里先生文集》卷一六《甫里先生傳》。

〔註34〕杜牧：《樊川文集》卷一四《崔郾行狀》。

〔註35〕《建炎以來繫年要錄》卷三二建炎四年三月丁未條，《琴川志》卷一一《續題名記》。

〔註36〕《宋會要輯稿·食貨》二之七。

一定數量的人口及其增加構成了這一地區農業發展的重要條件。現將宋元太湖地區諸郡的戶數和增減情況列表如下（單位：戶）：〔註37〕

蘇　州 （平江府、平江路）		湖　州 （安吉州、湖州路）		秀　州 （嘉興府、常州、 嘉興路、松江府）		江陰軍 （常州路、江陰州）	
雍熙年間	35249	雍熙年間	38748	雍熙年間	23052	雍熙年間	70103
大中 祥符四年	66139	大中 祥符年間	129510	北宋初	51862	北宋初	175152
熙寧年間	173969	熙寧年間	145121	熙寧年間	139137	熙寧年間	143561
元豐三年	199892						
崇寧年間	152821	崇寧年間	162335	崇寧年間	122813	崇寧年間	165116
宣和年間	430000	淳熙年間	204509				
淳熙十一年	173042						
德祐元年	329603						
至元年間	466158	至元年間	255823	至元年間	426656	至元年間	263553

由上表可知，北宋雍熙至宣和間，蘇州（平江府）戶數增長十多倍，遠遠超過南宋淳熙至德祐年間。北宋末該地的戶數較南宋末多出十餘萬。其餘三地北宋時的戶口增長率亦高於崇寧至至元間。北宋末三地的戶數似少於南宋末。

宋代尤其是北宋時太湖地區人口的迅速增長，為這一地區農業的發展，特別是農田的開墾提供了充足的勞動力。宋元以降，太湖地區的土地一般有田、地、山等分別。田基本上是種植稻米等主要糧食作物的耕地。宋代蘇州（平江府）之地，清嘉慶間約有田700萬畝。〔註38〕湖州（安吉州）清代舊額田290多萬畝。〔註39〕宋秀州（嘉興府）之地，明正德、嘉靖年間額管田

〔註37〕四庫文淵閣本《太平寰宇記》，洪武《蘇州府志》卷一〇《戶口》，《吳郡圖經續記》卷上《戶口》，《吳郡志》卷一《戶口》，《元豐九域志》，《宋史‧地理志》，《元史‧地理志》，《永樂大典》卷二二六七五《吳興續志‧戶口》，雍正浙江通志》卷七二《戶口二》，至元《嘉禾志》卷六《戶口》所引《三朝國史志》，咸淳《毗陵志》卷一三《戶口》，嘉靖《江陰縣志》卷五《食貨記》《戶口》。
〔註38〕嘉慶《太倉州志》卷二二《田賦》，光緒《蘇州府志》卷一四《田賦三》。
〔註39〕同治《湖州府志》卷三四《田賦一》。

約 750 萬畝。〔註40〕常州、江陰明成化間有田約 480 餘萬畝。〔註41〕這大致就是宋人所能開墾的農田的上限。唐末,陸龜蒙在蘇州有耕夫十餘人,墾田十萬步。〔註42〕按 240 步為一畝,農夫為 11～19 人計,平均每一勞動力墾田 22～38 畝,即 30 畝上下。這和宋末元初人方回所說「一農可耕今田三十畝」大致吻合。〔註43〕可見在宋代的生產條件下,這一地區一農平均能墾田 30 畝上下。

就土地所有制而言。有宋一代,田制不立,其結果是土地兼併不斷加劇,越來越多的土地落到地主手中。如紹興末,江浙之間,「一都之內,膏腴沃壤,半屬權勢」。〔註44〕三十多年後,嘉興府崇德縣境內之田,『非王公貴人之膏腴,即富家豪民之所兼併也,民田之存已無幾,狹鄉一二畝」。〔註45〕到宋末元初,嘉興一帶農村,「無窮無極,皆佃戶也」,〔註46〕土地集中的現象日趨嚴重。其結果是使一部分人口不得不脫離農業,另一部分農民則因「食不自足,或地非己有」,〔註47〕生產積極性受挫,從而阻礙了農業生產的進一步發展。從這一點來說,南宋時太湖地區農業發展的條件不如北宋。

無論在北宋抑或南宋,農本思想和墾闢之說都頗為盛行。從北宋的陳靖、李覯、范仲淹諸人,到南宋時的葉適等人,莫不主張務本、厚農桑和闢地增稅。〔註48〕在以農立國的宋代社會中,這是十分自然的。在這種思想的支配下,宋政府從慶曆年間開始大力提倡、鼓勵和組織農戶興修農田水利,開墾荒地,並取得了顯著的成果。在一開始,宋政府主要依靠州縣和漕、憲二司來推行其政策。如熙寧以前,太湖地區農田水利的興修便是在張綸、范仲淹、葉清臣、沈立、呂居簡、蔡抗、李復圭、韓正彥、王純臣等漕臣和州縣官的倡導、主持下進行的。〔註49〕王安石變法後,宋政府更進一步設立了以興

〔註40〕正德《松江府志》卷七《田賦中》,嘉靖《嘉興府圖記》卷八《田賦》。

〔註41〕康熙《常州府志》卷八《田賦》。

〔註42〕《甫里先生文集》卷一六《甫里先生傳》。

〔註43〕《古今考‧續考》卷一八《附論班固計井田百畝歲入歲出》。

〔註44〕《宋會要輯稿‧食貨》一四之三七。

〔註45〕至元《嘉禾志》卷二六《崇福田記》。

〔註46〕《古今考‧續考》卷一八《附論班固計井田百畝歲入歲出》。

〔註47〕《宋史》卷一七三《食貨》,《旴江集》卷一六《富國策第二》,《范文正公集‧政府奏議》卷上《答手詔條陳十事》,《水心別集》卷二《民事中》。

〔註48〕《宋史》卷一七三《食貨》,《旴江集》卷一六《富國策第二》,《范文正公集‧政府奏議》卷上《答手詔條陳十事》,《水心別集》卷二《民事中》。

〔註49〕《吳郡圖經續記》卷下《治水》。

修農田水利為其主要職責的倉司機構，以執行其鼓勵發展農業生產的政策。如政和、宣和間，太湖地區農田水利的興修就是由兩浙提舉常平趙霖主持的。〔註50〕所有這一切都推動了太湖地區農業的發展，使其有可能在北宋末走向發展的高峰。

在生產力相對落後的古代，戰爭往往會給農業生產造成毀滅性的破壞，和平方能給農業的發展創造機會。北宋時，除宋初的常州和宣和時秀州的部分地區外，太湖地區並未直接遭受戰爭的破壞，農業獲得了一百多年穩定發展的時間。南宋時，這一地區的農業也有過一百餘年穩定發展的時間，但又曾在南宋初和宋末直接遭到嚴重的戰亂的破壞。此外，在南宋的大部分時期，由於宋廷不是連年用兵就是積極準備用兵，太湖地區農民的負擔較北宋明顯加重。如按楊萬里所說，紹熙時，東南之賦已「不知幾倍於祖宗之舊」？〔註51〕南宋中葉以後，科抑日重。僅常熟一地，「人戶緣此凋弊者十幾六七矣」。〔註52〕至南宋末，「東南之民力竭矣」，〔註53〕情況更趨嚴重，農業生產因此而受到較大影響。凡此種種，都表明北宋太湖地區農業發展的條件比南宋優越。長期穩定的社會環境為宋代，尤其是北宋太湖地區農業的不斷進步和繁榮創造了有利條件。

總之，北宋太湖地區農業發展的各種條件不僅不比南宋遜色，而且在不少方面略強於南宋。這些優越的條件不但使這一地區的農業能迅速走向繁榮，而且還使其能在北宋末達到發展的高峰。

三、北宋後期太湖地區的農業已達到宋代的最高水平

但可能並不等於現實。為判定當時這一地區農業的發展是否達到宋代的最高水平，還必須根據糧食總產和糧食淨產（餘糧）這二項標準，對該地農業發展的情況加以分析和研究。

先就糧食總產而言。太湖地區的糧食總產等於該地糧田總數和單位面積糧食產量之積。北宋慶曆三年（公元1043年），范仲淹奏云：「臣知蘇州日，點檢簿書，一州之田係出稅者三萬四千頃，中稔之利，每畝得米二石至三石，

〔註50〕《吳郡志》卷一九《水利下》《宋會要輯稿・食貨》六一之一〇五。
〔註51〕《誠齋集》卷六九《轉對劄子》。
〔註52〕《琴川志》卷六《苗》。
〔註53〕《宋史》卷一七四《食貨上二》。

計出米七百餘萬石」。〔註54〕南宋淳熙末,陳傅良曰,閩浙上田畝產米 3 石,
中田 2 石。〔註55〕嘉定二年(公元 1209 年),王炎指出,湖州新修圍田,「畝
收三石」米。〔註56〕這種「以低為勝」的水利田的單產往往高於一般農田。
〔註57〕南宋末,按方回所說:「吳中田今佳者,歲一畝豐年得米三石。山田好
處,或一畝收大小穀二十秤,得米二石」。〔註58〕據此可知,從北宋中葉至南
宋末,太湖地區農田的單產始終保持在每畝產米 2～3 石的水平上。與稻米相
比,麥類單產不高,三百年間亦大致保持在同一水平上。當時這一地區尚未
普遍實行稻作覆種制。北宋中後期,蘇州(平江府)等地已「刈麥種禾,一歲
再熟」,〔註59〕『稻麥兩熟』。〔註60〕但這一地區地勢低下,農田大多宜稻不
宜麥。如湖州「郡地最低,性尤沮洳,特宜水稻」。〔註61〕宋太宗曾詔江浙等
地長吏,勸民益種粟麥。淳熙時,孝宗曾兩度下詔令江浙等地帥臣、漕臣督
守令「勸民種麥,務要增廣」。〔註62〕但按紹熙四年(公元 1193 年)進士董
煨所說「今江浙水田,種麥不廣」,〔註63〕可知兩宋勸民種麥之詔在水田居多
的太湖地區均收效不大。所以直至嘉定八年(公元 1215 年),宋廷還應知餘
杭縣趙師恕之請,令江浙等地勸民雜種麥粟,以解除饑荒的威脅。〔註64〕由
此可見,有宋一代太湖地區農田復種指數不高,變化不大,單產基本穩定在
同一水平上。

在單產固定的條件下,只要太湖地區的農田全部開墾成熟,該地的糧田
總數和糧食總產便能達到在當時生產水平下所能達到的最高水平。進一步的
分析表明,只有在太湖地區的人口增至農戶數與戶均實際耕田數之積等於該
地的可耕田總數時,這一地區的可耕田才會被全部開墾成熟。

按前所述,宋代太湖地區一農可耕田約 30 畝。這不單是一種能力,在某

〔註54〕《范文正公集・政府奏議》卷上《答手詔條陳十事》。
〔註55〕《止齋文集》卷四四《桂陽軍勸農文》。
〔註56〕《宋會要輯稿・食貨》六之三一。
〔註57〕《吳郡志》卷一九《水利下》。
〔註58〕《古今考・續考》卷一八《附論班固計井田百畝歲入歲出》。
〔註59〕《吳郡圖經續記》卷上《物產》。
〔註60〕《吳郡志》卷一九《水利下》。
〔註61〕嘉泰《吳興志》)卷二〇《物產》。
〔註62〕《宋史》卷一七三《食貨上一》。
〔註63〕《救荒活民書》卷中《義倉》。
〔註64〕《宋史》卷一七三《食貨上一》。

一時期也還是一種實際存在的情況。如治平年間，蘇州常熟有戶 4 萬，歲納苗米 8 萬石。當時常熟秋苗中田每畝米八升，下田七升四合。〔註65〕按中田苗額計，治平時常熟應有稅田一百萬畝。按城鎮人口占總人口的 15%計（應略低於全州水平），當時常熟應有農戶約 3.4 萬，平均每戶墾田約 30 畝。又如熙寧年間，蘇州歲輸苗米約 34～35 萬石，〔註66〕按中田苗額計，應有稅田430 餘萬畝。熙寧間蘇州有 173969 戶，〔註67〕按農戶占 80%計，當時蘇州有農戶約 14 萬，平均每戶耕田約 30 畝。正因為在人口較少、土地有餘的條件下，太湖地區存在著一農耕田 30 畝的現實，所以到南宋淳熙年間（公元 1174～1189 年），當秀州（嘉興府）崇德縣的人口再次增至 28920 戶之後，〔註68〕該縣因「最近數十年來戶口充斥，人物繁夥，凡曩者宜桑麻，長雞豚，可以踐牛羊之地，今（指慶元三年（公元 1197 年））皆列屋生聚於其中」，出現了「生齒遍聚，吾邑無尺地寸壤之不耕」，〔註69〕全部 899380 畝農田均已被開墾淨盡的局面。〔註70〕到淳祐時（公元 1241～1252 年），崇德已有 51221 戶，墾田 89 萬餘畝，農戶戶均耕田數已低於 30 畝。〔註71〕又按前所述，崇寧以後，太湖地區的農戶已達 72.8 萬戶以上，按一農實際耕田 30 畝計，有史以來已第一次將該地的全部農田開墾成熟，從而使這一地區的糧食總產達到了宋代的最高水平。

　　這一論斷還可以通過以下事例得到證實。熙寧年間。郟亶上書指出，蘇州一地應有可耕之田 720 萬畝（這與實際情況大致相符），當出稅租米 72 萬石。但其時蘇州稅租米歲額僅有 34～35 萬石，不耕之田為數頗多。〔註72〕此後，按元符二年（公元 1099 年）陸元長所說「蘇州秋賦一歲六十萬石」，〔註73〕可知經過熙寧至紹聖間的不斷開發，上述不耕之田已大多開墾成熟。南宋初，因稅籍散佚，北宋末平江府的稅租已不可詳考。但按紹興十二年

〔註65〕《琴川志》卷六《稅》、卷一二《常熟新建順民倉記》。
〔註66〕《吳郡志》卷一九《水利上》熙寧三年郟亶言「今蘇州止有三十四、五萬石」稅米。
〔註67〕《元豐九域志》卷五《蘇州》。
〔註68〕康熙《石門縣志》卷二《賦役》，光緒《石門具志》卷三《戶口》。
〔註69〕至元《嘉禾志》卷二六《崇福田記》。
〔註70〕康熙《石門縣志》卷二《賦役》，光緒《石門縣志》卷三《戶口》。
〔註71〕康熙《石門縣志》卷二《賦役》，光緒《石門縣志》卷三《戶口》。
〔註72〕《吳郡志》卷一九《水利上》。
〔註73〕《續資治通鑒長編》卷五一二元符二年六月丁未條。

（公元 1142 年）李椿年所說：「昨因出使浙西，採訪得平江歲入七十萬斛，著在石刻，今按其籍，雖有三十九萬斛，實入才二十萬斛耳」，〔註74〕可知元符以後至北宋末蘇州（平江府）稅租米歲入已達 70 萬石，該地的可耕之田可以說已全部開墾成田，糧田數和糧食總產亦已達到宋代的最高水平。

再就糧食淨產而言。太湖地區農戶的餘糧（即糧食淨產）總數和該地農戶數、糧食總產的關係可列式表達如下：

餘糧總數＝糧食總產－農戶糧食消費總數

　　　　＝墾田總數×單產－農戶數×年戶均糧食消費量

　　　　＝農戶數乘以戶均墾田數×單產－農戶數×年戶均糧食消費量

按上式可知，在墾田總數和糧食總產未達到宋代最高水平前，由於單產、年戶均糧食消費量和戶均墾田數固定不變，太湖地區農戶愈多，他們所生產的餘糧也愈多。在達到最高水平時，該地農戶生產的餘糧要多於未達到前。在達到最高水平後，由於墾田總數和糧食總產亦固定不變，農戶的增加只能使農戶糧食消費總數增大，餘糧總數減少。由此可見，可耕之田全部開墾成熟，糧食總產達到宋代最高水平的北宋末，應該就是太湖地區農戶生產餘糧數量最多的時期。

史籍的記載也說明北宋後期太湖地區已成為糧食豐裕、可以大量外運的重要餘糧區。如元祐中，蘇軾即指出：「杭州自來土產米穀不多，全仰蘇湖常秀等州般運斛斗接濟」，衢、睦等州所產五穀不足於食，「歲常漕蘇秀米至桐廬散入諸郡」。〔註75〕「蘇湖熟，天下足」和「蘇常熟，天下足」諺語的出現，更說明該地生產的餘糧已多到極點，這一地區已成為當時「天下」最重要的糧食供給中心。從太湖地區農業發展的情況來看，上述諺語應形成於北宋晚期。

綜上所述，可知到北宋崇寧以後，太湖地區的農業生產已達到宋代的最高水平。此後，由於戰亂的破壞，該地的農業生產一直到南宋中葉才恢復到北宋後期的水平。隨著農戶和墾田再一次的不斷增長，只有「蘇湖秀三州號為產米去處」的浙西，豐年大抵舟車四出，〔註76〕餘糧不斷運往明州、紹興、

〔註74〕《宋會要輯稿・食貨》六之三七。
〔註75〕《東坡奏議》卷六《論葉溫叟分擘度牒不公狀》、卷九《乞相度開石門河狀》。
〔註76〕《雙溪類稿》卷二一《上趙丞相書》。

溫州、台州、福建和海外，〔註77〕已成為「稻米所聚」的生產和集散中心。
〔註78〕「蘇湖熟，天下足」的農諺也就為越來越多的人所認可，先後載見於
薛季宣的《浪語集》、范成大的《吳郡志》、葉紹翁的《四朝聞見錄》，〔註79〕
吳泳的《鶴林集》，〔註80〕和高斯得的《恥堂存稿》，〔註81〕廣泛傳佈到金國、
江西的隆興府和江東的寧國府等地。南宋中葉，由於太湖地區的農業生產再
次達到宋代的最高水平，這一地區也就再次並牢牢確立其作為「天下」最重
要餘糧產區的地位。在三百多年中，太湖地區的農業生產經歷了北宋和南宋
兩個發展週期。

〔註77〕寶慶《四明志》卷四《敘產》，朱熹《朱文公文集》卷二一《乞禁止遏糴狀》，
　　　　《宋史全文》卷二五下乾道九年十月甲子，《歷代名臣奏議》卷二四七《趙汝
　　　　愚奏》，《宋會要輯稿・刑法》二之一四一至一四二，文天祥《文山集》卷三
　　　　《御試策》。
〔註78〕《宋史》卷四〇六《杜範傳》。
〔註79〕《四朝聞見錄》乙集《函韓首》。
〔註80〕《鶴林集》卷三九《隆興府勸農文》。
〔註81〕《恥堂存稿》卷五《寧國府勸農文》。

第十章　宋元之際江南各地的稻米單產和勞動生產率

　　本章所說的宋元之際江南各地的稻米單產是指南宋嘉泰至元至順 130 年間，主要是宋末元初即紹定至至元這 60 多年間鎮江、常州、江陰、平江、湖州、嘉興、松江、婺州、紹興、台州、慶元、建康（集慶）、太平州和寧國等地的稻米單產。

　　眾所周知，糧食單產是衡量農業生產質量和土地生產率的重要指標，因而是研究農業生產力的學者不可迴避的一個重要話題。在宋元時期，稻米是江浙地區基本的糧食作物，糧食單產幾乎等同於稻米單產。

　　對宋元江南地區稻米的單產，學者們已作過相當深入的探討，但迄今尚未達成共識。如李伯重認為南宋後期和元代江南水稻平均畝產米僅 1 石左右。梁庚堯指出，南宋末太湖平原畝均產米 2 石的農地達十之四五或更多，高者畝均產米可達 2.5～3 石，較低者也在 1～1.2 石之間。余也非、吳慧估計宋元江南畝產米 2 石。斯波義信推定宋代長江下游畝產米 2～3 石，後又修正為宋初畝產米 1 石左右，宋末至明初為 2 石左右。閔宗殿認為宋代太湖地區畝均產米 2.5 石。漆俠則以為江南農田宋仁宗時畝產米 2、3 石，南宋中後期已增至 5、6 石。〔註1〕上述研究均以江南為對象，而沒有考慮到區域內各地存在

─────────────

〔註1〕李伯重：《「選精」、「集粹」與「宋代江南農業革命」──對傳統經濟史研究方法的檢討》，《中國社會科學》，2001 年第 1 期，183 頁；《宋末至明初江南農民經營方式的變化──十三、十四世紀江南農業變化檢討之三》，《中國農史》，1998 年第 2 期，36、37 頁；梁庚堯：《宋代太湖平原農業生產問題的再檢討》，《臺大文史哲學報》第 54 期（2001 年），274、298 頁；余也非：《中

較大的差異。自從李伯重發表了《「選精」、「集粹」與「宋代江南農業革命」
——對傳統經濟史研究方法的檢討》和《歷史上的經濟革命與經濟史的研究
方法》二文後，江南的畝產不僅成為衡量宋代農業先進地區在太湖平原還是
在河谷平原的重要標準，而且還成為判斷「宋代江南農業革命」和「明清停
滯論」能否成立的關鍵，成為事關經濟史研究方法的重要問題。〔註2〕這就使
我們有必要重新審視並認真解決這一問題。

由於當時記載的闕失和史料的不斷散佚，以往的研究幾乎都是從受一定
時空限制的殘缺不全的史料中推出具有普遍意義的結論，往往缺乏科學方法
的指導，其結論均值得商榷。為盡力逼近並揭示歷史的真相，就應運用科學
的方法，從全局出發，同時格外注重史料的時間性和空間性。筆者曾從宋元
之際江南各地的稻米總產和糧田總數入手，撰成《宋元江南各地稻米單產試
探》一文，推算出當時當地的稻米單產。

由於該論文僅僅侷限於探討宋元之際江南各地的稻米單產，而未涉及其
他問題。為此，筆者在舊作的基礎上，撰成《再論宋元之際江南各地的稻米
單產和勞動生產率》一文。論文首先對單產與勞動生產率的概念加以梳理和
界定，指出了前人的失誤及其在估算方法上的問題，然後從糧食生產的角度
出發，運用科學的方法估算了宋元之際江南各地稻米的單產和勞動生產率，
最後對當時江南各地的勞動生產率作一橫向的比較。

一、單產、生產率和全員農業勞動生產率

長期以來，人們往往用單產作為衡量某一時代、某一地區農業勞動生產
率和農業生產水平的主要標準，這種做法是值得商榷的。其之所以這樣做，
原因就在於對基本概念理解有誤。

在學術研究中，基本概念具有極其重要的意義。因此，筆者將首先從
單產和勞動生產率等基本概念的界定入手，來澄清以往研究中所存在的模

國歷代糧食平均畝產量考略》，《重慶師範學院學報》，1980 年第 3 期；吳慧：
《中國歷代糧食畝產量研究》，農業出版社，1985 年，154、160 頁；斯波義
信：《宋代江南經濟史研究》，江蘇人民出版社，2001 年，146 頁；《宋代的消
費·生產水準試探》，《中國史學》第 1 卷，1991 年，148、166 頁；閔宗殿：
《宋明清時期太湖地區水稻畝產量的探討》，《中國農史》，1984 年第 3 期；
漆俠：《宋代經濟史》上冊，上海人民出版社，1987 年，138 頁。
〔註 2〕見《中國社會科學》，2000 年第 1 期、2001 年第 6 期。

糊認識。

先就單產而言。單產又稱收穫率，它是單位面積產量的簡稱，是指平均每單位土地面積上所收穫的農產品的數量。稻米單產指稻米每畝平均年產量，它等於全年稻米收穫量總和與其所佔用耕地畝數的比值。單產是衡量土地生產效率的一項指標，它僅構成農業生產的要素之一，而非唯一和主要的生產要素，因而不能將其作為判斷農業生產效率或水平的唯一重要標準。

生產率才是衡量生產水平的指標，所謂生產率是指資源在社會經濟活動中的利用效率。它等於產出與投入的比值，即一定時期內單位生產要素的產出。決定生產率的因素有物質資本、人力資本、自然資源（如土地）和技術知識等。依據投入生產要素的不同，生產率可以分為單要素生產率（如資本生產率、勞動生產率等）和全要素生產率（TFP）。前者如資本生產率，即為一定時期內單位資本存量所創造的產出。全要素生產率則是產出量與生產要素總量之比。

農業生產率是指農業中的生產率。它等於農業中的產出與投入的比值。就經濟效益而言，農業生產率是指一種產品每單位資源（每畝，每個人工，每個能量單位等）的產出量。

由上可知，單產是一種單要素生產率而非全要素生產率，它只是土地生產率而非農業生產率。作為全要素生產率的農業生產率，才是全面衡量農業生產水平的評估指標。

勞動生產率是指勞動者的生產能力或勞動效率，它等於單位時間內單位勞動力所創造的產出。

農業勞動生產率是指農業勞動者的生產能力或勞動效率，可以用單位勞動力在單位時間（一般以一年為單位）裏所生產的農產品的數量（或產值）或生產單位農產品消耗的勞動時間來表示。

全員勞動生產率是按生產組織的全部成員計算，單位時間內平均每一成員所創造的產出。在古代中國，家庭是經濟活動和生產的基本單元，農業特別是糧食種植業是經濟和生產的主要部門，糧食種植又以稻米種植為主。因此，我們以戶為單位計算所得某地的稻米產量，大致可以視為是一種以州府為生產組織，以戶為勞動力計算單位的全員農業勞動生產率，而非農業勞動生產率。

經濟學認為，決定某時某地人們生活水平的是其勞動生產率而非其他。

因此，勞動生產率雖只是一種單要素生產率而非全要素生產率，卻是一種衡量某時某地人們生產水平的非常重要的評估指標。

生產效率（生產率）或生產水平從來是相對的，是隨條件即衡量標準轉移的。如以土地單位產出來比較中國和美國農業的生產效率，中國高於美國。如以人即勞動生產率計算，美國高於中國。標準不同，衡量的對象和結果也就不同。

經濟學認為，決定某時某地人們生產水平的是其生產率，決定其生活水平則是其勞動生產率，全要素生產率是全面衡量生產水平的評估指標，勞動生產率則是衡量生產和生活水平的一項重要評估指標。因此，要衡量和判斷某時某地的農業生產效率和人們的生活水平，而非土地的生產效率，主要應依靠農業生產率，特別是農業勞動生產率。單產只是土地生產率，它既非全要素生產率，又非十分重要的單要素生產率，因而不能被用作全面衡量某時某地農業生產水平的主要評估指標。作為一種農業生產水平的評估指標，它並不像我們以往所認為的那樣重要。

對江南單產傳統估算方法上的問題，已有學者提出了尖銳的批評。如李伯重即指出，以往人們用「選精法」和「集粹法」來處理資料和數據，從而推出宋代江南地區畝產量的研究方法是錯誤的。其主要錯誤就在於將某一或某些例證所反映的具體和特殊的現象加以普遍化，並因此而得出了不符合歷史真實性的結論（李伯重《「選精」、「集粹」與「宋代江南農業革命」──對傳統經濟史研究方法的檢討》，《中國社會科學》2001 年第 1 期）。

梁庚堯則對李伯重根據常熟縣學田 1784.94 畝、上等學田 540 畝、義役田地 51310 畝、職田地 32262 畝，平江府官田 124203 畝和嘉定縣學田 1362 畝的平均每畝租米，按 1：2 的比例推算南宋常熟和江南稻米畝均產量的推計方式和結論（李伯重《「選精」、「集粹」與「宋代江南農業革命」──對傳統經濟史研究方法的檢討》，《中國社會科學》2001 年第 1 期；《宋末至明初江南農民經營方式的變化》，《中國農史》1998 年第 17 卷第 2 期）提出了質疑。他認為義役田、職田土質較差，未必屬於中等田地。官田所立租課較輕，學田也有土質較差、租課較輕者，不宜以 1：2 的推計方式來推算單產。且推算單產時應考慮到租米 1 石按 130 合斗交量的因素。然後在再檢討、分析李氏所用推算數據的基礎上，輔以高斯得、方回、岳珂、范仲淹、鄭瑄、王炎和黃震所言等佐證資料，指出宋代蘇、湖、秀地區的稻米畝均產量不可能如李氏所

言僅為 1 石左右，(《宋代太湖平原農業生產問題的再檢討》，《臺大文史哲學報》第 54 期，2001 年）。

　　上述兩位學者對江南單產傳統估算方法所提出的質疑和批評是頗有道理的。但在值得大家肯定和反省的同時，我們不難發現這兩位學者也是根據某些例證和數據即推出普遍結論的。例如根據 8 萬多畝學田、義役田地和職田地的租米，就推算出包括 240 多萬畝民田地在內的，常熟縣 260 多萬畝官民田地的稻米單產；又根據平江府 12 萬多畝官田和 1 千多畝學田，就推算出平江府數百萬畝、全江南數千萬畝官民田的稻米單產。其所用方法亦未能跳出傳統方法之窠臼。

　　其實只要能再作進一步的思考，大家不難認識到：通過某些資料和數據以瞭解事物的全貌，即從部分推出全體不是絕對不可以，而是可行的。關鍵在於必須運用科學的統計方法。

　　抽樣方法即是在不可能或不需要對總體的所有單位逐一取得所需數值的情況下，通過從總體中取出部分個體作為資料來對總體進行分析，以瞭解研究對象的某些數學特性的一種科學統計方法。從總體中取出部分個體的過程稱為「抽樣」，所取得的部分稱為「樣本」。

　　將抽樣方法運用到社會經濟統計中，即形成抽樣調查。這是按隨機原則從統計（即全及）總體中抽取部分單位進行分析，用抽樣總體的綜合指標推算統計總體綜合指標的一種非全面的調查方法。運用抽樣方法必須遵循隨機原則。隨機原則也叫同等可能性原則，它要求完全排除主觀意識的影響，使統計總體的每一單位都有同等機會被抽中。

　　在抽樣調查中，通常存在可以避免的系統性誤差和不可避免的偶然性誤差。為避免系統性誤差，就必須遵循隨機原則，使統計總體的每一單位都有同等機會被抽中，並避免記錄和計算上的錯誤。為減少偶然性誤差，首先應增加樣本數，或至少要有一定數量的樣本。其次應減少總體標誌的變異程度。最後應選擇合適的抽樣方法。如在總體不大、總體的標誌變異度較小時，可採用純隨機抽樣法。反之，可採用等距抽樣或類型抽樣法，以保證樣本單位在總體中的均勻分布，提高樣本的代表性。

　　運用抽樣方法是可以對某時某地的單產作出科學的估算的。然而令人遺憾的是，迄今尚未有人正確地運用抽樣方法對宋代江南的單產作科學的估算。以往對江南單產所用的估算方法顯然有悖隨機原則。這主要表現在估算對象

（即統計總體）的每一單位不僅缺乏被抽中的同等機會，而且估算所用的資料和數據即樣本數量小，更為嚴重的是它們在總體中的分布不均勻，不具代表性。具體而言，我們估算所用的資料和數據不是少數幾個人的言論，就是取自區區數萬畝學田、義役田地、職田地和官田之數據。這些樣本不是隨機抽取的，又侷限於少數地區和時段，最嚴重的是因缺少構成農田之絕大部分的民田類型數據，而完全不具備代表性。據此至多只能推算出若干時段和地區學田、義役田地、職田地和官田的單產數，而不可能推出適用於宋元三、四百年間，擁有數千萬畝民田的整個江南的農田單產數。

由上可知，以往對江南單產所用的估算方法並不科學，存在方法上的問題。這一方面是受到現存歷史資料和數據的限制，另一方面則是缺乏主觀上的自覺所致，未能正確地運用抽樣方法，而是根據部分資料和數據來推斷總體。

二、宋元之際浙西、江東諸郡的稻米單產

除抽樣方法以外，我們還可以直接從概念出發，即從某時某地的稻米單產等於當時當地全年稻米收穫總量與其糧田畝數之比出發，來全面估算該時該地的單產。考慮到時代和區域的差異，本文將按府州而非整個江南，來探討宋元之際這一不太長的時限內江南各地稻米的單產。

具體而言，即是根據某時某地的稻米收穫總量大致等於當時當地的居民口糧、釀酒醋、預留來年稻種、運儲損耗、稅米以及餘糧（包括新增儲備、公家和糴和私人販運）諸項之和，通過逐項相加，推知其稻米總產。並由其總產和糧田總數，推出其稻米單產。最後則用當時人有關當地單產的議論和具體有限的史料來驗證推算的結果（詳見筆者 2004 年所撰《宋元江南各地稻米單產試探》一文）。推算和驗證的前提是，在資本、自然資源和品種、技術等要素等沒有發生重大變化的宋元之際，尤其是在宋末元初的數十年間，江浙諸郡常年稻米單產應是大致穩定的。

居民口糧可由某時某地的戶數和人、戶年均食米數求得。戶數已知，後兩者可求得。

在膳食結構不變的前提下，年人均消費的口糧是一個常數。宋元以來一直到 20 世紀 90 年代，江南地區絕大多數人的膳食結構並未發生大的變化，這表明 1 千年來年人均消費的稻米數量是大致固定的。以下擬根據宋元時人

的記載，來考定當時江南地區的人均食米數，並用現當代的數據和人生存所需熱量來驗證這一結論。

從宋代政府規定的人均口糧標準來看。當時政府一般採用賑糶或賑濟的方式，來幫助受天災和戰亂打擊的災民。賑糶即低價賑貸，標準為每人日糶米 2 升，或大人 2 升，小兒 1 升。〔註3〕賑濟的災民一般標準是每人給米 2 升，或 15～20 歲 1.5 升，6～14 歲 1 升，1～5 歲 0.5 升。〔註4〕對居養院收養的鰥寡孤獨，政府賑濟的口糧標準為每人日給米 1 升，〔註5〕這和范仲淹所定義莊救濟窮困族人的口糧發放標準相同。〔註6〕對乞丐、饑貧之人和歸正貧民，政府的賑濟標準為大人日給米 1 升，小兒 0.5 升。〔註7〕南宋紹興時頒行的軍人每人每日口糧標準為米 2 升（《宋史》卷 194《兵八》）。

又從宋元時民間人士的估算來說，由於場景和需要的不同，高估者認為每日人均需食米 2 升，低者認為僅需 1 升。如湖州歸安人倪思（1174～1220）晚年家居時說：「人之一身，每日所食，不過米一升。……若酒食雜費，歲計不過百千」。〔註8〕嚴州淳安人方逢辰（1221～1291）則認為，如一家 9 口，平均「一口日啖米二升」。〔註9〕倪思所言係推己及人，針對身處漁米之鄉歸安，官至尚書的自己而發，其飲食結構中包括酒食，歲費至百貫，稻米所佔比例顯然低於一般水平。加之其學雜出於釋老，所言務為恬退高曠，其說不免有低估常人實際需求之嫌。方逢辰晚年家居土瘠民貧的嚴州，〔註10〕其所言係為田「土磽瘠」，「人窮怕餓死」的「田父」而發（《蛟峰集》卷 6《田父吟》），意在抒發農人之苦，其說不免有高估之嫌。

有時即使是同一人，針對不同的情況估算也會不同。如南宋淳熙年間，朱熹至紹興主持救災事宜。他認為紹興所產「樂歲無餘」，人均「日計猶不能及二升之數」，即平時人日均應食米 2 升。同時他又認為，計口救濟當地 130 萬貧民 90 餘日，「當為粟百萬石」，即每日人均給米 0.85～0.78 升。〔註11〕

〔註3〕《宋會要輯稿・食貨》五七之九、五九之一九、五八之二。
〔註4〕同上五七之八，五九之二八、二九、三六，五八之一四。
〔註5〕同上六〇之一。
〔註6〕《范文正公集》卷末所附《建立義莊規矩》。
〔註7〕《宋會要輯稿・食貨》六〇之七、八、一二、一三、一五。
〔註8〕《經鉏堂雜志》《人生享用》。
〔註9〕《蛟峰集》卷 6《田父吟》。
〔註10〕景定《嚴州續志》卷 2《稅賦》。
〔註11〕《晦庵集》卷 16《奏救荒事宜狀》。

　　如果說以上史料僅告訴我們在正常情況下，宋元時江浙地區每日人均口糧大致在米 1～2 升之間的話，那麼方回（1227～1307）則給我們提供了較可信，又具有普遍意義的具體數據。

　　方回在至元 24 年（1287）回顧嘉興魏塘的見聞時曾說，「一農可耕今田三十畝，假如畝收米三石或二石，姑以二石為中，……佃戶自得三十石。五口之家，人日食一升，一年食十八石。」又說「東南斗有官斗，曰省斗，一斗百合之七升半。有加一斗，加二斗，加三斗，加四斗，民田收米用加一斗。」當時「東南省斗學糧養士，一餐破七合半，上等白米也。人家常食，百合斗一餐，人五合可也，多止兩餐，日午別有點心。否則加一斗、加二斗、加三斗，每半升一飯而多矣。」〔註12〕按其所說，元代百合斗之 1 斗，等於宋代 1.333 省斗。民田收米用加一斗，故元之加一斗＝1.466 省斗＝0.974 市斗。至元時政府稅收以宋一石當元七斗。即 1 元斗＝1.43 省斗。〔註13〕至順時鎮江稅收則以宋文思院 1.5 斗當元 1 斗。〔註14〕方回所說在兩者之間，當屬可信。

　　據此可知，人家常食為人均百合斗 1 升多一點。具體來說，5 口之家人均日食應為元之加一斗米 1 升或 1.466 省升，即 487 克；年戶均食米為 18.25 元石，或 26.77 宋石。

　　人均日食米 1.466 宋升（487 克）的估計應是方回在其個人經驗基礎上得出的。方回一生基本上在江浙一帶活動，其估計係就江浙一般「人家常食」而言，且與天曆二年（1329）沈德華所說鎮江「每人日食米一升（合 1.5 宋升），」減半僅能苟延殘喘相合，〔註15〕因而具有相當普遍的意義。

　　綜合從上述政府的口糧標準和宋元時人的估計來看，方回所言與其相符，當屬可信。

　　通過對上述數據的生理學和營養學的分析，可以揭示以上估算的內在含義。按中國營養學會《中國居民膳食營養素參考攝入量》（中國輕工業出版社，2001 年），18～69 歲從事各種體力活動的男女，以及 1～17 歲的小兒和未成年人每人每日所需能量可列為下表：

〔註12〕《古今考・續考》卷 18《附論班固計井田百畝歲入歲出》。
〔註13〕《元史》卷 93《食貨一》。
〔註14〕至順《鎮江志》卷 6《秋租》。
〔註15〕至順《鎮江志》卷 20《陳策發廩》、卷 6《秋租》。

表 1

體力活動		輕度體力活動	中等體力活動	重體力活動	年齡（歲）
所需能量（大卡）	男	2400（米 501 克）	2700（米 563 克）	3200（米 668 克）	18～49
	女	2100（米 439 克）	2300（米 480 克）	2700（米 563 克）	
	男	2300（米 480 克）	2600（米 542 克）	3100（米 647 克）	50～59
	女	1900（米 396 克）	2000（米 417 克）	2200（米 459 克）	
	男	1900（米 396 克）	2200（米 459 克）		60～69
	女	1800（米 375 克）	2000（米 417 克）		

表 2

年齡（歲）		1	5	10	11～13	14～17
所需能量（大卡）	男	1100（230 克）	1600（334 克）	2100（438 克）	2400（501 克）	2900（605 克）
	女	1050（219 克）	1500（313 克）	2000（417 克）	2200（459 克）	2400（501 克）

在中國傳統的膳食結構中，人所需熱能的 60～70% 來自糖，糖基本來自穀物（江浙一帶則為稻米）中的澱粉。折衷而計，按熱能的 65% 取自稻米，每 100 克米含澱粉 76 克，每克澱粉產生熱量 4.1 大卡計，1.466 宋升米（487 克）能產生 1517.5 大卡的熱能。正常膳食結構中總熱量的 65% 為 1497.5 大卡，100% 則為 2334.6 大卡。人均日食米 1.466 宋升（487 克）即意味著人均日攝取總熱量 2334.6 大卡。

從生理學、營養學的角度來說，據表 1 和表 2 所示，人均日食米 487 克所提供的能量可以滿足 5 口之家中一對夫婦分別從事重體力活動和中等體力活動（米 668 克、480 克），其他人從事輕度體力活動的需要（人均米 429 克），方回的估計是可以成立的。

方回的估計又可用現代的資料加以驗證。

1. 20 世紀 30 年代，紹興常年稻米總產 88318 萬擔，按 1935 年總人口 2607057 人計，每日人均得穀 464 克，豐年當高於此數。當時人指出：「紹興人口眾多，五穀出產雖豐，尚不能自給，豐年僅及全年需要額（供應量）之半」。〔註16〕可見當時紹興每日人均食穀在 928 克以上，按米、穀 50% 的折算

〔註16〕《紹興市志》第 13 卷《農業》第 2 章《種植業》第 1 節《糧食作物》。

率計，與方回所估計的人均日食穀 974 克相去不遠。

2. 1955 年，蘇州、紹興、南京棲霞區農村餘糧戶口糧為每日人均 479 克、479 克和 508 克，紹興、棲霞區市區每日人均實際供米 393 克和 390 克。〔註 17〕宋元時江浙地區城鎮人口絕不會超過總人口的 15%。〔註 18〕如按城鎮人口占 15%，每日人均食米 392 克，農村每日人均食米 489 克計，城鄉每日人均食米為 474 克，與方回所言 487 克相去不遠，其農村日人均食米數則與方回所言極其接近。

3. 20 世紀 90 年代後期，我國部分地區的典型監測表明，國人每日平均攝入熱量 2387 大卡。按膳食結構中 65% 的能量來自稻米，100 克米含澱粉 76 克，每克澱粉產熱量 4.1 大卡計，當時每日人均食米 498 克。〔註 19〕方回所言亦與其相近，當屬可信。本文擬用方回的年戶均食米 26.77 宋石來計算宋元江浙人的口糧消費數。

除杭州、蘇州等大城市外，諸郡釀酒、醋所費稻米並不多。按元大德 11 年（1307）臣僚言，「杭州一郡歲以酒糜米麥二十八萬石」。〔註 20〕熙寧 10 年（1077）酒麴歲入 499347 貫，〔註 21〕每貫合用米麥 0.56 元石。紹定間慶元府造酒用糯米 14195 石，麴麥 3370 石（寶慶《四明志》卷 5《酒》），米占總數的 80.8%。在沒有取得更好的計算方式前，杭州以外諸郡年釀酒用米，姑且按其熙寧 10 年酒麴歲入與米 0.45 元石 / 貫之積推算。酒的消費與人口和商業發達、社會繁榮相關。大德中的釀酒用米數可大致視為南宋和元代的平均數。

又按元江浙行省酒課歲入 196654 錠，醋課歲入 11870 錠計，造醋所費稻米僅為釀酒的 6%，〔註 22〕可忽略不計。

稻田用種量因時代和地區的不同存在種種差異。低估者如西漢《氾勝之

〔註 17〕《蘇州市志》第 28 卷《商業》第 7 章《糧油業》，《紹興市志》第 14 卷《國內貿易》第 2 章《糧油》，《棲霞區志》第 9 編《商貿旅遊》第 4 章《糧油購銷》。

〔註 18〕見李伯重：《宋末至明初江南人口與耕地的變化》，《中國農史》，1997 年第 3 期。

〔註 19〕黃聖明：《食品工業要為消費者提供方便、營養膳食》，《食品產業 2002 年年鑒》。

〔註 20〕《元史》卷 22《武宗一》。

〔註 21〕《宋會要輯稿・食貨》一九之一二、一三、一四。

〔註 22〕《元史》卷 94《食貨二》。

書》主張稻地每畝用種 4 升，魏《齊民要術》主張每畝 3 升。高估者如明徐光啟指出，當時人每畝用穀種 1 斗以上。〔註23〕按西漢、北魏時 1 畝為 0.69 市畝，1 升為 0.34 市升和 0.40 市升，明代 1 畝為 0.92 市畝，1 升為 1.07 市升計，以上三說分別為每市畝用種 1.97 市升，1.74 市升和 11.63 市升。取低值的平均數與高值折衷而計，則每市畝為 6.74 市升。若按宋元 1 畝為 0.9 市畝，1 宋升為 0.664 市升，1 元升為 0.974 市升計，6.74 市升／市畝應為 9.14 宋升／宋畝和 6.23 元升／元畝，折合米每畝 4.57 宋升或 3.12 元升。

　　稻米在運輸存儲過程中會有損耗，政府收稅往往加徵「倉場耗」、「鼠雀耗」等，名之曰加耗。按元代鎮江秋稅正米 133047 石，耗 6212 石計，〔註24〕加耗占總數的 4.46%。加耗一般高於實際的損耗。按專家估測，2002 年江蘇稻穀總產約 1620 萬噸或 1700 萬噸，各種損耗為 50 萬噸，新增儲備糧亦為 50 萬噸，分別占總數的 2.94%～3.09%。〔註25〕據此推算，實際損耗應占總產的 3%左右，儲備亦應占 3%左右。稅米、和糴和私販則諸郡各異。據此，可列出諸郡稻米總產的算式：

$$Z（總產）＝ a \cdot H（戶數）＋S（稅米）＋b×J（酒麴歲入）＋$$
$$C×T（田畝數）＋0.03Z＋0.03Z＋D（和糴）＋F（私販）$$

　　其中 a 為戶年均食米數（宋代為 26.77 石，元代為 18.25 石），b 為 0.66 宋石／貫，或 0.45 元石／貫，C 為畝均稻種折米數（宋代為 4.57 升，元代為 3.12 升）。據此可算出：

浙西各地稻米單產表

州府別	戶　數	秋稅米（石）	酒麴歲入（貫）	田畝（畝）	和糴（石）	私販（石）	總產（石）	單產（石）
鎮江	114218（至順）	192074（元）	87429	2371448	無幾	外運無幾	2542430（元）	1.573（宋）1.072（元）多
常州	209732（元初）	245822（宋末）	110643	3431712	無	輸入少量	5917484（宋）	1.724（宋）1.175（元）

〔註23〕徐光啟《農政全書》卷 25《樹藝》。
〔註24〕至順《鎮江志》卷 6《秋租》。
〔註25〕《2002 年度江蘇糧油生產與市場分析》，《糧食與油脂》，2002 年第 5 期；《2002 年江蘇省稻米供需形勢簡析》，中國農產品供求信息網，2002 年 10 月 24 日。

江陰	64035（紹定）	54630（宋）	36622	1253602	79722（元秋糧米，至少可外運數）	1995105（宋）	1.591（宋） 1.085（元）
平江	466158（元初）	882150（元）	287384	6749000	1544684（可外運數）	11993733（元）	2.607（宋） 1.777（元）多
湖州	255087（至元到至順）	334122（至正）	136116	3040147	212413（至少可外運數）	5699976（元）	2.750（宋） 1.875（元）多
嘉興、松江	443017（元初）	602069（元初）	132890	7280741	1516542（至少可外運數）	11096628（元）	2.236（宋） 1.524（元）多
婺州	218673（元初）		93427	2963876	豐年自保無餘，明代秋稅米173880	4174515（元）	2.066（宋） 1.408（元）

　　鎮江至順時共計 11.4218 萬戶，秋租米 19.2074 萬石，熙寧間酒麴歲入 87429 貫，至順時成熟田 237.1448 萬畝。天曆二年（1329）知事沈德華上書云「本郡田土磽瘠，產薄民弱。富饒之家且無兼歲之儲，貧窶之民望熟貸食，……稍至欠歲，便不聊生」，可知該地常年糧食可自足，〔註26〕但餘糧不多，外運數量有限。據此推算，至順時鎮江常年總產米約 2542430 元石，畝均產米約 1.072 元石多，即 1.573 宋石。景定中，鎮江回買公田 168228 畝，納租 134658 石，畝租米 0.80 宋石。〔註27〕畝產按 1：2 計，為 1.6 宋石，與筆者推算相符。

　　常州元初有戶 209732，與宋末大致相同。〔註28〕回買公田前，上供苗米舊額為 228592 石。〔註29〕常州延祐二年（1315）有田土 6026434 畝，〔註30〕成化 18 年（1482）實徵田 4836655 畝，實徵田地山灘塘蕩淹圩埂等共 6177775 畝，較延祐多出 151341 畝。弘治 15 年（1502）實徵田地山灘蕩圩埂等共 6204533 畝，內靖江縣占 289758 畝。據此可知，成化所增之數基本來自成化 8 年新建靖江縣的江漲沙田，延祐以後靖江以外常州各縣田地數並沒有多大變化。〔註31〕南宋中葉以後，太湖平原的土地即已基開墾成田。按此推算，在扣除紹定間江陰墾田 1253602 畝，延祐成化間靖江增墾之田 151341 畝後，延

〔註26〕至順《鎮江志》卷 3《戶口》，卷 6《秋租》，卷 5《田土》，卷 20《陳策發廩》。
〔註27〕同上卷 5《田土》、卷 6《秋租》。
〔註28〕《元史》卷 62《地理五》。
〔註29〕咸淳《毗陵志》卷 24《財賦》。
〔註30〕康熙《常州府志》卷 8《田賦》。
〔註31〕正德《常州府志》卷 1《財賦》，《明史》卷 40《地理一》。

祐至宋末元初常州應有農田 3431712 畝。南宋人云,「浙右郡號沃壤,獨毗陵田高下不等,必歲大熟民乃足」,〔註32〕可知常州糧食豐年方可自足,常年需外郡少量接濟,人均食米按缺 10%計,宋末常州常年單產為米 1.724 宋石。

　　江陰紹定間戶 64035,墾田 1256302 畝,秋租米 54630 石(按 2 石稻子折米 1 石計),元代歲納秋糧米約 79722 石,〔註33〕可外銷數至少有 25092 石。在缺乏和糴、本地輸入輸出稻米數值的條件下,可推算出紹定時江陰常年單產為米 1.591 宋石,實際單產應略高於此。

　　蘇州元初戶 466158。延祐間秋租米 882150 石。〔註34〕洪武《蘇州府志》卷 10《田畝》載明初蘇州共有「田土」6749000 畝,其數等於諸縣官田、民田等各項田數之總和。其中吳江田土 1125376 畝,與其元代田 1141545 畝、明天順六年(1462)田 1149628 畝(田地山蕩共計 1395853 畝)基本一致,〔註35〕與清代吳江、震澤舊科則田 1215753 畝相近。吳縣,長洲田土 1552241 畝,與清代吳縣、長洲、元和、太湖舊科則田 1633378 畝相近。崑山田土 1254143 畝,與清代崑山、新陽舊科則田 1056045 畝相近。常熟田土 1172502 畝,與清常熟、昭文舊科則田 1436712 畝稍有差異,應與太倉州的分設和江漲沙田增入有關。〔註36〕在冊納稅之田土數與田數基本一致是因為蘇州之田土基本由田構成,地所佔比重很小。如清代蘇州府有田 5341888 畝,地 105524 畝,地僅占田畝數的 2%。因此,洪武志的田土 6749000 畝大致可以視作田畝數。明初實行令民自實田的政策,江南田土數大多因襲元代。這從縣志所載元代吳江墾田 1141545 畝,〔註37〕常熟管下田地 1172502 畝,與洪武志所載安全相同或基本一致可以得到印證。顯而易見,6749000 畝之數可以看作元代蘇州的墾田數,並在農田已開墾完畢的情況下可看作南宋末蘇州的墾田數。

　　元代「平江、嘉興、湖州地土膏腴,人民富足」。〔註38〕「嘉禾、吳、松江又號杭稻厭饒他壤者,故海漕視他郡居十七、八。〔註39〕當時歲「漕東南之米

〔註32〕咸淳《毗陵志》卷 24《財賦》。
〔註33〕嘉靖《江陰縣志》卷 5《戶口》、《田賦》,卷 4 上《田賦》。
〔註34〕洪武《蘇州府志》卷 10《戶口》、《稅糧》。
〔註35〕弘治《吳江縣志》卷 2《土田》。
〔註36〕同治《蘇州府志》卷 14《田賦三》。
〔註37〕光緒《常昭合志稿》卷 10《田賦》。
〔註38〕至順《鎮江志》卷 20《陳策發廩》。
〔註39〕王沂《伊濱集》卷 14《送劉伯溫序》。

數百萬石，由海道以達京師，米之所出，多仰吳郡」，﹝註40﹞蘇州以及嘉興、湖州、松江均為重要的餘糧產地。至大二年（1309）至天曆二年（1329），每年海運漕米2、3百萬石。﹝註41﹞按元代秋稅米882150石，洪武四年秋糧2426834石推斷，﹝註42﹞元代蘇州每年公私可販糶的餘糧至少有1544684石。據此推算，元初蘇州常年總產米至少有11993733石，單產在1.777元石以上。

元初方回指出：「吳中田今佳者歲一畝豐年得米三石，山田好處或一畝收大小穀二十秤，得米兩石，皆百合斗」（《古今考・續考》卷18《附論班固計井田百畝歲入歲出》）。元初蘇州常年單產1.777元石（加一斗）即百合斗1.956元石。平均畝產既如此，山田好處畝均產米2石，上田豐年單產米3石當屬正常。

湖州元初有戶255828，至順時為254345戶，﹝註43﹞此處取其平均值。至正間湖州秋糧米正耗334122石，實徵田土6388455畝；洪武10年起科稅糧田土4949267畝，內田2524263畝。﹝註44﹞清同治實徵田地山蕩等6113695畝，內田2941658畝。﹝註45﹞按明清田之差額在田土差額中所佔比例推算元代與明清田之差額，可知至正間湖州墾田應為3040147畝。又按至正秋糧米正耗與洪武10年秋糧546535石之差額計，﹝註46﹞元代湖州常年可供販糶的餘糧至少有212413石。據此推算，元代前期湖州常年總產米在5699976石以上，單產在1.875元石，即2.750宋石以上。上田單產可達3宋石，與嘉定時圍田「畝收三石」米說相符。﹝註47﹞

嘉興、松江元初戶有426656和459377二說，﹝註48﹞茲取其平均值。元初秋稅實徵米602069石。﹝註49﹞松江至正15年定墾田土4572261畝，正德7年額管田地山蕩等4720400畝，內田3736871畝。﹝註50﹞按正德間田占田

﹝註40﹞陳高《不繫舟漁集》卷11《送顧仲華督漕入京序》。

﹝註41﹞《元史》卷93《海運》。

﹝註42﹞洪武《蘇州府志》卷11《賑貸》。

﹝註43﹞《永樂大典》卷2277《吳興續志・戶口》，《元史》卷62《地理五》。

﹝註44﹞《永樂大典》卷2277《吳興續志・田賦》。

﹝註45﹞同治《湖州府志》卷34《經政略・田賦一》。

﹝註46﹞《永樂大典》卷2277《吳興續志・田賦》。

﹝註47﹞《宋會要輯稿・食貨》六之三一。

﹝註48﹞《元史》卷62《地理五》、至元《嘉禾志》卷6《戶口》。

﹝註59﹞至元《嘉禾志》卷6《賦稅》。

﹝註50﹞正德《松江府志》卷6《田賦上》、卷7《田賦中》。

土總數的比例推算，至正中松江墾田應有 3619598 畝。嘉興清代實墾田 3661143 畝，〔註 51〕如按宋末元初該地土地已全部開墾推斷，這一數字大致可視為至正間嘉興的墾田數。又按明初松江秋「租一百五十萬」石，嘉興明代舊額秋糧米 618611 石，兩者高出元初秋稅米 1516542 石推斷，〔註 52〕公私可販糴之餘糧應在此數之上。據此推算，元初嘉興、松江常年總產米在 11096628 石以上，單產在 1.524 元石，2.236 宋石以上。

婺州元初戶有 216228 和 221118 二說，〔註 53〕本文取其平均值。該地明秋糧米舊額 173880 石。〔註 54〕至正間義烏田土 425657 畝，浦江田土 266600 畝，洪武 24 年墾田分別為 459180 畝和 290807 畝。從洪武諸縣土地分類及田地山塘各項數字來看，宋元婺州之田土數即田數。〔註 55〕按二地至正間田土占洪武間田畝比例的平均值計算，明初金華墾田約 3215047 畝，至正間應有田 2963876 畝。宋末婺州人王柏（1197～1274）指出，婺州「豐年樂歲，僅僅自保，國家無兼歲之儲，上農無半年之食」，可知該郡常年所產連自足都相當勉強，人均食米按缺 10%計，當無餘糧輸出。據此推算，宋末元初婺州常年總產米為 5917484 石，單產為 1.408 元石（即 2.066 宋石）。

浙東、江東各地稻米單產表

州府別	戶　數	秋稅（石）	酒麴歲（貫）	田（畝）	和糴（石）	私糴（石）	總產（石）	單產（石）
紹興	273343（嘉泰）	332267	117092	3576925	無	需輸入	7296440（宋）	2.040（宋）1.391（元）
台州	266014（嘉定）	未詳	71147	2766546	所產豐年始自足		7050735（宋）	2.549（宋）1.737（元）
慶元	140349（紹定）	144222	108595	2335953	勉強自足		4340203（宋）	1.858（宋）1.267（元）

〔註 51〕光緒《嘉興府志》卷 21《田賦一》。
〔註 52〕楊維楨《東維子集》卷 3《送華亭主簿張候明善序》，雍正《浙江通志》卷 68《田賦二》。
〔註 53〕《元史》卷 62《地理五》，嘉靖《金華府志》卷 3《戶口》。
〔註 54〕雍正《浙江通志》卷 69《田賦三》。
〔註 55〕見本田治據嘉靖《金華府志》卷 8、光緒《金華縣志》卷 12、道光《東陽縣志》卷 7、嘉慶《義烏縣志》卷 5、嘉靖《永康縣志》卷 3、光緒《浦江縣志稿》卷 11、乾隆《浙江通志》卷 69 所製之《南宋婺州地目別土地統計》表，《社會經濟史學》第 41 卷第 3 號《宋代婺州的水利開發》。

集慶	220459（元初）	317852	139562	4474492	未詳	4833655（元）	1.585（宋）1.080（元）多
太平州	76202（元初）	未詳	44409	宋末1279881	洪武秋糧米42690（至少可外運數）	2170418（宋）	1.696（宋）1.156（元）
寧國	232538（元初）	276557（宋末）	88530	宋末3576735	未詳	7152645（宋）	2.000（宋）1.363（元）

　　紹興宋嘉泰間有戶 273343，秋苗、湖田、職田米共 332267 石。〔註56〕大中祥符間土田山蕩共 6122952 畝，至元間田地山蕩共 6257740 畝，萬曆13年田地山蕩共 6726399 畝，內田 3872615 畝。〔註57〕如按萬曆年間田與田地山蕩的比例推算，大中祥符和至元間墾田分別為 3525190 畝和 3602792 畝。如按嘉泰所增墾田為至元所增數之 2／3 計，嘉泰中紹興墾田約 3576925 畝。淳熙中朱熹指出，「紹興地狹人稠，所產不足充用，稔歲亦資鄰郡」，常年糧產不能自足，需從浙西輸入稻米。〔註58〕嘉泰去淳熙無幾，戶口田地與缺糧的情況應基本一致。人均食米按缺 15% 推算，嘉泰時紹興常年總產米 7296440 石，單產為 2.040 宋石。

　　台州嘉定中有戶 266014（僧道不與），田 2766546 畝。〔註59〕淳熙時黃岩所產，「一州四縣皆所仰給，其餘波尚能陸運以濟新昌、嵊縣之缺」，〔註60〕常年所產稍有多餘。嘉定時，台州「生之者眾，而食之者亦殷，……會歲屢豐，粒米狼戾，雖細民亦不欠一飽，」〔註61〕連年豐收小民僅可一飽，平年則不免有饑者。人均食米按缺 10% 計，嘉定時常年總產米 7050735 石，單產為 2.549 宋石。

　　集慶（建康）元初戶有 214538 和 226379 二說，此處取其平均值。至正前墾田 4474492 畝，秋糧米 317852 石。〔註62〕據此推算，至正間常年總產約 4833655 元石，單產在 1.080 元石，即 1.585 宋石左右，上田單產可更高。這

〔註56〕嘉泰《會稽志》卷5《戶口》、《賦稅》。
〔註57〕乾隆《紹興府志》卷9《田賦一》。
〔註58〕朱熹《朱文公文集》卷16《奏救荒事宜狀》，卷21《乞禁止遏糴狀》。
〔註59〕嘉定《赤城志》卷13《田》，卷14《寺觀》，卷15《戶口》。
〔註60〕朱熹《朱文公文集》卷18《奏巡歷至台州奉行事件狀》。
〔註61〕嘉定《赤城志》卷36《風土門》。
〔註62〕《元史》卷62《地理五》，至正《金陵新志》卷8《戶》、卷7《田土》、《貢賦》。

和岳珂所說，江東上色田每畝產穀 4 宋石，得米 2 宋石相符。〔註63〕

慶元紹定間有 140349 戶，〔註64〕秋稅、湖田米共 144222 石，〔註65〕鄞縣、慈谿、定海 3 縣共有田 1571937 畝。〔註66〕象山民田 131920 畝，與皇慶 127156 畝、至正 127159 畝相去不遠。若按皇慶、至正時官民田比例的平均值計，紹定時象山應有官民田共 192335 畝。〔註67〕昌國乾道年間墾田 159000 畝，與皇慶間的 150119 畝相去無幾，〔註68〕紹定間墾田取其平均值為 154560 畝。從慈谿、定海、象山民田紹定之數與皇慶、至正間相差不大，鄞縣墾田紹定與至正之數相差不大推斷，〔註69〕奉化紹定墾田數亦應與皇慶、至正時數相近。如按後二者中間值計，紹定間奉化墾田約 421562 畝，慶元墾田約 2335952 畝。當時該地「一歲之入非不足贍一邦之民也，而大家多閉糴，小民率仰米浙東、浙西。歉則上下皇皇，勸分之令不行，州郡至取米於廣以救荒」，〔註70〕所產可以自足。紹定間常年總產米約 4340203 石上下，單產為 1.858 石左右。

太平州崇寧、淳熙、至元、元代和洪武 24 年分別有 53261 戶、35056 戶、76202 戶、32345 戶和 37589 戶，在知其有餘糧但又缺乏外運數的情況下，特取其最大值即元初戶數。其洪武 24 年秋糧米為 42690 石。〔註71〕南宋後期岳珂指出：「太平、寧國山、圩田相半」，太平州「圩田十居八、九」，寧國有田 3576735 畝，全府僅宣城、南陵二縣有圩田，內宣城有圩田 758024 畝。如按太平州圩田占 85%，南陵田 582385 畝全為圩田計，太平州至少有田 1279881 畝。〔註72〕這和萬曆、天啟間則例所言共有熟田 1290705 畝相去無幾。〔註73〕據

〔註63〕《愧炎錄》卷 15《祖宗朝田米直》，《宋會要輯稿·食貨》一之四五。

〔註64〕紹定《四明志》卷 13、卷 15、卷 17、卷 19、卷 20、卷 21 之《戶口》，慈谿戶據卷 16《官僚》所引胡榘狀，按 2 萬計。

〔註65〕紹定《四明志》卷 5《秋稅》，卷 6《湖田》。

〔註66〕紹定《四明志》卷 13、卷 17、卷 19《田畝》。

〔註67〕紹定《四明志》卷 21《田畝》，延祐《四明志》卷 12《田土》，至正《四明續志》卷 6《田土》。

〔註68〕據康熙《定海縣志》卷 4 所引宋乾道志，延祐《四明志》卷 12《田土》。

〔註69〕延祐《四明志》卷 12《田土》，至正《四明續志》卷 6《田土》。

〔註70〕紹定《四明志》卷 4《敘產》。

〔註71〕康熙《太平府志》卷 9《戶口》、卷 12《田賦下》，《元史》卷 62《地理五》。

〔註72〕景定《建康志》卷 23《平糴倉》，《宋會要輯稿·食貨》六一之一三六、一一八，嘉慶《寧國府志》卷 16《田賦上》。

〔註73〕康熙《太平府志》卷 12《田賦下》。

此推算，宋末元初太平州常年總產約 2170418 石，單產約 1.696 宋石。

寧國至元有 232538 戶，宋末秋稅米 276557 石，墾田 3576735 畝，〔註74〕略有餘糧但又缺乏外運數。據此推算，其宋末元初常年總產約 7152645 石，單產約 2.000 宋石。

綜上所述，推算和驗證的結果表明，在南宋後期和元代前期，尤其是在宋末元初的數十年間，江浙諸郡常年稻米單產以湖州、蘇州、台州單產較高，在 2.5～2.9 宋石之間；嘉興、松江、婺州、紹興、寧國次之，在 2.0～2.3 宋石之間，明州、常州、太平州又次之，在 1.6～1.9 宋石之間；江陰、建康、鎮江則更次之，但亦在 1.5 宋石以上。總的來說，各地的單產均在 1.5 宋石以上，3 宋石以下，太湖平原的單產稍高於其他地區，大致在 2～3 宋石之間。

三、宋元之際浙西、江東的全員農業勞動生產率與農業勞動生產率

運用上述的原則和方法，在同樣的前提下，從農業勞動生產率是指單位勞動力全年所生產的農產品數量出發，可以推算出宋元之際江南各地的農業勞動生產率。

在古代中國，家庭是經濟活動和生產的基本單元，農業特別是稻米種植業是江南經濟活動和生產的主要部門。因此，以戶為單位計算所得某時某地的稻米產量，大致可視為是一種以州府為生產組織，以戶為勞動力計算單位的全員農業勞動生產率。而以實際務農戶為單位計算所得某時某地的稻米產量，則大致接近於實際的農業勞動生產率。

具體而言，即是根據某時某地的全年稻米總產和當時當地的總戶數與實際務農戶數，推算出該時該地的全員農業勞動生產率與農業勞動生產率。

學者大多認為，宋元之際江南的城市人口約占總人口的 10%～15%，如李伯重《宋末至明初江南人口與耕地的變化》即是（《中國農史》1997 年第 3期）。考慮到某時某地不從事農業勞動的人口必定大於該時該地的城市人口，以及各地統計數據的缺乏，本文在此將宋元之際江南各地不從事農業勞動的戶數一概按總戶數的 15%計，而將某時某地總戶數的 85%作為該時該地的實際務農戶數。

〔註74〕嘉慶《寧國府志》卷 16《田賦上》《元史》卷 62《地理五》。

浙西各地全員農業勞動生產率與農業勞動生產率表

州府別	戶　　數	務農戶數	總產 （石）	全員勞動生產率 （石／戶）	勞動生產率 （石／戶）
鎮江	114218 （至順）	97085 （至順）	2542430 （元）	32.655（宋） 22.260（元）多	38.417（宋） 26.188（元）多
常州	209732 （元初）	178272 （元初）	5917484 （宋）	28.215（宋） 19.233（元）	33.194（宋） 22.627（元）
江陰	64035 （紹定）	54430 （紹定）	1995105 （宋）	31.156（宋） 21.238（元）	36.655（宋） 24.986（元）
平江	466158 （元初）	396234 （元初）	11993733 （元）	37.744（宋） 25.729（元）多	44.405（宋） 30.269（元）多
湖州	255087（至 元到至順）	216824（至 元到至順）	5699976 （元）	32.780（宋） 22.345（元）多	38.565（宋） 26.288（元）多
嘉興、 松江	443017 （元初）	376564 （元初）	11096628 （元）	36.745（宋） 25.048（元）多	43.230（宋） 29.468（元）多
婺州	218673 （元初）	185872 （元初）	4174515 （元）	28.005（宋） 19.090（元）	32.947（宋） 22.460（元）

浙東、江東各地全員農業勞動生產率與農業勞動生產率表

州府別	戶　　數	務農戶數	總產 （石）	全員勞動生產率 （石／戶）	勞動生產率 （石／戶）
紹興	273343 （嘉泰）	232342 （嘉泰）	7296440 （宋）	26.693（宋） 18.196（元）	31.404（宋） 21.407（元）
台州	266014 （嘉定）	226112 （嘉定）	7050735 （宋）	26.505（宋） 18.068（元）	31.182（宋） 21.256（元）
慶元	140349 （紹定）	119297 （紹定）	4340203 （宋）	30.924（宋） 21.080（元）	36.381（宋） 24.800（元）
集慶	220459 （元初）	187390 （元初）	4833655 （元）	32.165（宋） 21.925（元）多	37.841（宋） 25.795（元）多
太平州	76202 （元初）	64772 （元初）	2170418 （宋）	28.482（宋） 19.415（元）	33.509（宋） 22.842（元）
寧國	232538 （元初）	197657 （元初）	7152645 （宋）	30.759（宋） 20.967（元）	36.187（宋） 24.667（元）

　　應該指出的是，上述推算及其結論是以並不很可靠的官方統計數字為依據，所缺統計數字又多用推算方式獲得，以上結論當與事實存在一定的差距，

僅僅是一種推斷。

推算結果表明，宋末元初前後，江南各地以平江、嘉興、松江全員農業勞動生產率較高，在 36.7～37.8 宋石之間；湖州、建康、鎮江、江陰、慶元、寧國次之，在 30.7～33.0 宋石之間；太平州、常州、婺州又次之，在 28.0～28.5 宋石之間；紹興、台州則更次之，在 26.5～26.7 之間，低於年戶均食米數 26.77 宋石。

就實際的農業勞動生產率而言。上述各地的實際農業勞動生產率均在 31 宋石以上，高於年戶均食米數 26.77 宋石。太湖平原的蘇州、嘉興、松江地區農業勞動生產率為上述各地之最，戶均生產的稻米可供養 1.6 戶以上的人口。以上各地中，蘇州的城市人口和不從事農業勞動的人口為數最多，該地的實際農業勞動生產率應遠高於此數。如按 70% 的人戶從事農業勞動，戶均生產的稻米即可供養 2 戶以上的人口。據此可知，以蘇州為中心的太湖平原，包括嘉興、松江和湖州，應是宋元之際江南農業生產最先進的地區。

值得注意的是，單產高的地區農業勞動生產率卻未必高。如湖州單產最高，農業勞動生產率卻低於蘇州、嘉興和松江。單產排名第 3 的台州、第 7 的紹興和第 6 的婺州，其農業勞動生產率的排名卻很低，分別為倒數第 1、第 2、第 3。反之，單產低的地區農業勞動生產率卻未必低。如單產排名最後 3 名的建康、鎮江、江陰，其農業勞動生產率卻不低，排名第 5、第 6 和第 7。造成上述現象的原因就在於，當稻米總產不變時，單產與農田數直接相關，勞動生產率則與戶數直接相關，而在同一時代各地的戶均墾田數卻是很不相同的。單產和勞動生產率是兩個不同的概念，前者用於衡量土地的生產效率，後者則用於衡量農業勞動者的生產效率，用單產作為判斷農業勞動生產率的指標是不妥當的。

綜上所述，農業勞動生產率是衡量不同時代和不同地區農業發展水平的主要指標，受篇幅和時間的限制，筆者在此僅探討、比較了宋元之際江南各地的農業勞動生產率，而將對江南各地其他時代和江南以外各地不同時代農業勞動生產率的探討和比較，暫且列入以後研究的計劃。

第三篇　水利田開發對浙西、江東社會經濟發展的影響

第十一章　水利田的開發與政府的田賦收入

　　這裡所說的田賦，主要指取自於農田的秋苗和官租。浙西和江東是水利田（尤其是地勢低下的水利田）密集的地區。宋人對這一地區水利田的大規模開發不僅使浙西和江東成為農業最發達的地區，而且還使其成為政府田賦收入的重要來源。本文試圖從水利田開發這一整體和動態的過程及其結果出發，來探討並把握開發與政府田賦收人的關係。

一、水利田開發與政府田賦收入的增加

　　宋代浙西和江東的水利田可分為在官之田和在民之田二類。民田納稅，官田納租。就納稅之田而言。水利田的大規模開發，使宋代浙西、江東的墾田面積和政府田賦收入成倍增長。例如隨著水利田的大量開發，蘇州墾田從雍熙前後最多只有 105～140 萬畝，[註1] 增至景祐時的「出稅」之田 340 萬畝。[註2] 蘇州「國初之稅，才十七、八萬石」。到熙寧時，按郟亶所說，蘇州之稅，「乃至於三十四、五萬石」。若將可耕之地全部開墾成「高低皆利，而水旱無憂」的水利田，「則三、四十萬之稅，必可增也」。[註3] 元符二年（1099），陸元長指出：「蘇州秋賦一歲六十萬石」。[註4] 熙寧以後水利田的

〔註 1〕雍熙前後蘇州有 35249 戶（見《太平寰宇記》），宋代江南一農平均能墾田 30　　　　畝上下，按郟亶所說則為 40 畝（詳見《中國史研究》，1993 年第 3 期，《論宋　　　　代太湖地區農業的發展》，49 頁），據此推算，可得出 105～140 萬畝之數。
〔註 2〕《續資治通鑒長編》卷一四三慶曆三年九年丁卯條。
〔註 3〕《吳郡志》卷一九《水利上》。
〔註 4〕《續資治通鑒長編》卷五一二元符二年七月丁未條。

開發又使該州秋稅歲額增加了二十多萬石。又就納官租之田而言。從水利田開發的全過程來看。水利田在開發前為地勢低下，常年積水的江湖草蕩，和不時被水淹沒、的低地，或常患旱的高地，處於荒蕪不耕的狀態。按宋政府規定，此類湖蕩、荒地通常作為天荒、遠年逃田、湖泊退灘、蘆草荻場、草葑茭蕩和沙塗、湖田等被視為「係官田產」。〔註5〕政府和請佃人戶開發上述官產所成之水利田即是係官之田。如政和中，宋政府將丹陽湖中「高阜處可圍湖成田」的淺水灘地「圍湖成田」。圍裏開發所成之永豐圩即係官圩。〔註6〕

又從水利田的興修來看。水利田的興修通常需築堤，設置堰閘，開修河渠、陂塘和車水，往往需投入較多的人力和財力。一般而言，只有政府才有能力籌措工費，主持和組織較大規模的開發工程。這類開發所成之田，往往處在政府的掌握之中。例如役工 112 萬，築堤 84 里，圍田 12 萬餘畝的萬春圩，即是由轉運司組織興修而成的一座官圩。〔註7〕

復從業已興修成田的水利田來說。按宋代條法規定，戶絕、市易、折納、抵當及因犯法而被籍沒之田，均係在官之田。〔註8〕有宋一代，原係民有的興修所成之水利田通過上述種種途徑，大量和源源不斷地成為在官之田。如景定年間，被籍沒入官的吳府圩田僅在上元、溧水二縣即數以萬畝計，歲納租米 13778 石。〔註9〕

此外，宋代普遍存在「高田種早，低田種晚」的現象，〔註10〕晚稻和粳稻多種於地勢低下的水利田。如湖州粳稻，「大率多壩田所種」。〔註11〕「吳中之民，開荒墾窪，種粳稻，又種菜麥麻豆。耕無廢圩，刈無遺隴」。〔註12〕由於宋時田賦（尤其是上供米斛）只納晚禾，「不納早米」。〔註13〕又由於水利田大量集中於豪強形勢之家，私家之租遠高於公家之稅，宋政府為緩解因和糴以供軍食所造成的科抑擾民和紙幣貶值等社會經濟危機，同時又為取得

〔註 5〕《宋會要輯稿『食貨》一之三一、三三。
〔註 6〕見民國《高淳縣志》卷三《水利》所引宋《溧水志》，《文獻通考》卷六《田賦考六》。
〔註 7〕《長興集》卷二一《萬春圩圖記》。
〔註 8〕《宋會要輯稿·食貨》一之三一、三三。
〔註 9〕景定《建康志》卷四一《圩租》。
〔註 10〕《真文忠公文集》卷四〇《再守泉州勸農文》。
〔註 11〕嘉泰《吳興志》卷二〇《物產》。
〔註 12〕《鶴林集》卷三九《隆興府勸農文》。
〔註 13〕《宋會要輯稿·食貨》九之二〇。

餉軍所必需的糧食，遂於景定四年（1263）在平江、嘉興、安吉、常州、江陰和鎮江以強制手段買得公田 350 畝。〔註14〕其結果使政府的官租收入突增數百萬石。

這樣，隨著水利田的不斷開發，在官之田大量增加，政府的官租收入亦有大幅度的增長。如按畢仲衍《中書備對》所言，元豐時，兩浙有官田 96442 畝，職田 171376 畝，合計 267818 畝。江東有官田 784431 畝，職田 88850 畝，合計 873281 畝。〔註15〕南宋端平以後，平江府常熟縣有諸色官田（包括職田）200800 畝，其中以圍田、沙田、塘塗田和積水菱蕩田等水利田名目列人版籍的，即達 6 萬餘畝。〔註16〕淳祐以後，崑山亦有各色官田（包括職田）20 萬畝以上。其中僅以圍田和沙田名目列入版籍，按「圍田每畝四斗，……沙田……每畝三斗」的租額計算，即有 17 萬畝之多。〔註17〕可見隨著水利田大量開發成田，南宋中葉以後，僅平江府二縣官田之數即已遠遠超過元豐時兩浙在官之田的總數。又乾道時，江東僅建康、寧國、太平、池州四地隸常平轉運司的官圩田即達 79 萬餘畝。〔註18〕如加上沙田等別類官田（景定時，僅建康府一地即有沙田 16 萬餘畝），〔註19〕和其他州軍的官田，其數必遠高於元豐之數。水利田的開發使南宋政府從浙西、江東地區所取得的官租收入遠高於元豐時。

二、水利田在政府田賦收入中的地位

從水利田開發的結果來看，浙西和江東的水利田構成了宋政府田賦收入的重要來源。北宋時，「京師漕米多出東南，而江浙居其大半。中興以來，浙西遂為畿甸，尤所仰給」。〔註20〕政府「軍儲歲計，多仰浙西，而平江湖秀之產，倍於他郡」。〔註21〕水利田集中的浙西和江東，尤其是南宋時水利田最為密集的浙西的太湖平原，是宋政府軍儲歲計的重要來源。

上述田賦所入主要取諸秋苗和官租。先就北宋的太湖平原而言。熙寧中，

〔註14〕《宋史》卷四五《理宗五》。
〔註15〕《文獻通考》卷四《田賦考四》，《宋會要輯稿‧食貨》六一之七〇。
〔註16〕《琴川志》卷六《版籍》。
〔註17〕《玉峰志》卷中《官租》。
〔註18〕《宋會要輯稿‧食貨》一之四四、四五。
〔註19〕景定《建康志》卷四一《沙祖》。
〔註20〕《後樂集》卷一三《論圍田箚子》。
〔註21〕《建炎以來繫年要錄》卷五四紹興二年五月庚辰條。

郟亶指出，蘇州水田多而稅重，旱田少而稅輕」。〔註22〕政和中，趙霖又說，平江水田，以低為勝。在低鄉田圩未壞時，蘇州賦入，多出於低鄉。〔註23〕水利田（尤其是地勢低下的水利田）是蘇州賦入的主要來源。太湖平原其他地區應與此大致相同。

又就南宋後期的太湖平原而言。試以崑山、常熟和崇德為例，三縣農田（包括官田）基本上均由水利田構成，秋苗、官租亦基本出自水利田。內常熟墾田2419892畝，官田200800畝，〔註24〕崇德有田地1038518畝，內官田地10397畝。〔註25〕官田及官田地分別占各該縣墾田和田地總數的8.3%與1.0%，均高於元豐時兩浙官田、職田267818畝，占墾田總數36247756畝0.7%的水平。〔註26〕崑山按淳祐七年（1247）以後，官租「圍田每畝四斗，營田、沙田、投買常平田每畝三斗」計，上述四項官田租米分別為67293石、18180石、1444石和1710石，即達24萬多畝，〔註27〕官田總數已超過常熟端平時之數。按淳祐時崑山秋苗59847石，〔註28〕端平以後常熟秋苗72561石，〔註29〕即崑山墾田數不高於常熟分析，崑山官田在墾田總數中所佔比重不會低於常熟，亦高於元豐時兩浙的水平。景定回買公田後，三縣及太湖平原的官田數又有較大增加，如崑山一縣所買即達「口十口萬口千口百一十畝」。〔註30〕官田在墾田總數中所佔比重亦應有大幅度的增長。

值得注意的是，三縣官田中地勢低下的水利田佔有相當大比重。如常熟圍田、沙田、積水菱蕩田和塘塗田合計62558畝，崇德圍田計3600畝，僅以上述名目列入版籍的地勢低下的水利田，即分別占各該縣官田和官田地總數的1／3上下。崑山僅在官之圍田和沙田即達173045畝，〔註31〕地勢低下的水利田在官田中所佔比重遠不止1／3。官田又多集中於地勢低下的地區。如常熟9鄉50都中，僅地勢低窪的雙鳳鄉第三十五、第三十九、第四十、第四十

〔註22〕《吳郡志》卷一九《水利上》。
〔註23〕《吳郡志》卷一九《水利下》。
〔註24〕《琴川志》卷六《版籍》。
〔註25〕康熙《石門縣志》卷二《賦役》。
〔註26〕《文獻通考》卷四《田賦考四》，《宋會要輯稿·食貨》六一之七○。
〔註27〕《玉峰志》卷中《官租》。
〔註28〕《玉峰志》卷中《秋苗》。
〔註29〕《琴川志》卷六《版籍》。
〔註30〕咸淳《玉峰續志》《官租》。
〔註31〕《玉峰志》卷中《官租》。

二和第四十三都，即有官田 101435 畝以上，擁有全縣官田的一半以上，其數約占 5 都農田總數 476961 畝的 21%，〔註32〕遠高於全縣的平均水平 8.3%。

官田在墾田總數中所佔比重雖不大，其租入卻構成了政府秋苗、官租收入的重要（甚至是主要）組成部分。如崑山嘉定以後額管秋苗 59847 石，淳祐以後為 54457 石，〔註33〕官租卻高達 98249 石。〔註34〕其中僅圍田一項官租即為 67293 石，便已超過秋苗總額，約占官租總數的 68%。又如景定回買公田前，崇德每年淨催苗米 32244 石，〔註35〕官租米達 7162 石，官租為秋苗的 22%。回買公田後，官租驟增。按元初至元間，崇德額管米 49288 石，歲減公田二分米 5276 石計，〔註36〕公田租米即達 26380 石，相當於額米總數的 53.5%。可見到南宋末，取諸水利田的官租已構成太湖平原政府田賦收入的主要來源。

復就南宋的丹陽湖平原而言。太平州「圩田十居八、九」，耕地絕大部分由水利田組成。其中當塗縣紹熙時管官圩 55 所，內廣濟官圩紹興時圩岸長 93 里。〔註37〕蕪湖僅萬春官圩即有田 12.7 萬畝。官田在農田總數中占相當大比重。按景定《建康志》卷四○《田數》所載，建康府上元縣官田 115527 畝（沙田 112026 畝），占該縣農田總數 735431 畝的 15.7%。江寧官田地 57989 畝（沙田 44310 畝），占該縣地總數 507426 畝的 11.4%。溧水官田地 5030 畝，如加上永豐圩的 7 萬畝官圩田，〔註38〕官田在該縣田地總數 296139 畝中所佔的比重必定大於上元和江寧。三縣官田所佔比重既均大於溧陽的 1.6%（該縣 28776 畝官田均為圩田）和句容的 1.2%（該縣 12336 畝官田地中沙田地占 4632 畝），又均大於元豐時江東官田、職田 873281 畝，約占全路墾田總數 42160447 畝 2.1%的水平〔註39〕。寧國府僅宣城、南陵二縣有圩田。〔註40〕官田集中於有圩田分布的二縣。按嘉慶《寧國府志》卷一六《田賦》上所載，宣城官田全係圩田，其數達 172600 畝，占該縣墾田總數的 12.3%。南陵官田 39165 畝，

〔註32〕　《琴川志》卷二《鄉都》。
〔註33〕　《玉峰志》卷中《秋苗》，咸淳《玉峰續志》《稅賦》。
〔註34〕　《玉峰志》卷中《官租》。
〔註35〕　康熙《石門縣志》卷二《賦役》。
〔註36〕　至元《嘉禾志》卷六《賦稅》。
〔註37〕　《宋會要輯稿‧食貨》六一之一三六、一一二。
〔註38〕　《南澗甲乙稿》卷二《永豐行》。
〔註39〕　《文獻通考》卷四《田賦考四》，《宋會要輯稿‧食貨》六一之七○。
〔註40〕　《宋會要輯稿‧食貨》六一之一一八。

占該縣墾田總數的 6.7%。按上所述，在南宋的丹陽湖平原，官田集中分布於地勢低下的水利田較多的縣份。在官田中，地勢低下的水利田亦居多數。

　　隨著水利田的大量開發和官田的不斷增加，到南宋時，取諸圩田、沙田等低田的秋苗和官租已構成丹陽湖平原政府田賦收入的重要來源。紹興初，按三省所言；「宣州、太平州圩田歲入租課浩瀚。」乾道六年（1170），姜銑指出：「寧國府、太平川兩郡，惟仰圩田得以供輸」。〔註41〕嘉定十四年（1221），岳珂指出，太平、寧國二地，「山圩田相半」，〔註42〕僅圩田即占農田總數的一半，兩郡田賦大部分取自於水利田。又景定時，建康府沙田、沙地歲納官租米 42447 石，吳府沒官圩田歲納租米 13778 石，福賢、泰豐二官莊共管圩田 28776 畝，〔註43〕永豐官圩歲納租米 3 萬石，〔註44〕僅此幾項官租米，即達 10 萬石上下，與紹興十五年（1145）以後全府上供米歲額 11 萬石已相去無幾，〔註45〕大致相當於全府苗米總數 199017 石的一半左右。〔註46〕

　　由上所述，可知在水利田密集地區，無論在全部農田還是在官田中，水利田均占頗大比重。無論就秋苗抑或就官租而言，水利田在政府田賦收入中均佔有極重要的地位。顯然，宋代浙西和江東水利田的大規模開發應是這一地區官田和政府田賦收人大量增加的重要原因。

三、水利田開發與政府田賦收入的構成和管理體制的變化

　　在宋代的浙西和江東，隨著水利田的不斷開發，政府從水利田中所取得的田賦收入的來源和結構，以及拘收、管納和分配體制也都發生了相應的變化。

　　北宋熙寧以前，開發所成的水利田多為稅田，政府從中所取得的主要是二稅。其稅租由轉運司拘催，歸三司管納支配。至道至元豐間，北宋墾田從 31252 萬畝增至 46165 畝，增幅為 47.7%。元豐時，兩浙在官之田約占墾田總數的 0.7%；江東在官之田約占墾田總數的 2.1%。諸路熙寧以前開發的農田，包括水利田，絕大部分為民田和稅田。如按前所述，隨著水利田的不斷開發，

〔註41〕《宋會要輯稿‧食貨》六一之一〇七、一一九。
〔註42〕景定《建康志》卷二三《平糴倉》。
〔註43〕景定《建康志》卷四〇《田數》，卷四一《沙租》、《圩租》。
〔註44〕《文獻通考》卷六《田賦考六》。
〔註45〕《宋會要輯稿‧食貨》三五之三七。
〔註46〕景定《建康志》卷四〇《稅賦》。

蘇州墾田雍熙前後最多只有 105～140 萬畝，景祐時，「出稅」之田即有 340 萬畝。其秋稅苗米國初才十七、八萬石，熙寧三年（1070）以前已增至三十四、五萬左右。

　　熙寧至崇寧間，江南興修的水利田仍以民田居多。如熙寧三年至九年，諸路共興修水利田 36117888 畝，內原係官地者僅 191530 畝。當時兩浙、江東分別興修水利田 10484842 畝和 1070266 畝，均非開發官地而成。〔註47〕政府從中所取得的是稅而非租。

　　值得注意的是，這一時期水利田的稅租不再由漕司、三司拘管和支配。熙寧三年，神宗「以常平新法付司農寺，……而農田水利、免役、保甲等法悉自司農講行」。〔註48〕七年，宋政府規定：「興修水利，宜令司農寺置簿拘管」。〔註49〕又按王應麟所說：「神宗始分天下之財以為二司，轉運司獨用民常賦與州縣酒稅之課，其餘財利悉收於常平司」。〔註50〕元豐改制後，常平、司農之財悉歸戶部右曹。在此之前，如熙寧三年以前蘇州三十四、五萬石的稅米歲額，和元豐三年（1080）34.9 萬石的苗斛，〔註51〕僅指漕司和三司的催收之數，而不包括熙、豐時興修的水利田的歲入。在此之後，如元符時蘇州 60 萬石的秋賦歲額，則已包含開發水利田所增之收入。這一時期開發的水利田的收入先後由司農、常平和戶部右曹拘管，係受朝廷支配的宰相之財。

　　崇寧至靖康間，江南興修開發的水利田中官田所佔比重劇增。如政和、宣和年間，宋政府在江東沿江一帶大舉興修「自古江水浸沒膏腴田」，其數以百萬畝計，並「許人戶請佃」。〔註52〕內有田 9.5 萬畝的永豐官圩即係此時修成。又宣和初（1119），浙西大水，農田多沒。八月，農田所奏：「浙西平江諸州積水減退，欲委官分詣鄉村，檢視露出田土，惟人戶見業，已納省稅不括外，其餘逃田、天荒田、草葑菱蕩及湖泊退灘、沙塗等地，悉標記置籍，召人請射種植」，「實封投狀，添租請佃」，「視鄉例拘納租課」。奏上，朝廷即「從之」。〔註53〕當時，宋政府曾大規模地推行這種召佃開發的辦法。如宣和元年

〔註47〕《宋會要輯稿‧食貨》六一之六八、六九。
〔註48〕《宋史》卷一六五《職官五》。
〔註49〕《宋會要輯稿‧食貨》六一之一〇一。
〔註50〕《玉海》卷一八六《宋朝三司使》。
〔註51〕《吳郡志》卷一《戶口稅租》。
〔註52〕《宋會要輯稿‧食貨》六一之一〇四。
〔註53〕《文獻通考》卷七《田賦考七》，《宋會要輯稿‧食貨》一之三三。

十月，徽宗令趙霖圍裹常湖和華亭淞為田，「措置召租，限一季了當」。〔註54〕浙西、江東的官田因此而有很大的增加。

　　值得注意的是，這些官田及其收入多直隸御前。如宣和時浙西召租興修之水利田，其租「樁充御前錢物，專一應奉御前支用，置局提舉」，〔註55〕「部使者且自督御前租課」。〔註56〕江東興築之官圩田亦是如此。如永豐圩即是由徽宗賜予蔡京。馬端臨云：「圩田、湖田多起於政和以來，其在浙間者隸應奉局，其在江東者，蔡京、秦檜相繼得之」。〔註57〕可見崇寧以後江南興修的水利田多係官田，其收入多直接由皇帝支配。南宋建炎至開禧年間，江南興修的水利田既有民田，也有官田。其田及其稅租大多由州縣、監司和戶部拘管、支配，並以圍田、圩田和沙田等名稱出現和列入簿籍。

　　先就浙西的圍田而言。乾道，淳熙年間，宋政府先後下令禁止請佃積水草蕩，不許給據與官民戶及寺觀買佃江湖草蕩，圍築田畝。〔註58〕嘉泰時，留佑賢等人在浙西開掘圍田，其圍「除曾納錢請買，許將元產地管業別作營生，不得圍裹成田。其他白狀作常平沒官產、學糧、職田等色請佃者，並行追索元給公據，入官毀抹」。〔註59〕可見當時圍田分作請買和請佃之田二類。乾道二年（1166），孝宗「詔平江、湖、秀三州已開掘圍田，稅賦即行除放，將經界後圍田今來不經開掘者，……並依省則，紐立合起稅色，保明申州，類聚申省部，隨稅起理」；淳熙五年（1178），宋政府規定：「浙西州縣人戶自今於積水官荒田內種植稻苗，許經官陳訴畝步，起理二稅」。〔註60〕據此可知，乾道二年以前及淳熙五年前後開發的圍田等水利田多為民田，其稅賦大多由州縣拘收，隸屬戶部系統。

　　當時，係官圍田多由常平司掌管、如淳熙十六年，浙西所管「沒官田產及常平圍田已籍在進冊者，……所得租課，專充老疾貧乏（乞）丐等人支遣」，由倉司支配；慶元二年（119G），宋政府採納袁說友等人建議，下浙西倉司，委官檢查、開掘創圍之田。〔註61〕嘉泰時，宋政府採納留佑賢等人建議，下

〔註54〕《吳郡志》卷一九《水利下》。
〔註55〕《文獻通考》卷七《田賦考七》，《宋會要輯稿·食貨》一之三三。
〔註56〕《宋史》卷一七四《食貨上二》。
〔註57〕《文獻通考》卷六《田賦考六》。
〔註58〕《後樂集》卷一三《論圍田箚子》。
〔註59〕《宋會要輯稿·食貨》六一之一四三。
〔註60〕《宋會要輯稿·食貨》七〇之五七、六之二七。
〔註61〕《宋會要輯稿·食貨》六一之四一、一三八。

浙西倉司，追索作常平沒官、學田和職田等名色請佃的圍田公據，入官毀抹，並「嚴飭浙西提舉官及守令，今後不得輒行開請佃公據」。〔註62〕又按衛涇所說，乾道、嘉泰之間，浙西圍田之租「不係省額，州縣得以移用」。〔註63〕可見當時官圍田收入部分歸常平司，部分歸學校和地方官，州縣得以移用，大多歸地方政府支配。

　　復就江東的圩田而論。南宋初，江東沿江一帶圩田、沙田大多殘破荒廢。當時，政府按逃絕閒田，自合立租，召人請佃的條法和慣例，一再募民修圩佃耕，將其修復成田。〔註64〕紹興三年（1133），宋政府規定；「應有官圩田州縣，通判⋯⋯，知縣⋯⋯，每歲不得使有荒閒，委監司以舊額立定租稻，石斗盡收，以充軍儲」。〔註65〕又乾道五年1169），宋政府規定：「江南東路州縣有常平轉運司圩田，⋯⋯建康、寧國府、太平、池州所管圩田共七十九萬餘畝，⋯⋯令建康、寧國府、太平、池州將每歲收到圩田租苗米並起發，赴總領所大軍倉送納，充支遣大軍糧米」。〔註66〕據此可知，南宋前期江東官圩田多隸州縣、監司，其租苗米由州縣、監司拘收，以充軍糧。

　　最後就沙田來說。紹興二十八年（1158），宋政府置提領官田所，掌浙西、江東、淮東三路沙田、蘆場租課，其租「不隸戶部」。〔註67〕乾道初，宋政府將沙田、蘆場分作己業和官產二類，將未立稅額的請買之己業立稅，將租佃之官產立租。〔註68〕三路沙田、蘆場登記入籍者達280萬畝。乾道六年，「共管租錢六十萬七千七十餘貫」，拘催起發「赴左藏南庫交納」。〔註69〕「南庫移用，皆自朝廷，非若左帑，直隸版曹為經費也」。〔註70〕乾道八年，宋政府罷提領官田所，減其所催沙田、蘆場之稅租，並歸之戶部。〔註71〕如鎮江官沙莊沙田，「自乾道庚寅（六年），始立新額。越二年，郡守宋晲為列於省，而

〔註62〕《宋會要輯稿・食貨》六一之一四三。
〔註63〕《後樂集》卷一三《論圍田箚子》。
〔註64〕《宋會要輯稿・食貨》一之三五、三六，二之七，六一之一〇七。
〔註65〕《宋會要輯稿・食貨》一之三六。
〔註66〕《宋會要輯稿・食貨》一之四四、四五。
〔註67〕《宋史》卷一七三《食貨上一》。
〔註68〕《宋會要輯稿・食貨》一之四三，《建炎以來朝野雜記》甲集卷一五《都下馬料》。
〔註69〕《宋會要輯稿・食貨》一之四五。
〔註70〕《建炎以來朝野雜記》甲集卷一七《左藏南庫》。
〔註71〕《宋會要輯稿・食貨》五二之二〇、二一。

蠲免其半,歲納三百九十貫文」。〔註72〕乾道八年以後,沙田的開發往往使地方政府獲益匪淺。如慶元三年(1197),知鎮江府事萬鍾將寺僧陰占沙田和豪民兼併蘆地「屬之郡,每歲樁管儲之」,以助學費。〔註73〕

由上所述,建炎至開禧間開發的水利田中,民田占很大份量,其稅隸戶部,官田則多隸州縣、監司和戶部。只有在紹興二十七年至乾道八年之間,江浙淮三路沙田、蘆場方直隸官田所,租錢歸朝廷支配而不隸戶部。當時宋政府又大量出賣江南官田,屬於出賣之列的包括這一時期內興修的各種水利田,「其錢輸左藏南庫別貯之」,〔註74〕亦為朝廷之財。

嘉定至德祐間,江南興修開發的水利田多為官田,且大多直屬某些特設機構,收入直接歸朝廷支配,而不是受州縣、監司和戶部支配。更有甚者,在此之前開發屬於民產之列的水利田,和原隸州縣、監司和戶部的水利田,亦被大批撥歸這些特設機構。茲分別敘述如次。

嘉定元年(1208),宋政府「捐所籍權倖田宅及其他沒入之產,與圍田舊隸於官者,總歲收之數,受而藏之,名安邊所」。先後以御史、版曹或都司、寺監官和畿漕領其事。〔註75〕開禧以後,浙西已開掘圍田得以復圍成田。按嘉定二年許奕等人所言,復圍之田分官產、己產二種。〔註76〕當時,新圍之田多隸安邊所。如嘉定十四年至十六年,「丘壽雋為畿漕,復令民納一券得圍一畝,而安邊所籍此為常賦矣」。〔註77〕除安邊所外,開發所成的水利田又多分隸州縣、監司和總領所。如崑山官田中,「朝籍圍田」即隸安邊所。「版帳圍田」先隸縣,後隸淮東總所。「草蕩圍田、營田、沙田、沙地、塗田」則隸倅廳。另有不少水利田又以沒官田、常平田和投買常平田的名目分隸憲司、倉司和平江府。〔註78〕端平時,朝廷下令許官民戶承佃經理浙西已開決未修復之圍田。〔註79〕當時,安邊所復取漸西臬司和諸郡倅貳所掌之課,自督歲輸。〔註80〕圍墾開發所得和原隸州縣、監司之水利田,又大量歸屬安邊所。

〔註72〕至順《鎮江志》卷一一《學校》。

〔註73〕至順《鎮江志》卷一一《學校》。

〔註74〕《宋史》卷一七三《食貨上一》。

〔註75〕《蒙齋集》卷一四《安邊所公宇記》。

〔註76〕《宋會要輯稿·食貨》六之三一。

〔註77〕洪武《蘇州府志》卷三《水利》,咸淳《臨安志》卷五〇《兩浙轉運》。

〔註78〕《玉峰志》卷中《官租》。

〔註79〕《宋史全文》卷三二端平二年八月。

〔註80〕《蒙齋集》卷一四《安邊所公宇記》。

其收入始充「行人金繒之費」，後則移作「軍費邊用」。〔註81〕淳祐七年（1247）
至十年，安邊所田曾一度隸田事所。咸淳四年（1268），安邊所收入被「撥隸
封樁所」，「以都司提領」。〔註82〕

　　淳祐七年，「尚書省置田事所」，〔註83〕將「一應天下沙田、圍田、圩〔田〕、
沒官田等並行撥隸本所」，「仍辟官分往江浙諸郡打量圍築」。〔註84〕當時，崇
德「屬提領田事所拘催」的有「圍田米」、「營田米」、「營地米」和「圍蕩錢」
等。〔註85〕崑山撥隸田事所的則有舊隸安邊所、總所和憲、倉二司、平江府
的圍田、營田、沙田、沙地、塗田、常平田、投買常平田、沒官田、圍蕩、營
蕩，以及當時所增的「新、續改正兩項圍田」。其田納租米，蕩、地則納租錢。
〔註86〕在江東的建康，原由縣收其租的沙田、茭蕩、蘆場等在撥隸田事所後，
「縣不得有其租，而隸之總領所」。〔註87〕淳祐九年，史宅之死，田事所遂罷。
其租或隸安邊所，〔註88〕或隸總領所。〔註89〕田事所田中有大量淳祐七年以
前或以後圍築開發的水利田。

　　景定四年（1263），宋政府在平江、安吉、嘉興、常州、江陰和鎮江回買
公田350萬畝，設提領官田所，「以都司提領」。〔註90〕其始以州縣主管。後
設四分司，差職事官分司各州任其事。始差莊官催運。繼改上戶承佃，又置
催租官以為屬。後俾憲臺兼同提領官田所，遂省分司及催租官，而撥還各
郡。〔註91〕主要買自水利田密集地區的公田中，亦包含大量宋代興修開發的
水利田。

四、小結

　　綜上所述，可知隨著宋代江南水利田的不斷開發，水利田中在官之田的
比重不斷增加，在官之田中隸屬於朝廷和御前部分的比重亦不斷增大。水利

〔註81〕《宋史》卷一七三《食貨上一》。
〔註82〕咸淳《臨安志》卷八《省所》。
〔註83〕《玉峰志》中《官租》。
〔註84〕稗海本《癸辛雜識・別集》下《史宅之》。
〔註85〕康熙《石門縣志》卷二《賦役》。
〔註86〕《玉峰志》卷中《官租》。
〔註87〕景定《建康志》卷四一《沙租》。
〔註88〕稗海本《癸辛雜識・別集》下《史宅之》。
〔註89〕《玉峰志》卷中《官租》。
〔註90〕咸淳《臨安志》卷八《省所》。
〔註91〕咸淳《玉峰續志》《官租》。

田的田賦收人開始主要以二稅的形式歸三司和戶部拘收支配,以後逐漸通過官租的形式,以越來越大的比重成為朝廷和御前之財,官租最終構成了宋政府浙西和江東田賦收入的重要組成部分。

值得注意的是,水利田的大規模開發帶來了宋代浙西和江東農業的繁榮發達和國民收人的大幅度增長,可是,這些大量增加的收入卻未能被充分用於擴大再生產,用來推動這一地區農業和經濟的進一步繁榮,而是被大量用於餉軍和維持政府與皇室的開支。這一方面加強了宋政府(尤其是中央政府)的力量和地位,使專制主義中央集權的體制得以維持不墜,並使南宋政權在金軍和蒙古軍的進攻面前能在較長時期內保衛長江以南地區免受其蹂躪,使南宋社會經濟和文化的繁榮得以長期延續。但另一方面,這種田賦苛重格局的形成和發展,又使江南乃至整個長江以南地區的經濟與社會,在十九世紀中葉以前始終未能由量變而至於質變,出現高速發展的局面。

第十二章 太湖地區田圩之制的起源和發展

明清時，在蘇松杭嘉湖地區水網平原地帶，存在著一種以圩或圍為基本單元的農田水利和賦稅體制。

明人吳岩指出：「浙西之田，高下不等，隨其多寡，各自成圍」。〔註1〕「大凡田之周遭，沿河築岸，中為圩田」。〔註2〕各縣田地多由四周由河水和田岸所包圍的無數圩或圍組成。當時杭州水網平原地帶，「田圩之制，諸縣皆同，明時每區各設耆老數人掌之」。錢塘有田圩426所，仁和有685圩，海寧有97圩。餘杭有53圩，其餘諸縣則多不著錄圩名。〔註3〕各縣田圩或稱「草田圩」、「張家圩」等，〔註4〕或以千字文命名。如海寧縣十二都有「帽」字等圩49所，十三都有「臣」字等圩13所。〔註5〕

嘉興府海鹽縣「田間形勢，以四圍通水為一圩」。〔註6〕該縣「向有田圍」，〔註7〕明時計161圩。其餘各縣亦所在多有。其中嘉興359圩，秀水604圩，嘉善665圩，平湖140圩，崇德203圩，桐鄉172圩。〔註8〕以崇德為例，諸

〔註1〕《農政全書》卷十四《東南水利》中《興水利以充國賦疏》。
〔註2〕嘉慶《松江府志》卷十一《水利》《濬築河圩公移》。
〔註3〕光緒《杭州府志》卷五十四、五十五、五十六《水利》。
〔註4〕萬曆《錢塘縣志・紀疆・里陌》。
〔註5〕嘉靖《海寧縣志》卷一《水利》。
〔註6〕光緒《海鹽縣志》卷九《田土》。
〔註7〕同上書卷六《水利》。
〔註8〕光緒《嘉興府志》卷二十九《水利》。

圩皆以千字文為號，分隸某鄉某都某圖。〔註9〕

　　湖州府田圩亦為數頗多，其圩「近水澤者則置焉，」多位於水網地區。明初《吳興續志》「敘田圍」之目云：「本府地多陂澤，常畏水勢，故田圍堤防，視為至重」。「今以六縣田圍之數附於編。」其中烏程3114圍，歸安1715圍，德清980圍，武康201圍，長興867圍，安吉18坽。全府共計圍、土坽6895所。〔註10〕按《西山日記》卷上《日課》所載，明代湖州府水田各區每圩皆立碑，「上刻某字圩，共田若干畝」等字。

　　蘇州府吳縣、長洲和太倉均以鄉領都，以都領圖，以圖統圩。每圩均按千字文排列。〔註11〕吳江鄉轄都，都下設保或圖，保、圖統圩，圩以千字文命名。〔註12〕崑山「凡田區以領圖，圖以領圩，圩以字拆，號以數編」。〔註13〕嘉定之田分隸某鄉某都和某圩，每圩亦以千字文為號。〔註14〕

　　松江府上海縣等地，「田有字圩號數」。〔註15〕按乾隆《華亭縣志》卷一《鄉都》、卷二《冢墓》和上海《法華鄉志》所載，松江之田亦按某縣某鄉某保某區某圖某字圩某號田劃分，圩均以千字文命名。如11保1圖「翔」字圩，10保2區13圖「霜」字圩之類。

　　由上所述，可知明清時太湖水網平原地區的田圍是四周通水，沿河有堤岸的農田單位。每圍在地形上與外界隔開，各有其內部的聯繫和共同的利害關係。如斗門的啟閉和防洪搶險，均需全圩協同一致。大水之際。堤岸一旦潰決，即全圩沉沒。所以當時各圩多設圍長，「每歲區各以糧長正副一人督圍長興工茸之」。〔註16〕這樣的每一圍實際上還是一農田水利的基本組織。當時「圩以字拆，號以數編」。即圩按千字文編次，圩內之田按數字排列。這種結構使「田有定數，賦有常額」。流水冊、魚鱗圖因斯而定，〔註17〕每圩就又成為一個交納賦稅的單元。顯然，這一時期的田圩完全可以說是一種農田、水利和賦稅合一的基本單元。

〔註9〕康熙《石門縣志》卷一《封域》。

〔註10〕見《永樂大典》卷二二七七《湖州府‧田賦》所引《吳興續志》。

〔註11〕同治《蘇州府志》卷二十九《鄉都》、宣統《太倉州志》卷七《賦役》。

〔註12〕乾隆《吳江縣志》卷三《鄉都圖圩》。

〔註13〕《吳都文粹續集》卷二十七《楊侯清理田賦記》。

〔註14〕萬曆《嘉定縣志》卷一《鄉都》。

〔註15〕同治《上海縣志》卷五《田畝》。

〔註16〕光緒《海鹽縣志》卷六《水利》。

〔註17〕《吳都文粹續集》卷二十七《楊侯清理田賦記》。

這種「田圩之制」創自明清之前。明正德年間，王應鵬指出：嘉定「圩田之制，古有舊本，畝數可稽，號段可查，歲久泯滅」。〔註18〕光緒《杭州府志》卷五十四《水利》認為「田圩創自前代，莫詳所始」。「創自前代」，符合事實。「莫詳所始」則未必。因為田圩之制實始自宋代。

北宋熙寧年間，崑山人郟亶指出，古時「田各成圩，圩必有長。每一年或二年，率逐圩之人，修築堤防，濬治浦港。」其時，「人戶各有田舍，在田圩之中」。而熙寧時，崑山富戶，亦「田舍皆在田圍之中」。〔註19〕可見在熙寧及熙寧以前，田圩即已存在。

不過，當時各圩并不按千字文命名，而是被稱作「野鴨段、大泗段、湛段、及和尚圍、盛熟圍之類」，〔註20〕亦無舊本、畝數、號段可查。所以，嚴格地說，按鄉、都、圩、號劃分，以千字文為號的田圩之制並非產生於北宋中葉或北宋中葉以前。它大致肇始於北宋末年，形成於南宋之時。

北宋徽宗宣和元年（1119），浙西連年大水，農田大量被淹。水退後，宋政府趁亂打劫，派員赴鄉村括占田地，將所謂「遠年逃回、天荒田、草葑茭蕩及湖泊退灘、沙塗等地，並打量步畝，立四至、坐落、著望、鄉村，每圍以千字文為號，置簿拘籍」，招人承佃。〔註21〕如當時，趙霖即曾在平江府組織民戶，築圩圍裏積水荒地。〔註22〕隨著上述「遠年逃田、天荒田」等不斷被開墾成田，太湖平原一帶就出現了大量以某字圍為名的農田。

南宋紹興年間經界，諸縣「圖寫圩畝，選官按覆」。〔註23〕當時太湖平原宣和時已墾之田，宣和以來所闢以千字文為號的某字圍田地，以及經界前圍裏湖蕩等所成之圍，均按千字文立定字號，按鄉、都或鄉、保編定。如紹興二十八年（1158），有人將農田204畝舍入澂山普光王寺，其田即坐落在華亭縣修竹鄉43都，分屬係字33號至55號。〔註24〕又如慶元至開禧年間，平江府學碑刻所列學田，亦基本上按某縣、某鄉、某都（或某保）、某字（或某字湄，即某字圍）、某號（或某坵）排列。其中長洲縣陳公鄉25都坐字3號

〔註18〕光緒《嘉定縣志》卷三《賦役沿革》。
〔註19〕《吳郡志》卷十九《水利上》。
〔註20〕《吳郡志》卷十九《水利上》。
〔註21〕《宋會要輯稿·食貨》一之三一、六三之一九五、《文獻通考》卷七《田賦考七》。
〔註22〕《吳郡志》卷十九《水利下》。
〔註23〕《文獻通考》卷五《田賦考五》。
〔註24〕《金石萃編》卷四九《微山港光王寺舍田碑》。

苗田，〔註25〕儒教鄉 11 都發字 3 號苗田等，〔註26〕恐即宣和時已墾之田。崑山新安鄉 48 保霖字渭第 1 號田等。當係宣和以來所闢以千字文為號之田。崑山朱塘鄉第 5 保夙字號蕩田，應是經界前圍墾草蕩所成之田，〔註27〕亦即袁說友所言，「曾經紹興十三年（1143）經界立定字號」的圍田。〔註28〕此外，經界後圍墾和未開闢的湖蕩、低地則多未按千字文編號。如常熟開元鄉 24 都錢曹渭，歸政鄉 48 都渭田，端委鄉 17 都、南沙鄉 14 都泛漲江塗田，崑山全吳鄉第 5 保菱蕩、學田下腳泛漲灘塗及未圍裏田，春申鄉 34 都柴場田段，全吳鄉學田下腳草蕩等即是如此。〔註29〕在上述田地中，按某字渭命名的並不多。可見在慶元至開禧年間的平江府和嘉興府等地，田圩之制還沒有形成。

端平元年（1234），趙與出守嘉興。為「整圖籍，寬賦斂，」他委派楊瑾清理華亭縣田籍。楊分任鄉官 137 人，「每都甲首，鄉官擇之，每圍清冊，甲首筆之。」共任甲首 8881 人。全縣從圍至保和鄉，一層層清理田籍。「始於圍，合於保，而成於都。」其籍「自畝之圍，則有歸圍簿；自圍之保，則有歸保簿；自保之鄉，則有歸鄉簿；自鄉之縣，則有都頭簿。田不出圍，稅不過鄉」。〔註30〕這樣，到端平二年，在華亭縣就形成了由 13 鄉、54 保和數以千百區圍所構成的田圍之制。〔註31〕如按嘉熙元年（1237）華亭學田碑所載，華亭縣學所有的田、地、柴蕩、草地、蕩等就是完全按某鄉某保某字圍的體系來排列的。〔註32〕

不過，從端平至淳祐年間，平江府、安吉州等地尚未形成如華亭那樣的田圍體系。端平二年，常熟縣也曾舉行過經界。但全「縣五十都，都千保。其履畝而書也，保次其號，為核田籍，號模其形，為魚鱗圖」。〔註33〕其田按鄉、都、保、號劃分。按《江蘇金石志》卷十六《平江貢士莊田籍記》所

〔註25〕《江蘇金石志》卷十三《吳學續置田記一》。

〔註26〕同上書卷十三《吳學續置田記二》。

〔註27〕同上書卷十二《吳學糧田籍記二》。

〔註28〕《宋會要輯稿‧食貨》六一之一三九。

〔註29〕同上書卷十三《吳學續置田記二》。

〔註30〕正德《松江府志》卷六《華亭縣修復經界記》、《經界始末序》，嘉慶《松江府志》卷二十《修復經界本末記》。

〔註31〕正德《松江府志》卷六《便民省箚》。

〔註32〕《江蘇金石志》卷十四《華亭縣學田記》。

〔註33〕《琴川志》卷十二《常熟縣端平經界記》。

載，淳祐二年（1242）和三年，平江府學田亦皆按縣、鄉、都、字、號劃分。
如長洲縣金鵝鄉 15 都知字 35 號苗田，常熟縣雙鳳鄉 42 都致字 17 號田，長
洲縣武丘鄉 6 都興字 55 號田，吳江縣久詠鄉 28 都珀字號田之類。此外，嘉
熙元年（1237）舍入南潯報國寺的田地，則僅有一部分分隸惶字三圍，和堀
壚村祀字一圍、嗣字三圍。〔註 34〕可見當時上述各地農田尚未完全按圍或圩
劃分。

　　從淳祐至咸淳年間，是太湖地區田園之制大體形成的時期。

　　淳祐十一年（1251），嘉興府舉行經界。〔註 35〕當時嘉興下轄華亭、嘉興、
崇德、海鹽四縣。其中崇德「宋縣十有二鄉，為都三十一」，每鄉每都的田和
地均「以千字文為圍以別之，」每圍「大者數千畝，小亦數百畝」。〔註 36〕「自
天字至逼字，內兼重字，共七百二十六圍」。〔註 37〕「而宋志云：『支港縱橫
分布，迴環七百圍之間』」。〔註 38〕全縣田地已被納入鄉、都、圍這一田園體
系之中。其時崇德有田地 103 萬畝，包括圍田 3600 畝，圍蕩 838 畝。〔註 39〕
南宋淳祐七年以前，浙西一帶圍田每畝納官租米 2 斗。淳祐七年以後，圍田
畝租 4 斗，圍蕩每畝納錢 1 貫，租隸田事所。淳祐十年，又將隸屬田事所的
圍田、圍蕩、沒官田等撥隸淮東總領所。寶祐元年（1253）以前，宋廷又將舊
隸安邊所之田「撥歸本所」。〔註 40〕由上述崇德圍田官租米 1479 石，圍蕩官
租錢 838 貫，即畝租米 4 斗、畝租錢 1 貫，以及沒官田租米肆入總所，二入
京庠，一入憲臺，圍田、圍蕩等「捌項」租和職回租「截撥貳分」，「補充本縣
解發支遣，其餘捌分米仍隸元撥所自行拘催，〔註 41〕可知上述有關崇德田園
的記載當出自淳祐十年至寶祐元年之間。又崇德縣志始編於宋淳祐十一年，
名《語溪志》。此後，一直到明正德年間，才有人續修。因此，以上所引之「宋
志」，即是《語溪志》。有關崇德田園的材料係引自淳祐十一年編修的《語溪
志》。〔註 42〕顯然，上述記載所敘述的田圩之制當形成於淳祐十年後不久，即

〔註 34〕汪曰楨《南潯鎮志》卷二十五《檀越施田地名銜》。
〔註 35〕《宋史》卷一七三《食貨上一》。
〔註 36〕康熙《石門縣志》卷二《賦役》。清代改崇德縣為石門縣。
〔註 37〕嘉慶《桐鄉縣志》卷四《田畝》。清代分崇德縣地置桐鄉縣。
〔註 38〕光緒《石門縣志》卷一《水利》。
〔註 39〕康熙《石門縣志》卷二《賦役》。清代改崇德縣為石門縣。
〔註 40〕淳祐《玉峰志》卷中《官租》、《宋史》卷一七三《食貨上一》。
〔註 41〕康熙《石門縣志》卷二《賦役》。清代改崇德縣為石門縣。
〔註 42〕見洪煥椿《浙江方志考》卷三《嘉興府縣志》。

淳祐十一年經界之時。又由崇德之例推測，嘉興、海鹽二縣的田圍之制，亦應形成於淳祐十一年嘉興府經界之時。

咸淳初，季鏞在平江府實行推排之法，「以縣統都，以都統保，選任才富公平者，訂田畝稅色，載之圖冊，使民有定產，產有定稅，稅有定籍。」咸淳三年（1267），宋廷接受其建議，下詔命諸路施行，〔註43〕安吉州、臨安二地亦應在推行之列。按目前所知，從淳祐末至元代延祐年間，平江府、安吉州、臨安只有在咸淳年間整頓過一次田籍。因此，咸淳時推排的實行應與以上三地南宋末至元初的田制有關。

元代平江路吳江等地的農田制度，「元初仍宋制」。一直到延祐四年（1317），元政府實行「經理田糧之法，」才有所改變。〔註44〕元初至元二十一年（1284），平江路嘉定縣依仁鄉有人出錢買到守信鄉第1都玉字渭169號田若干畝，結字渭102號田、地若干畝，黃字渭49號、50號、51號田若干畝，依仁鄉12都弔字渭42號、72號田若干畝，以及13都□字渭某號田、地若干畝，賓字渭14號田若干畝，□□渭33號田、地若干畝，谷字渭某號田若干畝，將其施予南翔寺。〔註45〕這些田地即均按某鄉、某都、某渭、某號的一定之制排列。又元初，湖州路歸安縣報恩光孝禪寺買到或募得雪水鄉某都杜字二圍，18都阡字一圍、阡字二圍，18都下5保阡字五圍、兵字一圍、兵字□圍、兵字三圍、高字二圍、高字三圍，雪水鄉清塘□□字三圍，雪水鄉□□□世字三圍、世字二圍田各若干畝。〔註46〕這些田地皆按某鄉、某都、某保、某字、某圍體系排列。以上元初農畝之制，當沿襲南宋。上述嘉定、歸安的田圩之制，應該就是平江、湖州路（安吉州）等地南宋末的田制。其形成時間很可能就在南宋末，即咸淳年間平江、臨安、安吉州實行推排之際。又元至大初，江浙行省因「農作將興，各處田圍，高下不等，陂塘、圍岸、溝渠須依法修治，」勸諭督率民戶自出工本，或官為借貸，修築田圍。興修時須照前庸田司五等圍岸體式，按田離水面的高度，決定圍岸的高度，使田岸頂端與水面的距離的終保持在7.5尺左右。〔註47〕由此可知，在延祐經理之前，太湖地區確已存在大量田圍，田圍之制已基本形成。

〔註43〕《宋史》卷一七三《食貨上一》，乾隆《吳江縣志》卷四十四《均田蕩賦役》。
〔註44〕乾隆《吳江縣志》卷四《田蕩》，洪武《蘇州府志》卷十《田畝》。
〔註45〕《江蘇金石志》卷二十三《長懺堂莊田記》。
〔註46〕《吳興金石記》卷十三《元報恩光孝禪寺置田山碑》。
〔註47〕《續文獻通考》卷三《田賦考三》。

　　元代是太湖平原田圩之制最終形成的時期。延祐年間，元朝廷為保證」稅入無隱，差徭亦均」，遣官會詣各地，實行經理之法。〔註48〕其結果是平江路二縣四州之田均按圍計算，全路之圍多達數千。〔註49〕如吳縣、常熟「元時田用圍法」，分別有 917 圍和 1111 圍。〔註50〕嘉定「元之田以圍計」「千畝為一圍」，計 100 圍。〔註51〕長洲、崑山和吳江則各有 1788 圍、1645 圍和 3268 圍。〔註52〕至此，在平江所轄各州縣境內均建立起一種獨特而又完備的田圍之制。

　　明初洪武九年（1376）至十年，湖州大舉「重修」田圍，其圍岸「比昔愈加高厚」，六縣「共計增修」6859 所圍圩。這些田圍均按縣、鄉、都、圍排列。從明初的「重修」和「增修」來看，這種田圍之制在「昔」時或「舊」時，即元代就已形成。〔註53〕

　　嘉興府（包括華亭縣）的田圍之制在南宋後期即已形成。由上海元初行用圍田法的情況來看，元代這一帶盛行的也是田圍之制。〔註54〕

　　到明清時，除湖州安吉、長興和杭州錢塘等少數縣份之田圩不按千字文命名，而是直呼其名，如安吉「北墅圩」、長興「相思圩」和錢塘「草田圩」之類外，〔註55〕蘇松杭嘉湖五府水田地區大部分縣份的田圍已均以千字文為號，按某鄉、某都、某保、某圖、某字圍的體系排列。這種田圩之制，在元以後為明清人沿用長達 500 餘年，構成了太湖地區農田制度上的一大特色。

　　綜上所述，田圍原本只是在太湖平原水網地帶由河道、田岸所包圍的一種農田，只是一種濬河、築岸、防洪、搶險、排除內澇、引水灌溉的農田水利基本單元。從北宋末至元代，隨著以千字文為號的某字圍和湖蕩、低地的不斷開墾成田，特別是由於政府出於整頓田糧賦稅版籍之需，一次次地核定田籍，田圍逐漸從單純的農田和水利的基層組織演變為一種著錄於官府版籍的田糧賦稅基本單元。其結果是在蘇松杭嘉湖平原的水田地區，出現了一種包

〔註48〕《元史》卷九十三《食貨一》。
〔註49〕洪武《蘇州府志》卷十《田畝》。
〔註50〕民國《吳縣志》卷四十五《田賦二》，光緒《常昭合志稿》卷十《田賦》。
〔註51〕萬曆《嘉定縣志》卷五《田賦》，光緒《嘉定縣志》卷四《田畝》。
〔註52〕洪武《蘇州府志》卷十《田畝》。
〔註53〕見《永樂大典》卷二二七七《湖州府·田賦》所引《吳興續志》。
〔註54〕同治《上海縣志》卷六《賦額》。
〔註55〕同注53，又見光緒《長興縣志》卷一下《鄉都》、卷五《兵防》，萬曆《錢塘
　　　　縣志·紀疆·里陌》。

含農田、水利和賦稅諸因素在內的獨特的田園之制。這一制度形成於宋元，盛行於明清。時至今日，我們還能從保留至今的許多鄉村地名中感受到它的影響。

第十三章　水利田的開發和地主所有制的特點

　　本章所說的地主，是指相對政府這一最大地主而言的私人地主。在宋代的浙西和江東，水利田的大規模開發和土地的高度集中是引人注目的二大重要歷史現象。浙西和江東是水利田（尤其是地勢低下的水利田）極其集中的地區。宋人對這一地區水利田的大規模開發不僅使該地成為無可爭辯的農業最發達的先進地帶，而且還使其成為地主佔有大量田地，土地高度集中之地，並使水利田（尤其是地勢低下的水利田）密集之地土地集中的程度顯然高於其他地區。上述地主所有制的特點使浙西和江東水利田密集之地成為南宋地主勢力最強大的地區。本章依據大量翔實的史料，主要以太湖平原和丹陽湖平原為例，試圖從水利田開發這一整體和動態的過程出發，來探討並把握開發與土地大量集中於地主之手這一所有制特點的關係。

一、水利田的開發與土地的集中

　　從水利田開發的全過程來看，在宋代的浙西和江東，水利田在開發前大多屬於地勢低下，常年積水的江湖草蕩和不時被水淹沒的低地，或常患旱的高地。就所有權而言，它們大致可分作民產和官產二類。如按嘉定中許奕等人所言，浙西草蕩即「有在官之棄地，有人戶之己業」。[註1]有宋一代，「田制不立」，「勢官富姓，占田無限，兼併冒偽，習以成俗」，[註2]以至

〔註1〕《宋會要輯稿·食貨》六之三一。
〔註2〕《宋史》卷一七三《食貨上一》。

「郡縣之間，官戶田居其半」。〔註3〕屬於民產一類的田地、湖蕩應和其他田地一樣，大多為地主所有。開發這類民產所成之水利田，仍然多為地主所有。屬於官產一類的田地湖蕩則因地主有錢有勢，大量為其以購買、包佃、誘騙和強佔等方式所佔，或被政府賜予官僚地主。如北宋時，「宣州、太平州圩田，……多是上等及官戶借力，假人名籍，請射修圍」。〔註4〕南宋時，豪宗大姓紛紛買佃和廣包強佔湖蕩、荒地。如淳熙時，澱山湖圍田即被人戶「妄作沙塗，經官佃買，修築岸塍，圍裏成田」。〔註5〕崑山全吳鄉茭蕩積水之地 1000 畝為「倚仗將軍勢」的韓世忠家幹人郁明占佃、並圍裏成田。〔註6〕嘉定前後，常熟雙鳳鄉器字學蕩 1000 餘畝為「豪戶陳煥、陳焯倚恃強橫」，「冒占在己」。〔註7〕乾道時，宋政府賜予大同軍節度使蒲察久安「華亭下沙場蘆草蕩一圍」，「嘉興縣思賢鄉草蕩一圍」。〔註8〕上述通過各種途徑落人地主手中的湖蕩、荒地在圍裏開發成水利田後，也都為地主所掌握。

在宋代的浙西和江東，水利田的興修通常需築堤，設置堰閘，開修河渠、陂塘和車水，往往需投入大量的人力和財力。一般來說，只有政府和地主才有能力籌措工費，主持和組織開發。如按衛涇所說，浙西「圍田者無非形勢之家」，「豪宗大姓」，「鄉村豪強富室」及「寺觀僧道」等有力人戶。〔註9〕在江東丹陽湖一帶，「大家巨室以勢力自圩」。〔註10〕主持、組織圍墾開發的既然多是地主，開發所成之田也就多歸其所掌握。

又在宋代的浙西和江東，開發所成之水利田因無水旱之憂，故勝他田。當時「天下之地，膏腴莫美於水田。水田利倍，莫盛於平江。……平江水田，以低為勝」。〔註11〕又如只要不是「百川甚溢之歲」，江東丹陽湖圩田「公私所人，視陸作三倍」。〔註12〕對這種收益豐厚的農田，抱有「人生不可無田」

〔註 3〕《皇宋中興兩朝聖政》卷一一紹興二年正月丁巳條。
〔註 4〕《宋會要輯稿・食貨》一之三〇。
〔註 5〕《宋會要輯稿・食貨》六一之一二九。
〔註 6〕《江蘇金石志》卷一三《吳學糧田籍記二》。
〔註 7〕《江蘇金石志》卷一五《給復學田省箚》。
〔註 8〕《宋會要輯稿・食貨》六一之五一。
〔註 9〕《後樂集》卷一三《論圍田箚子》。
〔註10〕康熙《太平府志》卷三七《劉子澄磚石湖壩論》。
〔註11〕《吳郡志》卷一九《水利下》。
〔註12〕康熙《太平府志》卷三七《劉子澄磚石湖壩論》。

想法的宋代地主，〔註13〕自會運用其錢財與權勢，大量購買、包佃、欺占和強取，或求得政府的賜予。如按孫覿所言，紹興間，有人買得當塗沛國圩田250畝。〔註14〕紹熙間，金壇登榮莊學田圩田1481畝本由王淳佃作。慶元間，馬諒私與王淳家交佃，就金壇縣計會作買到民田給據。後因有人爭佃，知府遂勒馬諒退佃。〔註15〕又寶慶、紹定間，有人以錢購得常熟華渭沒官田，歸於平江壽寧萬歲院，此田後一度曾被大姓「以力奪之」。〔註16〕又如溧水永豐圩，自圍裹成田後即被撥賜蔡京、韓世忠和秦檜等人。〔註17〕其結果則使大量的水利田又落到或始終保持在地主手中。

　　由於上述種種原因，在宋代的浙西和江東，開發所成之田大量落到地主掌握之中。乾道中，陳之茂即指出：「豪右有力之家以平時潴水之處堅築塍岸，廣包田畝，彌望綿亙，不可數計」。〔註18〕當時，江東「圩田多勢家所據」。〔註19〕『浙西諸州豪宗大姓，於瀕湖陂蕩多占為田，名曰塘田」。〔註20〕如浙西澱山湖，淳熙、紹熙前後「數十年來，湖之圍為田者大半，皆出豪右之家」。〔註21〕又按乾道中曾懷等人所說，浙西、江東、淮東三路沙田、蘆場、草場等，亦「多係有力之家占佃包裹」。〔註22〕

二、太湖平原水利田的開發與耕地的增加

　　土地的開發一般是按照先易後難的順序進行的。在以水鄉為主的浙西和江東，宋初或北宋中葉以前開發的農田，多為投入工本不大，較易開發的平地或高地。未開發的多為積水低窪之地。因此，宋代浙西和江東墾田面積的擴大在很大程度上是通過開發地勢低下的水利田的形式進行的。

　　以浙西的太湖平原為例來說。這是包括蘇州（平江府）、湖州（安吉州）、秀州（嘉興府）、常州和江陰軍在內的一水網密布、水利田異常集中的地區。北宋初，全區地曠人稀，荒地甚多。太宗雍熙年間，該地共有167152

〔註13〕　《清波雜志》卷一一《常產》。
〔註14〕　《鴻慶居士集》卷二三《捨田記》。
〔註15〕　嘉定《鎮江志·附錄》，至順《鎮江志》卷一一《學校》。
〔註16〕　見蘇州雙塔《壽寧萬歲歸田之記》碑。
〔註17〕　《文獻通考》卷六《田賦考六》。
〔註18〕　《宋會要輯稿·食貨》六一之一一七。
〔註19〕　《攻媿集》卷八九《陳居仁行狀》。
〔註20〕　《宋會要輯稿·食貨》六一之一二六。
〔註21〕　《後樂集》卷一五《與鄭提舉劄》。
〔註22〕　《宋會要輯稿·食貨》一之四四、四五。

戶。〔註23〕在宋代太湖平原水鄉，一夫僅能耕田 30 畝上下。〔註24〕即使按郟亶所說，「國朝之法，一夫之田為四十畝」計，〔註25〕假設上述人戶均為農戶，則當時當地至多也只有農田 668 萬餘畝。而南宋中葉，全區 21 縣中，僅華亭、常熟二縣墾田即達 470 萬畝和 241 萬畝，〔註26〕便已超過此數。又宋初蘇州之地，清嘉慶間約有田 700 萬畝，〔註27〕湖州清代舊額田 290 餘萬畝，〔註28〕秀州明正德、嘉靖間額管田約 750 萬畝，〔註29〕常州、江陰明成化間有田約 480 餘萬畝，〔註30〕共計 2220 餘萬畝。上述 668 萬畝之數僅為該地可墾田總數的 30%左右。可見當時太湖平原必定存在大量未得到充分開發的湖蕩和荒地。

事實也正是如此。如按熙寧中郟亶所說，蘇州「崑山之所謂邪塘、大泗、黃瀆、夷亭、高壚、巴城、雉城、武城、夔家、江家、柏家、鰻鱺等瀼，及常熟之市宅、碧宅、五衢、練塘等村，長洲之長蕩、黃天蕩之類，皆積水而不耕之田」。〔註31〕又按徽宗時郟僑所說，平江府有澱山湖等湖瀼三十餘所，「積水凡四萬頃」，其中「可治者過半」。〔註32〕元祐時，單鍔指出，常州運河以北低下之田，皆未修田圍，常患積水，難以耕殖。〔註33〕足見直至北宋中後期，太湖地區尚有大量低窪積水之地未得到充分開發。

北宋中葉以後，水利田的開發使這些湖蕩、荒地大量開墾成田。如熙寧時，全國興起一股開發水利田的熱潮。僅熙寧三年（1070）至九年，包括太湖平原在內的兩浙即興修水利田 1048 萬多畝。〔註34〕崇寧以後，浙西掀起水利

〔註23〕據《太平寰宇記》。
〔註24〕唐末，陸龜蒙在蘇州有耕夫十餘人，墾田十萬步（《甫里先生文集》卷十六《甫里先生傳》），按 240 步為一畝，耕夫 11～19 人計，平均一夫墾田 22～38 畝，這和宋末元初方回就嘉興水鄉所說「一農可耕今田三十畝」大致吻合（《古今考・續考》卷一八《附論班固計井田百畝歲人歲出》）。
〔註25〕《吳郡志》卷一九《水利上》。
〔註26〕《傍秋亭雜記》卷上，《琴川志》卷六《版籍》。
〔註27〕嘉慶《太倉州志》卷二二《田賦》，光緒《蘇州府志》卷一四《田賦三》。
〔註28〕同治《湖州府志》卷三四《田賦一》。
〔註29〕正德《松江府志》卷七《田賦中》，嘉靖《嘉興府圖記》卷八《田賦》。
〔註30〕康熙《常州府志》卷八《田賦》。
〔註31〕《吳郡志》卷一九《水利上》。
〔註32〕《吳郡志》卷一九《水利下》。
〔註33〕《吳中水利書》。
〔註34〕《宋會要輯稿・食貨》六一之六九。

田開發的又一高潮。〔註35〕如政和中，僅平江府一地即興修圍田 20 萬畝。
〔註36〕南宋時，水利田的開發盛行不衰。按袁說友等所言，到南宋中葉，「浙
西圍田相望，皆千百畝，陂塘漊瀆，悉為田疇」。〔註37〕誠如衛涇所說，開發
使浙西「所在則圍田遍滿」，「昔之曰江、曰湖、曰草蕩者、今皆田也」，以往
「可耕之田荒而不治」的現象已不復可見。〔註38〕例如前文所述的蘇州百家
灘、大泗灘、江家灘和鰻鱺湖等，淳祐時即「多成圍田」，甚至已無痕跡可考。
〔註39〕常（尚）湖在宣和初圍裹成田。〔註40〕地處平江、嘉興交界處的澱山湖，
南宋中葉，「湖之圍為田者大半」。〔註41〕嘉興華亭縣華亭泖、楊泖和顧亭泖
在宣和時亦已圍墾成田，〔註42〕白蜆湖等紹熙時即「皆成圍田」。〔註43〕湖州
西北諸鄉，曩年悉為湖泊，畎畝荒蕪，十歲九澇」。嘉泰時「漸復起塍圍，歲亦
有收矣」。〔註44〕又常州芙蓉湖，咸淳前即已「堙廢，今多成圩」。〔註45〕

　　隨著湖蕩、荒地不斷開墾成田，太湖平原的耕地面積不斷增加。南宋紹
熙間，嘉興府「華亭田四萬七千頃」，〔註46〕海鹽有田 88 萬畝。〔註47〕淳祐、
景定間，崇德有田地 103 萬畝。〔註48〕慶元間，湖州烏程縣所墾田土為 669630
畝，長興縣為 795600 畝。〔註49〕紹定間，江陰墾田為 1253602 畝。〔註50〕端
平以後，平江府常熟縣有田地 262 萬多畝。〔註51〕明正德年間，松江府有田
地 439 萬多畝。〔註52〕清海鹽、平湖有田地 96 萬畝，〔註53〕石門、桐鄉有田

〔註35〕《宋會要輯稿・食貨》六一之一〇四至一〇六。
〔註36〕《宋史》卷一七三《食貨上一》。
〔註37〕《宋史》卷一七三《食貨上一》。
〔註38〕《後樂集》卷一三《論圍田箚子》。
〔註39〕咸淳《玉峰續志・山川》。
〔註40〕《吳郡志》卷一九《水利下》。
〔註41〕《後樂集》卷一五《與鄭提舉箚》。
〔註42〕《吳郡志》卷一九《水利下》。
〔註43〕紹熙《雲間志》卷中《水》。
〔註44〕嘉泰《吳興志》卷二〇《物產》。
〔註45〕咸淳《毗陵志》卷一五《湖》。
〔註46〕《傍秋亭雜記》卷上。
〔註47〕天啟《海鹽縣田經》卷五《田土》。
〔註48〕康熙《石門縣志》卷二《田畝盈縮》。
〔註49〕成化《湖州府志》卷八《賦稅》。
〔註50〕嘉靖《江陰縣志》卷五《田賦》。
〔註51〕《琴川志》卷六《版籍》。
〔註52〕正德《松江府志》卷七《田賦中》，嘉靖《嘉興府圖記》卷八《田賦》。
〔註53〕雍正《浙江通志》卷六八《田賦二》。

地 101 萬多畝。〔註54〕烏程清舊額田地 806755 畝，長興 82 萬多畝。〔註55〕康熙間，江陰原額田地等 1135704 畝。〔註56〕弘治時，常熟有田地等 164 萬餘畝。〔註57〕以上除常熟疆界變化較大，宋時耕地遠大於明代外，其餘各地南宋中葉以後墾田數已與明清時大致相同。其境內應和崇德一樣，均已達到「無尺地寸壤之不耕矣」的地步。〔註58〕據此推知，當時太湖平原其他地區亦應和以上各縣一樣，境內可耕之地也大都開墾成田。誠如清代學者胡渭所說，蘇松常嘉湖五郡，「自唐宋以來，其田日增，大率圍占江湖以為之者也」。〔註59〕該地耕地的擴大在很大程度上是通過圍墾開發湖蕩、低地的形式進行的。

宋代水利田的開發，使太湖平原成為水利田密集之地。到南宋時，按宋志所言，崇德全縣「支港縱橫分布，迴環七百圍之間」。〔註60〕華亭之田亦均按由河道分隔開的圍來劃分，其數多達數以千百區計。〔註61〕二縣之田即皆由水利田組成。太湖平原其他地區水網地帶的情形亦與此大致相同。

宋代水利田的大量開發，又使水利田（尤其是地勢低下的水利田）在太湖平原的農田中佔有頗大的比重。按紹定間金壇人劉宰所說：「浙人所仰下田」。〔註62〕又按元人周文英所說：「蘇湖常秀四路，田土高下不等。田之得糧，十分為率，低田七分，高田三分」。〔註63〕從糧產和稅糧負擔推斷，僅水利田中的低田即在太湖平原全部農田中居於十分重要的地位。

三、太湖平原水利田的開發與土地的集中

既然水利田的開發是宋代太湖平原農田大幅度增長的主要途徑，同時太湖平原是水利田極其集中的地區，水利田在該地農田總數中又居於主要地位，那麼，上述開發就不僅使水利田大量集中於地主之手，而且還使太湖平

〔註54〕光緒《嘉興府志》卷二一《田賦一》。
〔註55〕同治《湖州府志》卷三四《田賦一》。
〔註56〕康熙《常州府志》卷八《田賦》。
〔註57〕乾隆《蘇州府志》卷八《田賦》。
〔註58〕至元《嘉禾志》卷二六《崇福田記》。
〔註59〕《禹貢錐指》卷六。
〔註60〕光緒《石門縣志》卷一《水利》。
〔註61〕正德《松江府志》卷六《華亭縣修復經界記》。
〔註62〕《漫塘集》卷九《回平江守吳秘丞淵》。
〔註63〕《三吳水利錄》卷三《周文英書》。

原成為土地高度集中的地區。

先從水利田集中地區五等版籍中三等以上戶（即有田之家中占田百畝以上人戶）所佔比重來看。乾興元年（1022），上封者指出，「三千戶之邑，五等分類，中等以上可任差遣者約千戶」。〔註 64〕慶曆元年（1141）、熙寧九年（1076），張方平云：「逐縣五等版籍，中等以上戶不及五分之一，第四、第五等戶常及十分之九」。「至於五等版籍，萬戶之邑，大約三等以上戶不滿千，……四等以下戶不啻九千」。〔註 65〕又熙寧三年，孔文仲指出：「上戶居其一，下戶居其十」。〔註 66〕元祐四年（1089），劉安世則言，上戶占一分，下戶貧民占九分。〔註 67〕按上所述，乾興初、慶曆初、熙寧三年、九年和元祐四年，北宋三等以上戶約占五等人戶總數的 33%、10%～20%、9%、10%不到和 10%。天禧五年（1021）、慶曆二年、熙寧五年、八年和元祐三年，北宋五等戶分別占主客戶總數的 70%、65%、70%、68%和 66%。〔註 68〕據此推算，三等以上戶在主客戶總數中所佔比例分別約為 23%、6.5%～13%、6.3%、6.8%不到和 6.6%。熙寧時，郟亶指出：「蘇州五縣之民，自五等以上至一等，不下十五萬戶，……又自三等已上至一等，不下五千戶」。〔註 69〕三等以上戶僅占五等戶總數的 3.3%，相當於元豐三年（1080）蘇州主客戶總數 173969 戶的 2.9%，〔註 70〕均遠低於當時的全國水平。在水利田密布的蘇州，田地集中在少數田主手中的程度顯然高於其他地區。

又南宋景定年間，朝廷在鎮江回買公田，派買「及於二百畝之戶，甚至百畝之家不應數者，亦合族而強買」。〔註 71〕鎮江三縣中，丹徒、丹陽之田，「皆是沿江一帶高岡磽土，所種多係蕎麥、豆、粟」。〔註 72〕唯有「金壇田半高下，下田南漸洮湖」，水利田較多。〔註 73〕「以金壇一縣公田言之，亡宋元

〔註 64〕《宋會要輯稿·食貨》一之二○。

〔註 65〕《續資治通鑒長編》卷一三一慶曆元年二月戊戌條，卷二七七熙寧九年秋末。

〔註 66〕《舍人集》卷一《制科策》。

〔註 67〕《盡言集》卷一一《論役法之弊》。

〔註 68〕據陳樂素師：《主客戶對稱與北宋戶部的戶口統計》，《浙江學報》第一卷第二期。

〔註 69〕《吳郡志》卷一九《水利上》。

〔註 70〕《元豐九域志》卷五。

〔註 71〕至順《鎮江志》卷六《賦稅》。

〔註 72〕《黃氏日抄》卷七二《申省控辭改差充官田所幹辦公事》。

〔註 73〕《漫塘集》卷二《甲申粥局記》。又按至順《鎮江志》卷二《圍埠》所載，丹徒有圍埠 20，丹陽有圍埠 57，金壇有圍埠 350。

賣戶止二百餘家」，〔註74〕占田一、二百畝以上（即三等以上）人戶不到理宗時金壇全縣戶數 30300 戶的 1%，只相當於度宗時該縣總戶數 26880 戶的 1% 左右。〔註75〕當時該縣土地集中在少數人手中的程度不僅高於北宋時的全國水平，而且高於熙寧、元豐時蘇州的水準。元人指出，鎮江「雖道隸浙西，然非若他郡豪右兼併之家，連阡互陌，所收動以萬石之比」。〔註76〕按其所說，可知南宋末以降，浙西其他諸郡，如平江、安吉、嘉興等地田地集中於少數地主手中的程度均高於鎮江。其中平江田地集中的程度不僅高於鎮江，而且高於北宋熙寧時的蘇州。造成平江府等地土地集中程度高於別處，且不斷提高的原因，就在於這一地區水利田的不斷開發及其大量為地主所佔有。

再從水利田密集地區地主所佔田地的比重來看。乾興元年，上封者指出：「三千戶之邑，五等分類，中等以上可任差遣者約千戶，官員、形勢、衙前、將吏不啻一、二百戶，……州縣鄉村諸色役人又不啻一、二百戶」。上封者認為，對土地兼併的趨勢政府「若不禁止，則天下田疇半為形勢所佔」。〔註77〕可見廣義的形勢之家只構成中等以上人戶的一部分，當時其所佔田地尚不到耕地總數的一半。南宋初，按紹興三十一年（1161）人所說，在水利田密布的江浙一帶，「一都之內，膏腴沃壤，半屬權勢」。〔註78〕形勢之家所佔田地已達全部農田的一半，超過北宋乾興初的水平。慶元時，嘉興府崇德縣「生齒遍聚」，「無尺地寸壤之不耕」，境內之田，「『非王公貴人之膏腴，即富家豪民之所兼併也，民田之存已無幾，狹鄉一、二畝」。〔註79〕又按宋末元初人方回所說，嘉興「吳依之野，茅屋炊煙，無窮無極，皆佃戶也」。〔註80〕可知南宋中葉以後，崇德、嘉興等地絕大部分的田地已被「王公貴人」和「富室豪民」所佔。這和南宋後期，「權勢之家日盛，兼併之習日滋」，「豪強兼併之患，至今日而極」，〔註81〕「權貴之奪民田，有至數千萬畝，或綿互數百里者」的趨勢是一致的。〔註82〕從水利田密集的嘉興、崇德等地豪右兼併之家占田「連

〔註74〕至順《鎮江志》卷六《賦稅》。
〔註75〕至順《鎮江志》卷三《戶口》。
〔註76〕至順《鎮江志》卷二《鄉都》。
〔註77〕《宋會要輯稿·食貨》一之二〇。
〔註78〕《宋會要輯稿·食貨》一四之三七。
〔註79〕至元《嘉禾志》卷二六《崇福田記》。
〔註80〕《古今考·續考》卷一八《附論班固計井田百畝歲人歲出》。
〔註81〕《宋史》卷一七三《食貨上一》。
〔註82〕《膤軒集》卷一《乙未館職策》。

阡亙陌」，土地集中程度甚於水利田較少的鎮江的情況分析，水利田的不斷開發及其大量為地主所有，應是嘉興、崇德等地地主占田比重較大，土地尤其集中的重要原因。在這種劇烈的土地兼併過程中，形勢之家因享有政府所給予的法定特權和由此而衍生的種種法外權益，因而在兼併過程中擁有十分明顯的競爭優勢。

最後，從景定回買公田來看。當時宋政府在平江、嘉興、安吉、常州、江陰和鎮江派買公田，初議將官戶田產逾限之數抽三分之一回買以充公田。〔註83〕無官之家亦以九品之限與之。〔註84〕按南宋限田之制，一品五十頃，以下每品遞減五頃，至九品為五頃。其子孫減半，即九品官子孫為二頃半。〔註85〕實行時卻是派買「及於二百畝之戶」，〔註86〕只有「二百畝已下（之戶）免行派買」。〔註87〕「甚至百畝之家不應敷者，亦合族而強買」，〔註88〕出現了少數違反規定的極端事例。當時，六郡共買 350 萬畝〔註89〕。其中鎮江 16 萬多畝〔註90〕，其餘五郡約 333 萬餘畝。按抽買 1／3 計，五郡僅逾限之田即達 1000 萬畝，相當於明清時太湖平原農田總數 2200 萬畝的 45% 左右。加上數量十分可觀的限內之田，以及占田 200 畝以下小地主之田，其數已占 2200 萬畝的大半。這說明景定時這一地區的大部分農田確已掌握在地主手中。

就各郡而言。宋政府回買公田後，即立四分司以掌公田事，並選官充官田所分司，「平江、嘉興、安吉各一員，常州、江陰、鎮江共一員」。〔註91〕其租「江陰、平江隸浙西憲司，安吉、嘉興隸兩浙漕司，常州、鎮江隸總所」。咸淳四年（1268），宋廷罷莊官，令分司「任責督催」田租，復因「分司恐難任責，平江增差催督官三員，安吉、嘉興各一員，常州二員，鎮江、江陰共一員」。其中常州因「向來多買虛數之弊」，租「不可催」，難度頗大。〔註92〕根據上述機構和人員設置分析，六郡中應以平江所買公田畝數最多，鎮江、江

〔註83〕《宋史全文》卷三六。
〔註84〕《徐文惠公存稿》卷三《上丞相賈似道言限田》。
〔註85〕《慶元條法事類》卷四八《賦役門·科敷》。
〔註86〕至順《鎮江志》卷六《賦稅》。
〔註87〕《齊東野語》卷一七《景定行公田》。
〔註88〕至順《鎮江志》卷六《賦稅》。
〔註89〕《宋史》卷四五《理宗紀》。
〔註90〕至順《鎮江志》卷五《田土》。
〔註91〕《宋史》卷一七三《食貨上一》。
〔註92〕《齊東野語》卷一七《景定行公田》。

陰所買田畝最少。安吉、嘉興所買大致相等,而均次於平江。常州與鎮江、江陰共一分司,其增差催督官雖較安吉、嘉興多一員,當是由於公田難催的緣故。其所買公田應多於鎮江、江陰,而與安吉、嘉興大致相等。由此可見,在水利田尤其是地勢低下的水利田較密集的平江、嘉興和安吉,地主占田逾限的數量要大於其他三郡。

表1:景定鎮江三縣回買公田表〔註93〕

府縣	景定回買公田畝數	元代農田畝數	公田占農田比例
丹徒	25760	689095	3.7%
丹陽	59373	879037	6.8%
金壇	89373	883965	10.1%
鎮江	168228	2452144	6.9%

復就各郡內部而言。從表1和鎮江來看,金壇所買公田數最多,公田在該縣農田中所佔比重也最大。在鎮江三縣中,地勢低下的水利田較多的金壇地主占田逾限數不僅在絕對數量上,而且在逾限田占農田總數的比重上亦均大於丹徒和丹陽,土地最為集中。

表2:常州蠲除公田苗米表〔註94〕

州縣	秋租石數	蠲除公田苗米石數	蠲除數占秋租數比例
晉陵	42290	7887	18.6%
武進	32741	4552	13.9%
無錫	56280	6714	11.9%
宜興	55873	13336	23.9%
常州	187194	32499	17.4%

從表2和常州來看,就公田苗米數和秋租中公田苗米所佔比重,亦即公田畝數和公田在稅田總數中所佔比重而言,湖蕩眾多,地勢低下的水利田較多的宜興高於其他三縣。四縣中,也是地勢低下的水利田較集中的地區,地主逾限占田的比例較高,土地集中程度更高。

〔註93〕至順《鎮江志》卷五《田土》。
〔註94〕咸淳《毗陵志》卷二四《秋租》。

值得一提的是，常州公田苗米在秋稅總數中（亦即公田在稅田總數中）佔有 17.4% 的比重，遠高於鎮江公田在元代農田總數中所佔的 6.9% 的比重。由於常州農田總數大於鎮江，占農田總數 17.4% 的常州公田數也必定大於鎮江。顯然，無論從絕對數量還是從相對比例來說，六郡回買公田以「鎮江為最」的說法都是不能成立的。〔註 95〕此外，必須指出的是，常州的 17.4% 雖略高於鎮江以外五郡所買 333 萬餘畝公田在明清時太湖平原墾田總數 2200 萬畝中所佔的比重 15.2%，但這並不表明常州地主逾限占田比例較高。因為在常州所買公田中，頗有「多買虛數之弊」。〔註 96〕這是由於回買時廖邦傑在常州「害民特甚，民至有本無田而以歸併抑買」而造成的。〔註 97〕

　　從表 3 和嘉興來看。松江（即華亭）公田租米即公田數最多，嘉興次之。而公田租米在農田稅租（即公田在農田總數）中所佔比例則以松江為最高，崇德、嘉興次之。在水利田尤其是地勢低下的水利田較多和更密集的松江、嘉興和崇德，公田在農田總數中所佔比重要高於海鹽，前者土地集中的程度也高於後者。

表 3：嘉興公田租米表〔註 98〕

府縣	公田租米石數	元代額管米石數	公田租米占額管米比例
松江	229610	351741	65.3%
嘉興	103311	198714	52.0%
海鹽	37007	81591	45.4%
崇德	26382	49288	53.5%
嘉興	396331	681335	58.2%

　　平江和湖州、江陰所買公田數因史料闕如，目前已不可得知。但據入元後公田租入已構成政府正式稅租收入這一事實，可以大致推知各縣所買公田的多少及比例。如江陰宋秋租苗米 42345 石，元秋糧米 79722 石，增長率為 88.3%。平江府淳熙十一年苗米 343256 石，元延祐間秋租糧 882100 石，〔註 99〕

〔註 95〕至順《鎮江志》卷六《賦稅》。
〔註 96〕《齊東野語》卷一七《景定行公田》。
〔註 97〕《宋史》卷一七三《食貨上一》。
〔註 98〕至元《嘉禾志》卷六《賦稅》。
〔註 99〕嘉靖《江陰縣志》卷五《田賦》，《姑蘇志》卷一五《稅糧》。

增長率為157.0%。長洲嘉定間苗米92300石，元秋糧300000石，〔註100〕增長率為225.0%。吳江淳熙十一年秋苗米57200石，元延祐間正耗米共222834石，〔註101〕增長率為289.6%。元時吳縣有田圍917圍，長洲1788圍，常熟1111圍，吳江3268圍，崑山1645圍，嘉定100圍。〔註102〕水利田尤其密集，地勢特別低下的吳江和長洲二地增長率高於全府或全路的水平，其所買公田的比例亦應高於全府的平均水平。從景定間崑山一縣所買公田「口十口萬口千口百一十畝」，〔註103〕即可大致瞭解崑山和吳江、長洲所買公田的規模。又按湖州秋糧表，可知稅糧絕對增加數和增長率以烏程、歸安、德清三縣為較大。明初，烏程有田圍3114圍，歸安1715圩，德清980圍，長興867圍，武康201圩，安吉18土斗。〔註104〕按此可知，稅糧增加較多，增長率較高，即所買公田較多，比例較大的，也是地勢低下，水利田較密集的三縣。

表4：湖州秋糧表〔註105〕

縣分	慶元間秋糧石數	至正間秋糧石數	增加石數	增長率
烏程	10986	93345	82359	749.70%
歸安	8274	78052	69778	843.30%
長興	17102	64840	47746	279.20%
安吉	7970	21828	13858	173.90%
德清	3071	71315	68244	2222.20%
武康	3314	12551	9237	278.70%

由上所述，可知南宋景定時，太湖平原水利田分布較集中，尤其是地勢低下的水利田密集的地區不僅公田數量較多，地主占田數量可觀，超過其他水利田較少的地區，而且公田和地主所佔農田在該地農田總數中所佔比重也超過其他水利田較少的地區。這種土地異常集中現象的出現，不能說和宋代這一地區水利田的大規模開發並大量集中於地主之手沒有必然的聯繫。

〔註100〕洪武《蘇州府志》卷四七《主簿題名記》，《吳都文粹續集》《補遺》卷下《長洲縣達魯花赤雲通君遺愛碑》。

〔註101〕乾隆《吳江縣志》往一二《田賦一》，弘治《吳江縣志》卷二《稅糧》。

〔註102〕洪武《蘇州府志》卷一〇《田畝》。

〔註103〕咸淳《玉峰續志·官租》。

〔註104〕《永樂大典》卷二二七七《田賦》。

〔註105〕成化《湖州府志》卷八《賦稅》。

四、丹陽湖平原的水利田開發與土地的集中

再以江東的丹陽湖平原為例。這是包括太平州、宣州（寧國府）的宣城、南陵和江寧府（建康府）的上元、江寧、溧水在內的湖泊眾多，水利田密布的地區。按北宋中葉沈括所說：「江東可耕之土皆下濕，厭水瀕江」，〔註106〕已開墾的農田和未開發的可耕地多為低窪積水的湖蕩和低地。如按一夫平均墾田40畝計，雍熙前後，太平州15060戶，宣州46947戶，江寧府61690戶至多只能墾田約62萬畝、187萬畝和246萬畝。〔註107〕其數與南宋時寧國府墾田360萬畝，〔註108〕景定時建康府墾田434萬畝，〔註109〕康熙時太平府墾田130餘萬畝之數相去甚遠。〔註110〕可見當時這一地區應有大片湖蕩、低地尚未開發成田。

事實也正是如此。如嘉祐以前，蕪湖萬春圩以北丹陽、石臼諸湖終年積水之湖面廣達三、四百里，季節性積水面積又相當於上述三、四百里的三、四倍。嘉祐中所修萬春圩，有田12.7萬畝。據沈括所說，當時「江南之斥土如萬春者數百」，荒蕪不耕之地數以千萬畝計。〔註111〕政和四年（1114），前太平州軍事判官盧宗原主張開修自江州至真州古來河道堙塞處，以成運河入浙西，並建議「就工興築自古江水浸沒膏腴田」近千萬畝。〔註112〕按其所說，可見在經過熙寧和崇寧、大觀年間的大規模開發後，江東及浙西、淮南仍有大量積水之低地尚未開發成田。

宋代水利田的開發使這一地區原先荒蕪不耕的湖蕩、低地大量成為足以抵禦旱澇的良田。如熙寧時，全國興起一股開發水利田的熱潮，僅熙寧三年（1070）至九年，江東即興修水利田107萬畝。〔註113〕崇寧以後，宋政府在江東大舉興修水利，掀起了開發水利田的又一高潮。〔註114〕如宋徽宗即指出：「宣州、太平州圩田並近年所作」。〔註115〕南宋乾道時，原先「此地無田

〔註106〕《長興集》卷二一《萬春圩圖記》。

〔註107〕據《太平寰宇記》。

〔註108〕嘉慶《寧國府志》卷一六《田賦上》。

〔註109〕景定《建康志》卷四〇《田數》。

〔註110〕康熙《太平府志》卷一〇《田賦上》。

〔註111〕《長興集》卷二一《萬春圩圖記》。

〔註112〕《宋會要輯稿‧食貨》六一之一〇四。

〔註113〕《宋會要輯稿‧食貨》六一之六九。

〔註114〕《宋會要輯稿‧食貨》六一之一〇四至一〇六。

〔註115〕《宋會要輯稿‧食貨》一之三〇。

但有湖」的丹陽湖地區,已有「東西相望五百圩」。〔註116〕嘉祐以前。太平州原本低窪積水「幾四百里」之地,亦已圍裹成圩。〔註117〕隨著荒蕪不耕之田大量開發成田,按孝宗、光宗時人陸九淵所說,當時已出現「江東、西無曠土」的現象。〔註118〕到景定年間,丹陽、固城、石臼湖一帶,「濱湖之地皆堤為圩田」,建康府全境已「勤無曠土」。〔註119〕水利田的開發使丹陽湖地區墾田面積大增。南宋時,寧國府墾田已達 360 萬畝,其中宣城、南陵二縣分別墾田 140 萬畝和 58 萬畝,與康熙時二縣田地之數 156 萬畝和 59 萬畝已相去不遠。〔註120〕景定時,建康府實管田地 434 萬畝(乾道時管田 777 萬餘畝),其中上元、江寧分別管田 73 萬畝和 50 萬畝。〔註121〕清順治間,二縣分別有田地山塘 86 萬畝和 75 萬畝。〔註122〕僅就田數而言,兩者亦應相去不遠。景定間,溧水有田地等 84 萬畝。明代,溧水析為二縣。隆慶時,這二縣共有田地 116 萬畝。〔註123〕南宋後期,太平州至少有田 113 萬畝。〔註124〕清康熙時,該地約有田 130 萬畝。〔註125〕可見隨著水利田的不斷開發,到南宋後期,丹陽湖平原土地開發的過程亦已大致完成。

　　宋代水利田的開發使丹陽湖平原亦成為水利田密集,農田中地勢低下的水利田占較大比重的地區。南宋中葉,太平州境內「圩田十居八、九,皆是就近湖泊低淺去處築圍成埂」。〔註126〕地勢低下的圩田竟占全州農田總數的80%～90%。寧國府宣城縣有圩田 75 萬餘畝,山田 64 萬餘畝,圩田約占全縣

〔註116〕《南澗甲乙稿》卷二《永豐行》。

〔註117〕《宋會要輯稿‧食貨》六一之一二二。

〔註118〕《象山先生文集》卷一六《與章德茂書》。

〔註119〕景定《建康志》)卷一六《堰埭》,卷四○《田賦志序》。

〔註120〕嘉慶《寧國府志》卷一六《田賦上》。

〔註121〕景定《建康志》卷四○《田數》。

〔註122〕嘉慶《江寧府志》卷一四《賦役一》。

〔註123〕光緒《高淳縣志》卷七《土田》,光緒《溧水縣志》卷六《田制》。

〔註124〕按嘉定間岳珂所說;「太平、寧國山、圩田相半」(景定《建康志》卷二三《平糴倉》),可列出下列等式:太平州圩田十寧國府圩田=太平州山田十寧國府山田。寧國府僅宣城、南陵二縣有圩田(《宋會要輯稿‧食貨》六一之一一八)。全府墾田 360 萬畝,內宣城有圩田 75.8 萬畝,山田 64.2 萬畝,南陵山、圩田共 58.2 萬畝(嘉慶《寧國府志》卷一六《田賦上》)。太平州則「圩田十居八、九」(《宋會要輯稿‧食貨》六一之一三六)。據此,可求得太平州至少有農田 113 萬畝。

〔註125〕康熙《太平府志》卷一○《田賦上》。

〔註126〕《宋會要輯稿‧食貨》六一之一三六。

農田總數 140 萬畝的 53.6%。據嘉定間岳珂所言;「太平、寧國山圩田相半」,〔註127〕僅圩田即占二地農田總數的一半。又按景定《建康志》所載,上元、江寧、溧水共管田 152 萬多畝,其中圩田、沙田共 83 萬餘畝,〔註128〕約占三縣農田總數的 54.6%。按上所述,南宋中葉以後,太平州和宣城、上元、江寧、溧水四縣農田總數中僅圩田、沙田即至少占 60% 以上。

在宋代江東的丹陽湖平原,農田的增加主要是通過水利田開發的形式進行的。因此,在水利田占很大比重的丹陽湖平原,水利田的開發不僅使農田大多為地主所佔,而且使這一平原成為土地高度集中之區。到南宋紹興時,江浙之間,「一都之內,膏腴沃壤,半屬權勢」,江東「宣州一鄉,上戶絕少,下戶極多」。〔註129〕在丹陽湖地區,地主之田亦佔有該地農田總數的一半以上。

五、小結

水利田的不斷開發和土地的集中,勢必在經濟上大大加強浙西、江東地區地主的勢力。紹興中,張浚指出,諸路之中,「平江府,湖、秀、常州,江陰軍,紹興府,衢、溫州,建康府,廣德軍最係豪右大姓數多去處」。〔註130〕豪右大姓地主人數最多的十個府州軍中,浙西、江東和水利田集中地區即分別占八處。可見浙西、江東水利田密集之地確已成為地主勢力最強大的地區。

值得注意的是,有宋一代,在水利田密布的太湖和丹陽湖地區,人口和墾田面積都有很大的增長。如雍熙前後,蘇湖秀常江陰五郡和太平。宣、江寧三郡分別有 167152 戶和 123697 戶,〔註131〕元初為 1412195 戶和 523278 戶,〔註132〕人口分別增至原先的八倍多和四倍多。其中蘇秀二地人口分別從 35249 戶和 23052 戶,〔註133〕增至 466158 戶和 426656 戶,〔註134〕人口分別增至原先的十三倍多和十八倍多。以上五郡和三郡的墾田宋初最多只有 668 萬畝和 495 萬畝,到南宋後期,已分別增至原先的一倍乃至數倍多。在人口

〔註127〕景定《建康志》卷二三《平糴倉》。
〔註128〕景定《建康志》卷四〇《田數》。
〔註129〕《宋會要輯稿·食貨》一四之三七。
〔註130〕《建炎以來繫年要錄》卷一〇〇紹興六年四月乙卯條。
〔註131〕據《太平寰宇記》。
〔註132〕《元史》卷六二《地理五》。
〔註133〕據《太平寰宇記》。
〔註134〕《元史》卷六二《地理五》。

和墾田數大幅度增長的情況下，上述水利田密集地區上戶在總戶數中所佔比重低於其他地區和趨於下降，並不意味著上戶絕對數量的減少和少於其他地區。紹興時，平江府，湖、秀、常州，江陰軍和建康府「最係豪右大姓數多去處」即說明了這一點。

同樣，水利田密集地區上戶占田比例和占田絕對數量高於外地和趨於增大，也並不意味著下戶占田數量低於其他地區和趨於減少。在戶口和墾田數大幅度增長，上戶比重下降的同時，下戶所佔比重及其數量卻在不斷增加，客戶則趨於減少。這意味著有田農民的人數在增加，許多原本僑寓而無產的農民獲得了一小塊屬於自己的土地。如宣州、太平州雍熙前後客戶占總戶數的 26%和20%，〔註135〕元豐時分別降至 15%和18%。〔註136〕江寧府雍熙前後客戶占總戶數的 28%，〔註137〕元豐時占 30%，〔註138〕景定時則占 12.1%。〔註139〕又蘇州、常州和江陰軍，雍熙前後客戶占總戶數的 21%和49%，〔註140〕元豐時占 9%和33%。〔註141〕秀州雍熙前後主客戶 23052 戶，〔註142〕元豐時已無客戶。〔註143〕湖州大中祥符間、熙寧中、紹興中和淳熙九年（1182），客戶分別占總戶數的 8.4%、7.2%、5.7%和1.9%。〔註144〕其中地勢低下的水利田尤為集中的烏程、歸安二縣，大中祥符至紹興中客戶所佔比重分別從 13.3%和11.0%，降至 5.6%和3.5%。〔註145〕因此，在地主占田比重和占田絕對數量趨於增加的同時，又出現了吳中「人無貴賤，往往皆有常產」，〔註146〕溧水「雖無千金之家，亦罕凍餒之民，」〔註147〕即社會普遍富裕，佔有一小塊土地的農戶數及下戶占田數亦隨之增加，且高於其他人戶與墾田增加不多地區的現象。

〔註135〕據《太平寰宇記》。

〔註136〕《元豐九域志》卷六。

〔註137〕據《太平寰宇記》。

〔註138〕《元豐九域志》卷六。

〔註139〕景定《建康志》卷四二《民數》。

〔註140〕據《太平寰宇記》。

〔註141〕《元豐九域志》卷五。

〔註142〕據《太平寰宇記》。

〔註143〕《元豐九域志》卷五。

〔註144〕成化《湖州府志》卷八《湖州府戶口》。

〔註145〕據崇禎《烏程縣志》卷三《戶口》，《永樂大典》卷二二七七《戶口》。

〔註146〕《吳郡志》卷二《風俗》。

〔註147〕景定《建康志》卷四二《風俗》。

　　顯然，上述上戶在總戶數中所佔比重及上戶田地在農田總數中所佔比重的下降和低於其他地區現象的出現，僅僅意味著水利田集中地區土地的高度集中，地主的日益富裕和農民的相對貧困，而非絕對貧困。一方面是大部分土地為地主所佔，湧現出數量日見增多，比例不斷下降，占田不斷增加的地主。另一方面則是農民占田比重雖不斷下降，其所佔田地總數卻在不斷增加，絕大多數農民或多或少都擁有一小塊田產。這兩種相反相成現象的共存和結合，構成了私有制下經濟繁榮的一種通例，這是生產迅速進步，經濟日趨繁榮所帶來的一種具有普遍意義的結果。

第十四章　宋元時期嘉定社會經濟的發展

　　宋代江南地區農業的發展不僅使太湖平原而且使其鄰近地區人口大幅度增加，手工業、商業迅速發展，城鎮集市不斷增加，並日趨繁榮，而且還使整個社會日益富足，文化教育事業呈現出一派欣欣向榮的氣象。以下以嘉定為例，來分析、闡述這一現象。

　　宋元兩代是嘉定社會經濟迅速發展的時期，在嘉定歷史上佔有十分重要的地位。

　　宋元時期，嘉定人口的增長是頗為可觀的。宋初雍熙（984～987年）前後，嘉定所在的蘇州有主客35249戶（《太平寰宇記》卷91）。宣和年間（1119～1125年），至43萬戶（《鴻慶居士集》卷22《平江府楓橋普明禪院興造記》，《吳郡志》卷1《戶口稅租》、卷33《郭外寺》）；元初至元二十七年（1290年），增至466158戶（《元史》卷62《地理五》）。明初洪武二十六年（1393年），為491514戶（《明史》卷40《地理一》）。四百年中，蘇州戶口增加了十多倍。蘇州管下的嘉定亦是如此。按唐陸廣微《吳地記》所載，嘉定所在的崑山縣領戶13981。宋大中祥符間（1008～1016年），崑山主客戶為16350戶（淳祐《玉峰志》卷上《戶口》）。由此推斷，唐末宋初，嘉定地區即崑山14鄉中的5鄉應只有數千戶人家。但經過有宋一代的蕃衍生息，到元初至元二十七年，嘉定人口已增至95795戶。明初洪武二十四年（1391年），嘉定人口為98999戶（嘉慶《太倉州志》卷21《戶口》）。四百餘年間，嘉定的人口至少增加了十倍。

　　有人說，嘉定建縣之際，名列上縣，全縣人口在 2000 戶以上。這種說法的根據，在於宋代諸縣的等級之制。宋初建隆年間（960～963 年），政府以版圖之數升降天下縣，規定畿外縣四千戶以上為望，三千戶以上為緊，二千戶以上為上，千戶以上為中，不滿千戶為中下（《宋史》卷 158《選舉四》、《文獻通考》卷 315《輿地》）。按此制度，嘉定名列上縣，人口應在二千戶至三千戶之間。但這一規定僅實行了一百餘年就被廢除了。政和五年（1115 年），因諸縣戶口倍增，舊制難再維持，宋政府遂改變舊法，令一萬戶以上為望，七千戶以上為緊，五千戶以上為上，三千戶以上為中，三千戶以下者分為中下和下二等（《宋會要輯稿·方域》七之二八、二九）。按此新制，五千戶以上方為上縣。政和以後，宋政府很可能對這一條令又作了新的更動。所以到嘉定創縣之際，全縣「編審戶三萬」，僅名列上縣（嘉慶《太倉州志》卷 21《戶口》）。這一記載無可爭辯地說明，建縣時，嘉定有人口 3 萬戶，而不是 2 千戶以上。

　　宋元兩代，嘉定的農田水利事業獲得了長足的進展。在宋代，嘉定等地的勞動人民在張綸、范仲淹、葉清臣、王純臣、郟亶、沈括和趙霖等人的領導下，大舉興修水利，築圩裏田（《吳郡圖經續記》卷下《治水》、《吳郡志》卷 19《水利》）。元大德二年（1298 年），元政府在平江設浙西都水庸田司，專主水利（《元史》卷 19《成宗二》）。順帝時，置都水庸田使司於平江（《元史》卷 92《百官八》），專一修治田圍，疏濬河道。大德八年（1304）、九年（1305）和泰定元年（1324），任仁發領導組織了開濬吳淞江（包括嘉定段河床）的工程（《姑蘇志》卷 12《水利下》）。至大年間（1308～1311 年），元政府又領導督促嘉定等地的農民修治陂塘、溝洫和圍岸（《續文獻通考》卷 3《水利田》）。

　　農田水利的興修使嘉定地區的農田結構發生了很大的變化。北宋熙寧年間（1068～1077 年），崑山太倉人郟亶指出，崑山之地，從太倉岡身至海，其地高亢，田地患旱，均係旱田。太倉岡身西至崑山，其地低下，田地患水，均為水田（《吳郡志》卷 19《水利上》）。嘉定旱田多而水田少。但至明初，情況便已完全不同了。明萬曆二十一年（1593 年），嘉定人徐行等上疏說：「本縣三面緣海，田土高亢瘠薄，與他縣懸殊。雖自昔已然，但國初承宋元之後，考之舊志，境內塘浦涇港大小三千餘條，水道通流，猶可車戽，民間種稻者十分而九」（嘉慶《太倉州志》卷 22《田賦》）。這說明熙寧以後，隨著農田水利

事業的發展，嘉定沿海一帶的旱田基本上已被改造成水田。南宋時人吳泳說：「吳中之民，開荒墾窪，種粳稻，又種菜麥麻豆」(《鶴林集》卷 39（隆興府勸農文》)。在蘇州一帶，粳稻多種於水田，菜麥麻豆多種於旱田。因此，農田水利的不斷興修實際上使嘉定從以旱作為主的地區，一變而成為主要種植水稻的地區。

　　宋元時期，嘉定耕地的擴大堪稱空前絕後。唐末宋初，嘉定地區只有數千戶人家，人口稀少，耕墾不廣。按郟亶所說「國朝之法，一夫之田為四十畝」(《吳郡志》卷 19《水利上》)計，當時嘉定墾田不會超 40 萬畝。又按郟氏所說，熙寧時，包括嘉定在內的蘇州地區應有 18 萬夫即 720 萬畝農田，可出稅米 72 萬石。而當時蘇州苗米僅 34 至 35 萬石，已開墾的農田還不到可耕地的一半(《吳郡志》卷 19《水利上》)。但經過宋代和元代的開發，到元初至元二十七年，嘉定已有人口 95795 戶，按方回所說「一農可耕今田三十畝」計(《古今考·續考》卷 18《附論班固計井田百畝歲入歲出》)，該地的土地已足以全部開墾成田。到明吳元年（1367 年），嘉定耕地已達 1418672 畝(光緒《嘉定縣志》卷 4《田畝》，遠遠超過了唐末宋初之際。由此可以斷言，明清和近現代嘉定的耕地大多開闢於宋元二代。

　　宋元時期，嘉定地區的商業和城鎮均有較大的發展。南宋時，「浙西稻米所聚」(《宋史》卷 407《杜範傳》)。「蘇湖秀三州號為產米去處，豐年大抵舟車四出」(《雙溪類稿》卷 21《上趙丞相書》)。浙西的太湖地區是全國最重要的商品糧產地。該地出產的稻米除經常銷往福建、浙東和杭州、嚴州外，還大量販入全國境內，甚至遠銷海外「諸番」。這些商業活動常常是經由華亭、海鹽、青龍、江陰、顧逕、鎮江等處，通過海道進行的(《宋會要輯稿·刑法》二之一四一、一四二，《文山集》卷 36《御試策》，《宋史全文》卷 25 下乾道九年十月甲子，《歷代名臣奏議》卷 247《趙汝愚奏》)。其中的顧逕即是嘉定境內的一座重要的港口市鎮。光緒《嘉定縣志》卷 29《金石》中即載有宋代顧逕市的地名。除糧食貿易外，南宋時，嘉定一帶的海洋漁業和石首魚的貿易也獲得了引人注目的發展。范成大《吳郡志》卷 29《土物》引《吳錄》云：「婁縣有石首魚。」《吳郡志》又云：「(其魚) 今惟海中，其味絕珍，大略如巨蟹之螯，為江海魚中之冠。夏初則至，……海上八月間，又有一種石首，……謂之回潮石首」。《吳錄》係五代末初人徐鉉等所撰。婁縣，秦代所置。治所在今崑山東北。婁縣沿海之地包括宋之崑山和嘉定。可見在宋和宋代以前，嘉

定沿海即產石首魚。此魚肉味鮮美，頗為吳人所珍。但夏初捕獲之魚，因天熱，多肉敗氣臭，難以遠銷。從《吳郡志》成書前 20 年，即乾道時（1165～1173 年）開始，「沿海大家始藏冰，悉以冰養，魚遂不敗。……以有冰故，遂販至江東金陵以西，此亦古之所未聞也。」冷藏法的發明，大大促進了石首魚貿易的發展。

嘉定之地，瀕江濱海，對外貿易主要是依靠舟船，通過水道進行的。北宋嘉祐中（1056～1063 年），崑山縣（當時嘉定尚屬崑山）海上有一來自高麗屯羅島的海船。該船因桅杆折斷，風飄泊岸。其桅舊植船木上，不可動，崑山縣令韓正彥派人為其修治桅杆，工人即為之造轉軸，教其起倒之法（《吳郡志》卷 46《異聞》）。由此事例，可知北宋時崑山沿海，即嘉定一帶的造船和航運技術已達到相當先進的水平，這無疑在技術上為嘉定地區商業和貿易的發展，創造了有利的條件。

隨著商業的發展，嘉定地區在宋元時期興起了一系列新的市鎮。江灣即是其中之一。南宋紹興年間（1131～1162 年），崑山知縣張漢之指出，「海道客旅興販物貨」，其舟船係經吳淞江，取道江灣浦，入秀州青龍鎮。由於江灣「係商賈興販舶貨經由去處，人煙繁盛」，所以行商往往不去青龍鎮而在此出賣貨物，偷瞞商稅。紹興六年（1136 年），南宋政府為此在江灣創置稅務，在江灣浦口置場量收過往商稅，並差京朝官一員，監收稅課，兼領煙火公事（《宋會要輯稿·食貨》一七之三六），這是嘉定東部人煙繁盛的一座商業市鎮。

練祁市是嘉定中部的一重要商品集散中心。該市於嘉定十年以後成為縣治所在地。此外，在嘉定西部還有「建縣即成市」的錢門塘市。「南宋嘗置稅務於此」（《嘉定縣續志》卷 1（市鎮））。

除上述顧逕、江灣、練祁和錢門塘外，嘉定北部的黃姚也是一處繁榮的商業集鎮。嘉定中，有人指出。「黃姚稅場係二廣、福建、溫、臺、明、越等郡大商海船輻輳之地，南擅澉浦、華亭、青龍、江灣牙客之利，比兼顧逕、雙浜、王家橋南、大場、三槎浦、沙涇、沙頭、掘浦、蕭涇、新塘、薛港、淘港沿海之稅。每月南貨商稅動以萬計」（《宋會要輯稿·食貨》一八之二九）。按其所說，當時嘉定不僅形成了大商海船輻輳，商稅數以萬計的貿易重鎮黃姚，而且還以此為中心，形成了顧逕、大場等一系列較小的貿易集市。上述黃姚是宋元時期嘉定沿海的一商業中心，其地在嘉定東北 40 里黃姚港邊（乾隆

《江南通志》卷 61〈水利〉)，即今寶山盛家橋北，現已沒入海中（光緒《寶山縣志》卷 1〈市鎮〉)。顧涇地處今寶山盛橋附近，顧涇沿岸（〈盛橋里志〉卷 3《風俗》)。顧涇在嘉定東 40 里入海（乾隆《江南通志》卷 61《水利》)。王家橋在寶山、嘉定界涇之上，位於曹王廟北 3 里（《嘉定疁東志》卷 1《市集》)。三槎浦在今南翔（《嘉定鄉土志》下《南翔》)。沙涇則在今江灣附近（《寶山縣續志》卷 1《市鎮》)。以上集市在宋嘉定以前隸崑山，建縣後大多屬嘉定。南宋時，黃姚、顧涇二地均設有稅場。嘉定建縣後，宋政府即「令平江府則立稅額」，由吏部選差文臣監稅，而不許嘉定地方政府干預此事（《宋會要輯稿・食貨》一八之二九）。

有宋一代，實行酒類官府專賣制度。當時，嘉定縣治西設有酒務。縣治南 24 里，有新江酒庫。縣治西 24 里，有徐公坊酒庫。縣市西，有侍衛馬軍司酒庫（光緒《嘉定縣志》）卷 2《公廨》)。出於盈利的目的，酒務、酒庫一般均設於市面繁華之處。上述多所酒務、酒庫的設置，反映出嘉定中部、西部和南部鎮市及商業的興盛。

由上所述可知，嘉定在宋元時期戶口劇增，水利發達，田地日闢，商業繁榮，集市興盛，出現了經濟迅速發展的局面。在經濟勃興的基礎上，嘉定形成了以水稻種植和稻米貿易為主，以石首魚和過境貿易為輔的經濟格局。值得注意的是，由於嘉定「瀕江枕海，田多租薄」(《江蘇金石志》卷 17《嘉定縣學田租記》)，即因地高阜亢瘠，下注流沙，貯水既難，車戽尤梗，不宜種植水稻（嘉慶《太倉州志》卷 22《田賦》)，宋元時期形成的農田結構和經濟格局並不能反映嘉定的特點，也不足以體現和發揮其自然的、地理的和人文的優勢。所以隨著嘉定經濟的進一步發展，到明萬曆年間（1573～1620 年），嘉定之田已「專種木棉」，「種稻之田十不及二」(嘉慶《太倉州志》卷 22《田賦》)，該地又一變而成為以棉花種植、織布和棉布貿易為主的地區，舊的農田結構和經濟格局也就很自然地被打破了。隨著經濟的發展和繁榮，行政區劃也發生了相應的變化。嘉定十年（《宋史・地理志》作嘉定十五年，誤），嘉定從崑山縣析出，自成一縣。創縣出自平江府和浙西監司的奏陳，其直接原因是人民的反抗。按統治階級的說法，就在於崑山東七鄉人民「頑獷難治」，「敢與官司為敵，不奉命令，不受追呼，毆擊承差，毀棄文引。甚而巡尉會合，亦敢結集千百，挾持器仗，以相抗拒」。而縣治又偏在西北，難以有效地維持其統治。出於加強控制，以重鎮懾的目的，按照分而治之的原則，南宋

統治者才決定割崑山西鄉之安亭、并東鄉之春申、臨江、平樂和醋塘，共五鄉，創立嘉定縣（《吳郡志》卷 38《縣記》）。雖然政治上的考慮是創縣的直接原因，但經濟因素的影響也不能忽略。假若沒有宋代嘉定地區人口的增長、農業的發展和商業、城鎮的繁榮，如果嘉定仍然地曠人稀，一如漢唐之際，那就不僅沒有必要，而且缺乏足夠的財力來創建和維持一個新縣。

　　與南宋中葉創縣時不同，戶口因素是元代嘉定由縣升為州的直接原因。元貞元年，元政府將江南平陽等縣升為州，並以戶為差，規定：戶至四萬、五萬者為下州，五萬至十萬者為中州。當時杭州路鹽官縣「以戶口繁多，升為鹽官州」（《元史》卷 62《地理五》），屬中州。嘉定縣亦在這一年因同樣的原因升為中州。如嘉定教授貢松即指出：「皇元混一區宇，戶口日增，元貞詔下，劇邑升州，嘉定戶口應中州之制，遂升焉」（光緒《嘉定縣志》卷 2《官署》）。上述行政區劃的變更是嘉定經濟繁榮和經濟地位提高的一種反映和體現。

　　隨著經濟的高漲和行政區劃的變化，嘉定地區的文化教育也呈現出一派欣欣向榮的氣象。在建縣之初，首任知縣高衍孫即創建了縣學（今嘉定孔廟建於嘉定十二年，即公元 1219 年），并從崑山縣庠分到學田 323 畝。此後，知府鄒應博發俸資置田 104 畝，添助學產。提舉鄭霖和知府徐鹿卿撥給縣學數百畝學田。學正東祁王君撥出己產以充學田，史縣令又撥給部分田產，二項共計田 773 畝。再加上縣學自身陸續添置的田地，到咸淳二年（1266 年），嘉定縣學已有學田 2135 畝之多。士人「有與薦名者，皆給之食。凡有志者，會食而宿於學」。又「增其小學三十人，迎師以教之，縣給之帖糧」（《江蘇金石志》卷 17《嘉定縣學田租記》、《嘉定重修縣學碑井銘》）。入元後，東祁王先生子昭捐田 2700 餘畝，瞿戀、瞿元輔父子和林疇又捨田約二百畝，歸田興學（《江蘇金石志》卷 21《故宋東祁王先生歸田興學記》、《嘉定州重建廟學記》，卷 22《梅岩瞿先生作興鄉校記》）。建縣後，縣學的興修也是史不絕書。如淳祐（1241～1252 年）、咸淳（1265～1274 年）、天曆（1328～1330 年）、至順（1330～1333 年）和至正（1341～1368 年）年間，嘉定地方政府即曾多次修建學校和孔廟（《江蘇金石志》卷 17《嘉定縣修學記》、《嘉定縣學重修大成殿記》，卷 21《嘉定州重建廟學記》，卷 23《嘉定州重建儒學記》）。南宋和元代官府、鄉紳的倡導與努力，開創了嘉定重視教育的良好風氣，推動了該地教育事業的發展。據不完全統計，從嘉定建縣至德祐年間（1275～1276 年），嘉定進士登科者 2 人。元代，科舉不興，嘉定無登第者。明代，嘉定文教之

風大盛，士人中式和登進士科者為數頗多。如從洪武三年（1370 年）至嘉靖十九年（1540 年），嘉定鄉貢之士有 87 人；從洪武十八年（1385 年）至嘉靖二十年（1541 年），則有進士 37 人（以上據《姑蘇志》卷 5《科第表上》、卷 6《科第表中》）。明清和近現代嘉定之所以能成為教育發達，人才輩出之地，應該說與宋元時期該地文教事業的發展有著密不可分的關係。

　　宋元時期，嘉定地區出現了創建寺廟的高潮。如至正九年（1349 年），有人指出：「近五十年間，四方人民，推崇佛氏，大建佛剎，十倍於昔，捐田施財，遠近響應」（《江蘇金石志》卷 22《梅岩瞿先生作興鄉校記》）。按明代中葉王鏊的《姑蘇志》卷 30《寺觀下》所載，嘉定縣共有叢林 24 所，宮觀 1 所，其中創建年代可考者 24 所。現按時代先後，列表如下：

創建年代	梁天監	後晉天福	北宋天聖	南宋建炎	紹興	乾道	淳熙	嘉定	淳祐
寺觀數	5	1	1	1	1	2	1	3	1
創建年代	咸淳	元至元	元貞	大德	至大	延祐	泰定		
寺觀數	1	1	1	1	1	1	2		

按上表可知，嘉定的叢林宮觀始建於宋代的有 11 所，元代的有 7 所，大部分即四分之三創修於宋元二代。其中嘉定及嘉定以後興建的即占一半。這些事實表明，在經濟生活日趨繁榮的同時，嘉定的宗教事業也取得了很可觀的進展，人們的宗教生活也在日趨豐富。宗教只構成嘉定文化的一個方面。但窺一斑而知全豹，從宗教文化的迅速發展中，我們可想見宋元時期嘉定文化的繁榮與發達。

　　綜上所述，建立在農業快速進步基礎上的嘉定社會經濟的迅速發展主要始於宋代。到南宋和元代，嘉定地區已走向全面的繁榮。這種發展和繁榮又為明清和近現代嘉定的進步奠定了基礎。就歷史發展的角度而言，近年嘉定地區社會經濟的空前繁榮實際上只是一千年來嘉定社會經濟迅速發展的延續和必然結果。

餘　論

　　眾所周知，糧食是人類生存不可或缺的基礎，糧食的生產離不開農業，農業構成了古代文明形成和繁榮發展的重要條件。中華文明也不例外。自古以來，國人便有民以食為天的共識（《史記・酈生陸賈列傳》），《尚書・洪範》則將農業所產的「食」列於「農用八政」之首。農業是本業的思想始終是中國社會中的主流思想，並構成歷代政府決策的指導原則。數千年來，人們對工商業的主流看法和政府的政策卻經歷了從不輕視到輕視、禁抑，再到農工商皆本與並重及以工商為主導的二次重大轉變，但重視農業的態度則始終未變。這和以西方為主的其他國家形成了鮮明的對比。兩者的差異自有其原因，此不贅述。這裡主要從中國人的「天下」觀（即全球眼光）出發試加分析。

　　在很長一段歷史時期內，尤其是在中國文化基本形成的戰國之前，中國在很大程度上是一相對孤立的經濟、地理和文化單位。當時之人將這一單位稱作「天下」，看成整個世界。爾後又將其視為整個世界的中心。中國經濟、地理上的這種相對孤立一直到鴉片戰爭以後才出現根本的變化。在此之前，從「天下」和「天下」的中心這一現實和觀念出發，國人自會得出我們必須獨自解決糧食問題，做到完全自足的結論。又從政治上說，中國自秦以來即長期處於統一的中央集權皇朝的統治下。因此，從朝廷的立場來說，上述從全球的觀點出發，「天下」和「天下」的中心——中國必須糧食自足的觀念和政策的產生也都是必然的，具有其內在的合理性。這種觀念與政策一旦形成即產生了深遠的歷史影響，至今仍具有強烈的現實意義。而長期以來，以西方為主的各國工商發達，國家林立，各國大可通過貿易而不必獨自解決本國的

糧食問題。其對農業的重視程度自然遠不及中國，在糧食問題往往缺乏全球眼光。

值得注意的是，筆者發現，北宋時出現的農工商皆本的思想（詳見附錄《中國歷史上的農本工商末思想與政府政策的嬗變》），雖已成為今天國人的共識，但在現實社會中仍存在輕視農業的傾向。在西方主導的全球一體化進程影響下，國人普遍重視工商業而忽略農業，自由市場的思想深入人心，我們應對忽視農業的現象和糧食自由貿易的「自由」保持足夠的警惕，從全球糧食必須自足的立場和在目前國際格局下中國應確保其獨立自主地位的角度出發，制定有別於西方國家的糧食和農業政策。

附錄：中國歷史上的農本工商末思想與政府政策的嬗變

摘要：

　　二千多年來，在如何處理農業與工商業關係的問題上，人們的主導思想和政府的政策經歷了從農本工商末、農末俱利，到重本輕末、禁末，再到三者皆本，以農業為基礎，工業為主導的二次重大轉變。農本工商末、農末俱利的思想與政策產生於戰國以前。輕末、禁末的思想春秋末即已萌芽，其政策戰國初業已產生，並曾在魏、齊、秦等國付諸實踐。三者皆本的思想北宋時即已產生，甲午戰爭後方最終成為國人和政府政策的主導思想。中國長期以來為一相對孤立的經濟、地理單位和統一的政治、文化實體。這一事實及在這一事實基礎上形成的中國人的「天下」觀，是使中國人與西方人不同，始終將農業視為本業的一個重要原因。

關鍵詞：中國　農本工商末　思想　政策　嬗變

　　數千年來，農業是本業的思想始終是中國社會中的主流思想，並構成歷代政府決策的指導原則。在一貫重視農業的同時，人們對工商業的主要看法和政府的政策卻經歷了從不輕視到輕視、禁抑，再到農工商皆本與並重及以工商為主導的二次重大轉變。這一思想與政策發展的歷史進程不僅是中國經濟思想史研究的重要課題，而且還構成中國行政管理史研究的重要對象。對此，許多學者已作過開拓性的研究，並取得一系列至今仍應予以重視和充分肯定的成績。不過，這些研究大多建立在與此研究領域有關的歷史文獻學、思想史、法制史、經濟史等學科當時所達到的研究水平之上的。在上述諸學

科日新月異，已取得重大發展的今天，重新審視這些研究乃是十分必要的。本文旨在就以往研究的缺失，針對其主要錯訛，對上述思想與政策形成、發展的歷史軌跡作一系統的論述。所言如有不當，尚祈諸位方家不吝賜正。

一、農本工商末思想和農末俱利政策的產生

迄今為止，學者們大多認為農本工商末的觀點產生於戰國中葉以後。如有人主張商鞅是「最先提出本末概念的人」，[註1]「第一個把本末概念用到了農業和工商業的關係上」。[註2] 又有人指出，韓非「第一次將『本末』這對被廣泛應用的語詞同農、工、商業結合起來使用，肯定農業為『本』，工商為『末』，從此誕生了『農本工商末』的口號，並逐漸將重農輕工商（或輕商）的概念用重本輕末來表達」。[註3] 這些看法都是值得商榷的。

農本工商末和重農輕工商是兩個不同的概念。就字義而言。《說文》云：「木下曰本」，「木上曰末」。本字原指樹木的主幹，引申為本原、本始、基礎、根本和主要之物。末原指樹梢，引申為末端、盡頭、微、薄、遠、弱和不重要之物。其中主要和不重要之物是後起之義。因此，按字義，農本工商末一語並不等於重農輕工商。早在重農輕工商這一後起之義產生之前，將農與工商視為幹與枝，本始與遠端關係的農本工商末的初始之義很可能就已存在了。

從事實來看。早在戰國以前，農業已成為華夏諸國的基礎產業，經濟的首要部門和政府關注的頭等大事。如周宣王（公元前827～782年在位）時人虢文公即指出：「王事唯農是務」。[註4] 當時，工商業雖已產生，但相當弱小，且率由官辦。直至春秋中葉晉文公時，「工商食官」，[註5] 由政府經營管理的現象還依然存在。所以當時統治階級中人既重農業，又不會摒棄、蔑視工商。如成書於西周的《尚書·洪範》在將農業所產的「食」列於「農用八政」之首的同時，即將工商所產所銷之「貨」置於僅次於「食」的重要地位。司馬遷所引《周書》曰：「農不出則乏其食，工不出則乏其事，商不出則三寶

[註1] 趙靖、石世奇：《中國經濟思想通史》第1卷，北京大學出版社，1991年，183頁。

[註2] 張守軍：《中國歷史上的重本抑末思想》，中國商業出版社，1988年，2、3頁。

[註3] 胡寄窗：《中國經濟思想史簡編》，立信會計出版社，1997年，124頁。

[註4] 《國語》卷1《周語上》，上海古籍出版社，1988年，21頁。

[註5] 《國語》卷10《晉語四》，371頁。

絕，虞不出則財匱少」，〔註6〕可見周人認為農工商虞缺一不可。又按虢文公所云：「民之大事在農，……財用蕃殖於是乎始」，〔註7〕可知當時之人已將農業視為「財用蕃殖」之「始」，亦即生產財用，使之流通的工商業之「始」。這表明農為工商之本始和基礎的初始意義上的農本工商末思想在西周時即已產生。

又就農本工商末一詞而論。至遲在春秋末即已出現農與工商，本與末相對稱的「農末」一詞。《越絕書》卷4《越絕計倪內經》記計倪之言曰：「糴石二十則傷農，九十則病末。農傷則草木不闢，末病則貨不出。故糴高不過八十，不下過三十，農末俱利矣。故古之治邦者本之，貨物官市開而至」。《史記》卷129《貨殖列傳》所引計然之言與此大致相同，不同之處僅在「糴」作糶，「傷農」作病農，「草木」作草，「貨」作財，末為「平糶齊物，關市不乏，治國之道也」。《越絕書》所載計氏之言甚多，《史記》所錄則甚少。除此段外，前書所引計氏之語絕大部分不見於後書。反之，後者所引計氏「積著之理」等內容亦不見於前者。兩者顯然不存在抄襲的關係。《越絕書》是吳、越地區上古文獻的彙編，《越絕計倪內經》所載乃春秋末越王句踐與越臣計倪的對話，其文字寫成於戰國末或秦漢之際。〔註8〕《史記》成書於西漢武帝時，其所引計然之言顯然另有所據，當出自其他先秦典籍。兩者均保存了春秋末人計倪或計然的思想。按其所載，計氏所說的「末」均指不事農業，專事「貨」、「物」、「財」的生產與流通，與「市」相關的產業即工商業。這說明在春秋末工商已被稱作末。工商既為末，農與工商對稱的「農末」之「農」即應為本，「農末」實際上也就是本末或農本工商末。可見早在商鞅、韓非之前，春秋末人計然實際上已將本末的概念用於農業與工商業的關係上了。

必須指出的是，《史記》所引之計然係人名而非書名。計然係書名說出自兩晉間人蔡謨。《漢書・貨殖傳》顏師古注引《漢書・古今人表》、三國時魏人孟康注、《皇覽》、《晉中經簿》，《史記・貨殖列傳》劉宋裴駰《史記集解》引《范子》、晉徐廣《音義》，司馬貞《史記索隱》引《范子》、《漢書・古今人表》、三國時吳人韋昭之注皆云計然其人與范蠡同時。唯蔡謨因「群書所稱句

〔註6〕《史記》卷129《貨殖列傳》，中華書局標點本，1982年，3255頁。

〔註7〕《國語》卷1《周語上》，15頁。

〔註8〕周生春：《〈越絕書〉成書年代及作者新探》，《中華文史論叢》第49輯，上海古籍出版社，1992年，125頁。

踐之賢佐，種、蠡為首」，計然係「蠡之師」，「越但用半策使以致霸，是功重於范蠡」，然而「越國不記其事，書籍不見其名，史遷不述其傳」，故認為計然係「范蠡所著書篇名耳，非人也」。其實只須細加分析，便不難發現蔡說牴謬頗多，無法成立。

首先，《越絕書》卷4《越絕計倪內經》、卷9《越絕外傳計倪》均載錄了計倪與句踐問答的詳細內容及其行事。《吳越春秋》卷7《句踐入臣外傳》、卷9《句踐陰謀外傳》、卷10《句踐伐吳外傳》亦都記載了計倪與句踐的對話及其行事。兩書有關計倪、計然言行的記載相同之處頗多。按《史記集解》所引徐廣《音義》，計然「名研」。《正字通》同研。研，《集韻》、《韻會》作倪堅切，《正韻》作夷然切。研與倪同聲，與然同音，三者音聲相似，計研、計倪、計然應為同一人。《越絕書》是吳、越二國古文獻的彙編，《吳越春秋》是追述吳、越二國歷史的史書，兩者均載錄了計然的言行，不可謂「越國不記其事」。

其次，除《越絕書》、《吳越春秋》外，按上所述，《范子》、《史記》、《漢書》、《皇覽》、《晉中經簿》和孟康、韋昭、徐廣、裴駰、司馬貞、顏師古之注亦都載引了計然的言行。其中劉宋裴駰所引《范子》即係范蠡問，計然答的《范子問計然》或《范子計然》。[註9]此書已佚，逸文散見於唐馬總《意林》卷1《范子》，以及洪頤煊、馬國翰、黃奭諸人的輯佚書《經典集林》、《玉函山房輯佚書・子編農家類》和《漢學堂叢書・子史鉤沈・子部農家類》中。據此可知，「書籍不記其名」顯然與事實相悖。

復次，計然係范蠡師一說不載於《越絕書》、《吳越春秋》、《史記》、《漢書》和馬總《意林》所引《范子》。按以上諸書所載，計然「官卑年少，其居在後」，位次在群臣之後，[註10]其名望、地位在蠡、種和大夫郢等越國「三聖」之下。[註11]這都與計然係范蠡之師，范蠡卑身事之說相悖。誠如蔡謨所言，輔佐句踐復仇、稱霸的越國諸臣中以種、蠡功勞最著。二人之中，按范蠡所云：「四封之內，百姓之事」，「填撫國家，親附百姓，蠡不如種」；「四封

<hr>

[註9] 見《舊唐書》卷47《經籍志》、《新唐書》卷59《藝文志》，《二十五史》，上海古籍出版社、上海書店，1986年，3721、4290頁。

[註10] 《越絕書》卷9《越絕外傳計倪》、卷4《越絕計倪內經》，上海古籍出版社，1985年，69、31頁；《吳越春秋輯校匯考》，《吳越春秋句踐陰謀外傳第九》，上海古籍出版社，1997年，141頁。

[註11] 《吳越春秋輯校匯考》，《吳越春秋句踐歸國外傳第八》，134頁。

之外」，「兵甲之事」，「戰勝而不報，取地而不反，兵勝於外，福生於內，用力甚少而名聲章明，種亦不如蠡也」。〔註12〕足見蠡長於軍事、外交，種長於內政。所以大夫種曰：「夫內修封疆之役，外修耕戰之備，荒無遺土，百姓親附，臣之事也」；范蠡則曰：「輔危主，存亡國，不恥屈厄之難，安守被辱之地，往而必反，與君復仇者，臣之事也」。〔註13〕二人一系謀主，一為行政長官。范蠡云「計然之策七，越用其五而得意」；句踐云文種有「伐吳七術，寡人用其三而敗吳」。〔註14〕按此可知，越共用計然 5 策而非半策，而越僅用並非文種所長的 3 術即已敗吳，種之功顯然遠大於計然。功勞絕不在種之下的范蠡亦當如此。計然的名望、地位和功勞遠不及種、蠡，種、蠡在《史記》中尚且無傳，「史遷不述其傳」，不為計然立傳當屬正常。

　　最後，就論證方法而言。蔡說用的是將其所見等同於世上所存，因諸書均不載計然其人，即認定計然不存在的所謂「默證法」。眾所周知，因種種條件的限制，凡是歷史上存在過的人不會一個不漏地全都載入各種文獻。書籍的不斷佚失又使原先載見於各種文獻之人不斷減少。信息在搜集、錄入、存儲和傳播的過程中必然會有損耗。用不見於後世所存之書來否定某人的歷史存在本來就已是十分錯誤的，如果又囿於一己之見，缺乏窮盡一切史料的精神，勢必會錯上加錯，將一己所見等同於世上所存，在不知《史記·貨殖列傳》、《漢書·貨殖傳》以外，《漢書·古今人表》、《范子》和《越絕書》、《吳越春秋》等書亦記載計然其人其言其事的情況下，貿然得出歷史上並無計然其人的結論。顏師古、司馬貞和宋人洪邁等人正是從蔡氏所見不廣這一角度出發，對其說提出批評的。〔註15〕蔡氏用「默證法」得出的結論是不能成立的。按上可知，不僅春秋末確有計然其人，其關於「農末俱利」的思想及提法亦並非僅為孤證，而是分別出自先秦時的吳、越文獻和素以史料價值高著稱的《史記》，因而是可信的。

　　值得注意的是，春秋末計然的「農末」思想亦屬初始意義上的農本工商

〔註12〕《國語》卷 21《越語下》，646 頁；《史記》卷 41《越王句踐世家》，1742 頁。

〔註13〕《吳越春秋輯校匯考》《吳越春秋句踐入臣外傳第七》，119 頁。

〔註14〕《史記》卷 129《貨殖列傳》，3257 頁；卷 41《越王句踐世家》，1747 頁；《吳越春秋輯校匯考》《吳越春秋句踐伐吳外傳第十》則云種「九術之策，今用三已破強吳」，176 頁。

〔註15〕洪邁：《容齋續筆》卷 16《計然意林》，《容齋隨筆》，上海古籍出版社，1996年，404～406 頁。

末的範圍。按《越絕書》、《史記》所載，計氏在其論述「農末俱利」這一段文字中既反對「病農」、「傷農」，又反對「病末」，極力強調「農末俱利」，力主「平糶齊物，關市不乏」，「貨物官市開而至」乃治國之本。〔註16〕在其餘諸段中，計氏亦主張治術「必先省賦斂，勸農桑」。認為利源流，任賢使能，即可轉轂千里外，貨物可來，邦與家可富而不衰。強調順天地四時，參以陰陽，買賣六畜、貨物、五穀、田宅，即可富貴。並闡述了「務完物，無息幣」的商品流通「積著之理」。〔註17〕按其所言，可知計氏既重農，又重工商，並無任何輕視工商的傾向。

從現有史料來看，戰國以前，各國政府即已在食、貨兼重思想的指導下實行農末俱利，促進農工商發展的政策。如西周初，太公望在齊國「勸其女工，極技巧」，「通商工之業，便魚鹽之利」，致使「人物歸之，繦至而輻湊」。〔註18〕又如春秋時，衛文公（公元前659～635年在位）因實施「務材訓農，通商惠工」的政策而使衛國國力大增。〔註19〕晉文公（公元前636～628年在位）亦因「輕關易道，通商寬農，懋穡勸分，省用足財，利器明德」，而「政平民阜，財用不匱」。〔註20〕春秋末，越王句踐採納了計倪提出的：「糶高不過八十，下不過三十，農末俱利」，「平糶齊物，關市不乏」，「貨物官市開而至」的政策，「著其法，治牧江南」，「修之十年」，最終得以復仇稱霸。〔註21〕這說明戰國前不僅存在農工商並重、俱利的思想，而且還存在這一思想指導下制訂的政府政策及實踐。

從思想與政策形成的經濟、政治背景來看。戰國以前，華夏地區的農業已有較大發展，且成為社會的基礎產業和國民經濟的首要部門；工商業雖已產生，但相當弱小，且基本上由政府經營管理。一直到春秋末，各國的工商業雖已有相當發展，開始掙脫政府的束縛，並出現如范蠡、子貢等仕則卿相，出則巨商的名商大賈，和干將、莫邪、歐冶子等著名工匠，但大量的小工

〔註16〕《越絕書》卷4《越絕計倪內經》，32頁；《史記》卷129《貨殖列傳》，3256頁。

〔註17〕《越絕書》卷4《越絕計倪內經》，30～32頁。《史記》卷129《貨殖列傳》，3256頁。

〔註18〕《史記》卷129《貨殖列傳》，卷32《齊太公世家》，3255、1480頁。

〔註19〕《春秋左傳集解》，閔公二年，上海人民出版社，1977年，230頁。

〔註20〕《國語》卷10《晉語四》，371頁。

〔註21〕《越絕書》卷4《越絕計倪內經》，32、33頁；《史記》卷129《貨殖列傳》，3256頁。

商業者仍未擺脫政府的控制，取得獨立的地位，其代言人墨翟及墨家學派尚未登上歷史舞臺，而強大的專制、集權的新興官僚政府也還沒有形成。因此，戰國以前既重農又不輕視工商，具有初始意義的農本工商末思想以及「農末俱利」主張和政策的出現，並成為當時社會的主流，應該說是十分自然的。

二、重農輕抑工商思想和政策的產生與發展

今人大多認為：戰國以前中國不存在輕視工商的思想。「禁末」的思想萌芽於戰國初的李悝。〔註22〕戰國中期，商鞅最先明確提出事本禁末的口號。〔註23〕最早賤商的是孟子。〔註24〕重農抑商政策首倡於商鞅。戰國時重農抑商僅停留在思想領域與輿論，基本上還未付諸實踐。〔註25〕這些觀點都是值得商榷的。

就觀念的邏輯發展而言。初始意義上的農本工商末思想最遲在西周時既已形成，那就很難說作為這一概念後起之義的輕工商思想不可能產生於西周、春秋時期，同樣也很難斷言作為輕工商觀念之進一步發展的禁抑工商的思想不會產生於西周、春秋和戰國中葉以前。

從觀念形成的歷史背景來看。春秋末，中國的工商業已有相當的發展，正在掙脫政府的控制。到戰國中期，工商業獲得了迅速的發展，大量工商業者擺脫了政府的控制，成為私營業主。商品經濟發展所造成的貧富分化使眾多貧賤者基於「用貧求富農不如工，工不如商」的原因，紛紛投身於小工商，「末業，貧者之資」已成為普遍現象。如當時「周人之俗，治產業，力工商，逐什二以為務」，即將工商視為治生之「本」。〔註26〕代表其利益的墨家學派已經形成並獲得了廣泛的支持。強大的專制、集權的新型官僚政府業已出現，

〔註22〕高敏：《秦漢時期的重農思想蠡測》，《秦漢史論集》，中州書畫社，1982年，121～156頁。

〔註23〕趙靖、石世奇：《中國經濟思想通史》第1卷，183頁；胡寄窗：《中國經濟思想史簡編》，98頁；張守軍：《中國歷史上的重本抑末思想》，2、3頁。

〔註24〕林夕：《淺析「重農抑商」思想的形成與發展》，《晉陽學刊》，1989年第2期，88、42頁；李守庸：《本末觀平議》，《河南師範大學學報》，1990年第4期，1～8、17頁。

〔註25〕餘天熾：《戰國秦漢的重農抑商政策及其歷史檢討》，《華南師範大學學報》，1984年第1期，71～76頁；宋超：《試述我國古代重農輕工商思想的產生與形成》，《史學月刊》，1984年第4期，1～6頁。

〔註26〕《史記》卷129《貨殖列傳》、卷69《蘇秦列傳》，3274、2241頁。

並與迅速發展的工商業產生了種種矛盾和衝突。在這樣的社會裏，不滿、輕視、反對工商和主張限制、禁抑工商發展的思想在統治階級中有著十分深厚的基礎，其產生和發展是絲毫不奇怪的。

先秦文獻的記載亦可證明這一點。先就《老子》而言。老子針對當時工商業發展的現象，提出了「小邦寡民，使十百人之器毋用」，雖「有車舟，無所乘之」，使民「甘其食，美其服，樂其俗，安其居，鄰邦相望，雞犬之聲相聞，民至老死不相往來」的主張。〔註27〕他欣賞的是自給自足的自然經濟而非商品經濟，嚮往的是封閉式的農業社會而非工商社會。老子強調「絕巧棄利」，「不貴難得之貨」，認為「民多利器而邦家滋昏；人多知而奇物滋起」。〔註28〕對工商生產、流通的「難得之貨」和「利器」、「奇物」表示不滿、輕視和反感，對工商所表現出來的「巧」及其所追求的「利」抱著棄絕、鄙視的態度。《老子》所言均係針對「侯」、「王」、「君子」等當權者而發，他主張「絕巧棄利」，「不貴難得之貨」實際上也就是要主政者禁絕「巧」，拋棄「利」，抑制「難得之貨」的生產與流通，亦即主張禁技巧和抑末。《老子》一書的基本思想出自春秋末人老聃（在郭店楚墓竹簡《老子》出土後，這一觀點已得到眾多學者的贊同）。按上引《老子》所言，可知不滿、輕視、鄙棄乃至否定工商的觀點和「禁末」思想的萌芽在春秋末即已出現。

再就魏文侯（公元前445～396年在位）時人李克（悝）所言來說。李克認為，雕文刻鏤、錦繡纂組和飾美等「技巧」將害農事，傷女工，使國貧民侈，窮者姦邪，富者淫佚。姦邪、淫佚乃刑罰之源。李克因此而主張「禁技巧」，「塞其本而替其末」。〔註29〕可見早在戰國初，李克即已在老聃思想的基礎上明確提出了「禁技巧」的觀點。

又就《管子》諸篇中成文年代最早的「經言」而論。管子說：「凡有地牧民者，務在四時，守在倉廩」，「以其所積者食之」。「無積者不食，或有積而不食者則民離」。「上不好本事則末產不禁，末產不禁則民緩於時事而輕地利，輕地利而求田野之闢，倉廩之實，不可得也」。「故末產不禁則野不闢」，「有地不務本事，君國不能壹民」。上「好本事，務地利，重賦斂，則民懷其

〔註27〕馬王堆漢墓帛書《老子》，文物出版社，1976年，76頁。
〔註28〕同上書，87、75、82、72頁，並參見《郭店楚墓竹簡》，文物出版社，1998年。
〔註29〕劉向：《說苑》卷20《反質》，《百子全書》第1冊，浙江人民出版社，1984年。

產」。〔註30〕上述「本事」是指與「時事」、「地利」、「田野之辟，倉廩之實」
及食物密切相關的農事；「末產」則應是與「本事」和以上「時事」等詞相對
立的一概念。

欲確定「末產」和禁「末產」的含義，就應從其語境和社會背景中尋找
答案。檢上引「末產」之前後文，可知《管子》強調務本禁末，主張「野與市
爭民，家與府爭貨，金與粟爭貴」。認為「工事無刻鏤，女事無文章，國之富
也」。以為「使刻鏤、文采毋敢造於鄉，工師之事也」。〔註31〕據此推斷，「末
產」應指與市、家、金、貨密切相關的工商業，禁「末產」則指不許生產有
「刻鏤、文采」的高檔商品。

值得注意的是，在主張嚴禁末產的同時，與以上引文同屬「經言」的《幼
官》與《幼官圖》又都認為國家「計凡付終，務本飾末則富」，將修治及勤於
末業視為富國的途徑之一。〔註32〕同樣值得注意的是，就在禁止「文章」、「刻
鏤」的同一篇文字內，管子又指出「天子服文有章，……將軍、大夫以朝，官
吏以命」。〔註33〕當時天子、諸侯、大夫、士、官吏之服均有文章，且「以文
為貴」。〔註34〕《周禮・冬官・考工記》有「雕人」一職。《管子》云：「先王
制軒冕所以著貴賤」，明君為「雕文刻鏤足以辨貴賤」。吳王闔閭因「器不彤
鏤，宮室不觀，舟車不飾，衣服財用，擇不取費」而受到讚揚。〔註35〕這說
明當時天子、貴族、官僚之器物並不禁「刻鏤」。上述既禁又不禁的現象看似
矛盾，其實卻並非如此。其原因即在於當時已出現「日至於市而不為官賈者」
之賈，和「日至於市而不為官工者」之工，〔註36〕即私營工商業者。當時「衣
服有制，宮室有度，……舟車陳器有禁修」，人「生則有軒冕服位穀祿田宅之
分，死則有棺槨絞衾壙壟之度」，「散民不敢服雜採，百工、商賈不得服長鬈
貂，刑餘戮民不敢服絻」。〔註37〕在這樣一種社會背景和等級制度下，《管子》
所說的禁「末產」僅指嚴禁私營工商業中的「刻鏤」、「文章」和散民、百工、

〔註30〕《管子》卷1《牧民》、《權脩》、《立政》，《二十二子》，上海古籍出版社，1986
　　　　年，91、94、93、95頁。
〔註31〕《管子》卷1《權脩》、《立政》，94、95頁。
〔註32〕《管子》卷3《幼官》、《幼官圖》，100、102頁。
〔註33〕《管子》卷1《立政》，95頁。
〔註34〕《禮記》卷23《禮器》，《十三經注疏》，中華書局影印本，1980年，1433頁。
〔註35〕《管子》卷6《法法》，113頁；《春秋左傳集解》，哀公元年，1712頁。
〔註36〕《管子》卷1《乘馬》，97頁。
〔註37〕《管子》卷1《立政》，95頁。

商賈對這類物品的享用，而並不禁止其他私營工商業及官工的「刻鏤」、「文章」，和天子、貴族、百官等統治者對這類物品的享用。

前輩學者余嘉錫、張岱年先生認為，《管子》一書雖非管仲所著，但其中卻保存著管仲遺說，[註38]「經言」諸篇即是如此。上述「好本事」、禁「末產」的思想很可能就是管仲遺說。但由於《管子》一書含有不同時代的內容，在記載管仲言行的其他文獻中迄今又尚未發現其有上述思想，因此，以上思想是否出自管仲，產生於春秋中葉便很難確定。不過，通過對書中時代可考內容的分析，確定「經言」諸篇最終成文的年代，至少可以確定上述思想產生時代的下限。

具體來說。《管子》卷1《立政》、卷3《幼官》和《幼官圖》均有「將軍」一詞。《左傳》昭公二十八年（公元前514年）傳文「將軍」一詞下孔穎達正義云：「六國以來，遂以將軍為官名，蓋其元起於此」。[註39]按孔氏所言，「天子服文有章，……將軍、大夫以朝」一段文字不會成文於公元前514年以前。《管子》卷1《權脩》有始於戰國的「萬乘之國」一語，其下「務本事」、禁「末產」等文字不可能成文於戰國之前。又卷1《立政》篇批駁「寢兵」、「兼愛」、「全生」之說。「寢兵」是宋鈃、尹文的思想，[註40]「兼愛」乃墨子之說，「全生」係子華子的思想。[註41]宋鈃、尹文係齊宣王（公元前342～324年在位）時人，與孟子（公元前372～289年）同時。[註42]孟子稱宋氏為「先生」，可知宋年長於孟子。[註43]宋、尹均應為戰國中期人。墨子（約公元前468～376年）為戰國初人。按《呂氏春秋》卷21《審為》、《莊子》卷8《則陽》、《史記》卷15《六國年表》所云，子華子與韓昭侯（公元前358～

〔註38〕余嘉錫：《四庫提要辯證》卷11《管子》，中華書局，1980年，608～610頁；張岱年：《中國哲學史史料學》，生活、讀書、新知三聯書店，1982年，45～47頁。

〔註39〕孔穎達：《春秋左傳正義》卷52，《十三經注疏》，中華書局影印本，1980年，2119～2120頁。

〔註40〕《莊子》卷10《天下》，《二十二子》，上海古籍出版社，1986年，85頁。

〔註41〕《呂氏春秋》卷2《貴生》，《二十二子》，上海古籍出版社，1986年，633頁。

〔註42〕《荀子》卷3《非十二子》、卷11《天論》楊倞注，《二十二子》，上海古籍出版社，1986年，297、329頁；《莊子》卷10《天下》郭象注，85頁；《漢書》卷30《藝文志》，《二十五史》，上海古籍出版社、上海書店，1986年，166頁；《史記》卷15《六國年表》，725～730頁。

〔註43〕《孟子》卷12上《告子下》，《十三經注疏》，中華書局影印本，1980年，2756頁。

333 年在位）、魏惠王（公元前 370～335 年在位）、公孫衍、惠施（約公元前
370～310 年）等同時，係戰國中期人。《立政》篇不會成文於戰國中葉以前。
通觀「經言」各篇文字，找不到內容晚於戰國中期以後的證據，可知「經言」
成文時代的下限應為戰國中葉。

　　進一步的分析可以大致確定「經言」最終成文的具體年代。《管子》卷 2
《七法》主張「王道非廢也，而天下莫敢窺者，王者之正也」。認為「正天下
有分」，只有「順於禮義」，以財、工、器、士、政教、服習、遍知、機數蓋天
下，方能正天下。其卷 1《形勢》則指出：「欲王天下而失天之道，天下不可
得而王也」。「獨王之國，勞而多禍」。這和戰國中葉齊國始則代天子正天下，
繼則欲王天下的一段歷史十分契合。當時周天子貧微，諸侯莫朝，而齊威王
為仁義獨率諸侯朝之。隨即因不忍其苛責而叱之，卒為天下笑。最後威王就
在大敗魏桂陵，「最強於諸侯」時，於公元前 353 年先於其他華夏諸國「自稱
為王，以令天下」。〔註44〕就其內容、語意分析，上述「正天下」、「欲王」和
「獨王」之言很可能就是針對齊威王當時的所作所為而發。其文字應寫成於
見其正天下，知其欲王天下，目睹其在華夏諸國中獨自稱王的公元前 353 年
之時，而不可能出自華夏諸國國君普遍稱王，且彼此承認，正天下和獨王已
成為歷史，喪失評論價值之後。按華夏諸國普遍稱王始於公元前 334 年齊、
魏徐州相王。公元前 323 年，秦、韓、燕諸國皆已稱王。公元前 318 年，宋
亦自立為王。〔註45〕顯而易見，上述文字應係公元前 334 年以前寫成。據此
推知，《管子》「經言」當最終成文於公元前 353～334 年之間，禁「末產」的
思想最遲應產生於公元前 353～334 年之間。

　　還應指出的是，上述《管子》的思想與前引戰國初李克之言十分相似。
《管子》卷 1《牧民》曰：「不務天時則財不生，不務地利則倉廩不盈，野蕪
曠則民乃菅，上無量則民乃妄，文巧不禁則民乃淫，不璋兩原則刑乃繁。」可
見將「刻鏤」、「文章」等「技巧」、「文巧」視為農本的對立面，必須嚴加禁止
的看法已構成戰國中葉以前齊、魏等國賢士大夫的共識。

　　主張商鞅最先明確提出「事本而禁末」說的根據出自《商君書》卷 3《壹
言》。該書雖保存了商鞅的許多思想，但並非商鞅手著，而是由法家後學寫

〔註44〕《史記》卷 15《六國年表》、卷 46《田敬仲完世家》、卷 83《魯仲連·鄒陽
　　　　列傳》，716、718、722、1892、2462 頁。
〔註45〕《史記》卷 15《六國年表》，727、730、731 頁。

定。該書卷4《來民》篇曰：「今三晉不勝秦四世矣」，「自魏襄以來，野戰不
勝，守城必拔」，「不可勝數也，若此而不服」。其下又有「長平之勝」之語。
其卷5《弱民》則云：「秦師至鄢、郢，舉若振槁」。魏國襄王以下為哀王、昭
王，第4世為安釐王（公元前276～243年在位）；韓國宣惠王在魏襄王3年
即位，其下為襄王、釐王，第4世為桓惠王（公元前272～239年在位）；趙
肅侯在魏襄王9年去世，其下為武靈王、惠文王，第4世為孝成王（公元前
265～245年在位）；秦昭襄王五十三年（公元前254年），「天下來賓」、「韓
王入朝，魏委國聽令」，三晉始服秦。〔註46〕長平之戰係公元前260年之事。
〔註47〕秦於公元前279年拔鄢，次年拔郢。〔註48〕按上述推知，《商君書》
應係公元前260～254年之間編定。商鞅（約公元前390～338年）是戰國中
期人，其「以強國之術說君」變法是公元前359年之事。〔註49〕「事本而
禁末」一語產生時代的上限為公元前359年，下限為公元前260～254年之
間。這在時間上顯然晚於戰國初李克的「禁技巧」說，和產生時代上限為
春秋中葉，下限為公元前353～334年間《管子》的「好本事」，禁「末產」
之說。

　　按上所述，不滿、鄙視、否定工商業的觀點和「禁末」思想的萌芽在春
秋末即已產生。這種思想是在傳統的自然經濟首次受到迅速發展的工商業沉
重打擊的背景下形成的，所以表現得相當極端。戰國初至戰國中期，在被迫接
受工商日漸興盛這一現實後，代表著剛形成的強大的專制、集權新型官僚政
府利益的李克和《管子》明確提出了「禁技巧」和「好本事」，禁「末產」的
口號，力圖通過打擊私營工商的「刻鏤」、「文章」和「技巧」，來維護自身的
利益，穩定自己的統治。其思想已不僅包括農本工商末概念的初始含義，而
且還包含了其後起之義，在產生時間上均早於商鞅。戰國中、後期，隨著工
商業在農業社會中的進一步發展，和專制、集權的新型官僚體制的日趨成熟與
強大，新體制的維護者為遏制農業社會中工商業畸形發展的勢頭，使農業和工
商業均衡發展，以穩定統治，增強本國的軍事實力，遂提出「令商賈技巧之

〔註46〕《史記》卷5《秦本紀》，218頁；卷15《六國年表》、卷43《趙世家》、卷44
　　　　《魏世家》、卷45《韓世家》。
〔註47〕《史記》卷15《六國年表》，747頁。
〔註48〕《史記》卷5《秦本紀》，213頁；卷15《六國年表》，742頁；卷40《楚世
　　　　家》，1735頁。
〔註49〕《史記》卷5《秦本紀》，203頁；卷68《商君列傳》，2228頁。

人無繁」，廣泛禁抑農業以外工商各業的主張。〔註50〕隨著這類新型國家的增多，和專制、集權程度最高，最強大而又遵奉此說的秦國削平群雄，統一天下，重農禁末的農本工商末思想也就因之而成為天下占統治地位的思想。

統治階級思想上的轉變必定會帶來政策上的變化。據目前所知，重農抑工商的政策最早形成於戰國初的魏國，而非秦國。其首倡者是李克（悝），而非商鞅。李克認為，雕文刻鏤、錦繡纂組和飾美等「技巧」將害農事、傷女工，是刑罰之源，因而主張「禁技巧」以「塞其本而替其末」。魏文侯接受了其建議，出言稱「善，以為法服」，遂立法以禁技巧。〔註51〕又按《睡虎地秦墓竹簡》，魏安釐王於公元前 252 年曾二度下令：「叚（假）門逆呂（旅）」，「勿令為戶，勿鼠（予）田宇。三葉（世）之後，欲士（仕）士（仕）之」。「叚（假）門逆呂□（旅）……或□（率）民不作，不治室屋，寡人弗欲。且殺之，不忍其宗族昆弟，今遣從軍，將軍勿卹視」。〔註52〕可見從戰國初至戰國末，魏國對從事「技巧」和經營商賈、客店者採取了立法抑制的政策。魏國以外，秦用商鞅變法，「事末利及怠而貧者，舉以為收孥」，〔註53〕亦採取重農抑工商的政策。當時，齊國有「百工商賈不得服長鬈貂」，「使刻鏤、文采毋敢造於鄉，工師之事也」之制。〔註54〕梁顧協《瑣語》云齊威王有「造錦繡之禁」。〔註55〕據此可知，戰國時至少有魏、秦、齊三國實行重農抑工商的政策。重農抑工商並非僅停留在思想領域與輿論界，不能說基本上還未付諸實踐。戰國以後歷朝政府對農業和工商業的政策雖有不同，但大致沿襲了這一政策。直至鴉片戰爭以後，統治者方才放棄沿用了二千餘年的重農抑工商政策。

三、農工商皆本、並重思想和政策的產生與演變

戰國以來，重農抑工商說雖成為統治階級和政府政策的主導思想，支配

〔註50〕《商君書》卷 5《外內》，《二十二子》，上海古籍出版社，1986 年，1113 頁。

〔註51〕《說苑》卷 20《反質》。

〔註52〕《睡虎地秦墓竹簡》，文物出版社，1978 年，292〜294 頁。

〔註53〕《史記》卷 68《商君列傳》，2230 頁。

〔註54〕《管子》卷 1《立政》，95 頁。

〔註55〕轉引自董說原著，繆文遠訂補：《七國考訂補》，上海古籍出版社，1987 年，678 頁。《瑣語》見《隋書》卷 34《經籍三》，《二十五史》，上海古籍出版社、上海書店，1986 年，124 頁。按蘇秦所言，齊宣王時，齊都臨淄「其民無不吹竽鼓瑟，彈琴擊筑，鬥雞走狗，六博蹋鞠」（《史記》卷 69《蘇秦列傳》，2257 頁）。上述諸行業應不在當時齊國所禁末產之列。

了中國社會二千多年，但同時又出現農工商並重，皆為本業的觀點，並在甲午戰爭後最終取代前者，成為社會和政府政策的主導思想。在新思想產生和新舊交替的問題上，近來學者大多認為：農工商均有本末，各業並重說始自東漢的王符（85～162）。農工商皆為本業的觀點始於南宋的陳耆卿（1180～1236）。〔註56〕重農抑商的思想和政策在鴉片戰爭前夕退出了歷史舞臺。〔註57〕這些說法都是不符合事實的。

王符的思想見於其《潛夫論》。該書卷 1《務本》曰：「為國者以富民為本」。「夫富民者以農桑為本，以游業為末。百工者以致用為本，以巧飾為末。商賈者以通貨為本，以鬻奇為末。三者守本離末則民富，離本守末則民貧」。只需仔細琢磨此段文字，便不難發現其所述乃「富民」而非富農，是「富民」、「百工」、「商賈」各有本末，而非農工商各有本末。民與百工、商賈並非彼此對立的並列關係，而是前者包容後二者，屬於不同層次的二個概念。

古書卷末著者所撰敘中，往往載有其所作各篇文字的緣由和大旨。按《潛夫論》卷 10《敘錄》所云，全書首篇為《贊學》。其次因「凡士之學，貴本賤末」，然而「時俗趨末，懼毀行術，故敘《務本》第二」。《務本》所云乃與士之學相關的內容，認為為國者、富民、百工、商賈及教訓、辭語、列士、孝悌、人臣等皆有本末。教訓、辭語、列士、孝悌、人臣等亦並非皆是彼此對立的並列關係，而是有些可以兼容，屬於不同層次的幾個概念。通篇所言乃「為國者以富民為本，以正學為基；民富乃可教，學正乃得義」；〔註58〕凡士之學，應務本而抑末；而非論述民與百工、商賈之間，更非農與工商間的本末關係。

王符關於農與工商本末關係的論述主要收載於其他篇章而非《務本》篇。按書末《敘錄》所言，符因「先王理財，禁民為非，……浮偽者眾，本農必衰，節以制度，如何弗議，故敘《浮侈》第十二」，可知其有關本農與浮侈

〔註56〕胡寄窗：《中國經濟思想史簡編》，252～253 頁；趙靖、石世奇：《中國經濟思想通史》第 2 卷，83～88 頁；張守軍：《中國歷史上的重本抑末思想》，74～83 頁；葉坦：《富國富民論》北京出版社，1991 年，183～185 頁；上海社會科學院經濟研究所經濟思想研究室：《秦漢經濟思想史》，中華書局，1989年，333～338 頁。

〔註57〕王大慶：《1980 年以來中國古代重農抑商問題研究綜述》，《中國史研究動態》，2000 年第 3 期，12 頁。

〔註58〕王符：《潛夫論》卷 1《務本》，《百子全書》第 2 冊，浙江人民出版社，1984年。

本末關係的議論主要載於《浮侈》篇。其文曰：「今舉世捨農桑，趨商賈；牛馬車輿，填塞道路；游手為功，充盈都邑；治本者少，浮食者眾。……今察洛陽浮末者什於農夫，虛偽游手者什於浮末。是則一夫耕，百人食之；一婦桑，百人衣之。以一奉百，孰能供之。天下百郡千縣，市邑萬數，類皆如此，本末何足相供」。在王符看來，農桑、農夫為本，商賈、浮末、虛偽游手或浮偽者為末。「富民者以農桑為本」，「一夫不耕，天下必受其饑者；一婦不織，天下必受其寒者」；故應「寬假本農」，「宜禁」浮偽。〔註59〕由上可知，王符認為農為本，工商為末，主張治本禁末。他既沒有提出工商與農同為本業，應該並重的觀點，也沒有批判輕工商的傾向。王符雖認為百工、商賈亦有本末之分，應務本抑末，但這種觀點與《管子》將工商分為二類，只禁私營工商業中「刻鏤」、「文章」，而不禁其他的主張如出一轍。這都說明王符並未突破和修正傳統的農本工商末觀念。儘管其關於工商亦分本末的觀點為後世工商皆本說的產生提供了思想基礎，但這一思想並不具有以往所認為的劃時代的意義。

陳耆卿最先提出農工商皆本說的根據出自其《嘉定赤城志》。該書卷 37《土俗》載「天台令鄭至道諭俗七篇」，其中《重本業》篇云士、農、工、商「此四者皆百姓之本業，自生民以來，未有能易之者也。若能其一，則抑以事父母，俯以育妻子，而終身之事畢矣。不能此四者，則謂之浮浪游手之民。浮浪游手之民衣食之源無所從出，若不為盜賊即私販禁物。」按上所述，提出農工商皆為本業的觀點，否定重農抑工商說的是鄭至道而非陳耆卿。

鄭至道，叔明子，字保衡，莆田人，元豐二年進士，歷知天台、樂昌二縣，著有《諭俗篇》、《錦囊四集》等。〔註60〕鄭至道的《諭俗編》作於其任天台令時。鄭於元祐二年（1087）、三年知天台縣。〔註61〕因此，《諭俗編》的撰著和農工商皆本說的提出應是元祐二年至三年間之事。

〔註59〕《潛夫論》卷 3《浮侈》、卷 1《務本》。

〔註60〕厲鶚：《宋詩紀事》卷 32，上海古籍出版社，1983 年，786 頁；陸心源：《宋詩紀事補遺》卷 24，光緒十九年歸安陸氏刊本，5 頁；王梓材、馮雲濠：《宋元學案補遺》卷 5，《四明叢書》第 5 輯，15～23 頁；《宋史》卷 204《藝文三》、卷 205《藝文四》，中華書局標點本，1977 年，5145、5210 頁；郝玉麟、謝道承等：《乾隆福建通志》卷 33《選舉一》、卷 68《藝文一》，文淵閣四庫全書影印本 529、530 冊，24、428 頁。

〔註61〕《嘉定赤城志》卷 11《縣令》，《宋元方志叢刊》第 7 冊，中華書局，1990 年，7377 頁。

　　鄭至道生活的年代雖較陳耆卿（1180～1236）為早，其提出農工商皆本說雖遠在黃宗羲（1610～1695）之先，但未必就是最早提出此說的第 1 人。鄭說的提出有其深刻的社會和思想基礎。唐代中葉以降均田制的瓦解，工商業的興盛，商品經濟的發達，商人身份和士商關係的改變，以及政府賦稅結構和政策的變化，構成了鄭說的社會基礎。新儒學的勃興，疑古和反傳統精神的凸現，各種批評輕視工商、反對抑末觀點的流行，則形成了鄭說的思想基礎。尤其是李克、《管子》主張只禁民間「刻鏤」、「文章」等技巧，王符認為百工、商賈均有本末之分的思想的流傳，更直接構成了農工商皆為本說的理論依據、學說支撐和創新的出發點。鄭說是上述李克、《管子》和王符諸說的繼承和發展，它的出現是合乎邏輯，十分自然的。但在上述社會和思想的基礎上，同樣的觀點也可能形成於唐代中葉以後，北宋元祐二年以前。而從思想自身發展的邏輯過程來說，農工商皆本說亦可能產生於戰國至唐中葉之間。更何況某一觀點的出現並不總是需要一定的社會和思想基礎，也不總是取決於思想發展的邏輯。顯而易見，在沒有掌握所有史料的情況下，僅據目前所知，我們不應簡單地斷言是鄭至道首先提出農工商皆本的觀點，而應說這一的思想早在北宋元祐年間即已產生。

　　北宋元祐以後，隨著工商業的進一步發展，農工商皆本的觀點不僅為人們一再重申，而且還獲得進一步的發展。如明人丘濬即指出：「食貨者，生民之本也」。〔註 62〕趙南星認為：「士農工商，生人之本業」。〔註 63〕汪道昆云：「先王重本抑末，故薄農稅而重徵商。餘則以為不然，直壹視而平施之耳」。〔註 64〕山西柳林《楊氏家譜》認為：「天地生人，有一人莫不有一人之業。……寄跡田疇，則農為本業。置身曲藝，則工為本業。他如市廛貿易，魚鹽負販，與挑擔生理，些小買賣，皆為商賈，則商賈即其本業」。〔註 65〕黃宗羲則主張「工固聖王之所欲來，商又使其願出於途者，蓋皆本也」。〔註 66〕一些激進的

〔註 62〕丘濬：《大學衍義補》卷 25《市糴之令》，文淵閣四庫全書影印本 712 冊，338頁。

〔註 63〕趙南星：《味檗齋文集》卷 7《壽仰西雷君七十序》，《畿輔叢書》第 149 冊，光緒五年定州王氏刻本，14 頁。

〔註 64〕汪道昆：《太函集》卷 65《虞部陳使君權政碑》，《四庫全書存目叢書》集部118 冊，齊魯書社，1997 年，68 頁。

〔註 65〕轉引自趙靖、石世奇：《中國經濟思想通史》第 4 卷，503 頁。

〔註 66〕黃宗羲《明夷待訪錄》《財計三》，《四部備要》第 59 冊，中華書局，1989 年，19 頁。

思想家如何心隱甚至提出「商賈大於農工，士大於商賈，聖賢大於士」的觀
點。﹝註67﹞他如馮應京《月令廣義》始則云：「語曰士農工商各執一業，又如
九流百工皆治生之事也；」繼則又引《客商規略》曰：「行商坐賈，治生之道
最重也」；﹝註68﹞亦認為商賈重於農工。在工商業不斷繁榮發展和上述觀點的
影響下，「人人不恥逐末，為之者眾」已成當時的一種風氣。﹝註69﹞但直至鴉
片戰爭前夕，農工商並重，皆為本業的觀點仍未取代重農抑工商之舊說而成
為社會的主導思想，更沒有造成政府政策上的變化。

　　眾所周知，某一時代中國具有代表性的重要人物（尤其是政府中人）的
思想，以及政府所據以制定、頒行其政策的指導思想，一般也就是該時代中
國社會的主流思想。鴉片戰爭前，中國先進思想家的代表人物龔自珍（1792
～1841）和魏源（1794～1857）均主張重農抑工商。如龔氏認為：「人主之憂，
食重於貨」；「衣食之權重，則泉貨之權不重」；主張政府應使「桀黠心計者，
退而役南畝」。﹝註70﹞魏源在1852年最後一次增訂《海國圖志》時仍認為：
「金玉非寶，稼穡為寶，古訓昭然，荒裔其能或異哉」。﹝註71﹞龔氏在鴉片戰
爭前夕雖提出：「食固第一，貨即第二」，「食貨並重」的觀點，但據其自稱，
這只是「施之於禁銀出海之朝」的權宜之計而已。﹝註72﹞誠如趙靖等人所言，
這「主要還是由於應付迫切的現實問題的需要所引起的具體主張上的改變，
而不是從對社會經濟過程本身的觀察所得出的結論」。﹝註73﹞當時其他統治階
級中人大多深受重農抑工商思想的影響。如官至翰林院待講的謝階樹（？～
1844）主張「以農為本，工商為末」。認為「凡欲民富必先重農，重農之道令
農與士齒，工商不得與士齒」；「故致富莫如勸農，而保富莫如抑商」。﹝註74﹞
普通士人吳鋌（1800～1833）亦認為「先王以工商為逐末，惟農為衣食之

﹝註67﹞容肇祖整理：《何心隱集》卷3《答作主》，中華書局，1960年，53頁。

﹝註68﹞馮應京：《月令廣義》卷2《歲令·授時》，《四庫全書存目叢書》史部164冊，
　　　　596頁。

﹝註69﹞惲敬：《大雲山房文稿》初集卷1，《三代因革論五》，《四部叢刊》初編308
　　　　冊，上海書店重印本，1989年，18頁。

﹝註70﹞《龔自珍全集》第1輯《乙丙之際塾議第十六》、《農宗》，上海人民出版社，
　　　　1975年，7、8、50頁。

﹝註71﹞魏源：《海國圖志》卷61《彌利堅國總記下》，光緒二年平慶涇固道署重刊本，
　　　　15頁。

﹝註72﹞《龔自珍全集》第2輯《送欽差大臣侯官林公序》，170頁。

﹝註73﹞趙靖、易夢虹：《中國近代經濟思想史》上冊，中華書局，1980年，50頁。

﹝註74﹞謝階樹：《約書》卷8《保富》，道光二十四年宜黃謝氏刊本，5、8頁。

源」；為政應使「民皆知務本而不思逐末」。〔註75〕當時清政府則仍沿襲傳統的重農抑工商的政策而未見有任何革新。這都表明鴉片戰爭前夕，重農抑工商的思想依然是當時社會的主導思想。

鴉片戰爭爆發後到甲午戰爭期間，隨著中國門戶的逐步開放和現代工商業的發展，部分統治階級中人的思想亦逐漸發生變化。如魏源在 1842 年寫道：「語金生粟死之訓，重本抑末之誼，則食先於貨；語今日緩本急標之法，則貨又先於食」。〔註76〕結合前引他在1852 年所說：「金玉非寶，稼穡為寶」之語，可見他在始終堅持重農抑工商的情況下，又認為在當時具體的條件下可以「緩本急標」，將貨暫時置於優先的地位。王韜在 1862 年還主張「重農桑而抑末作」，但此後不久即將認為「行泰西之法是舍本而務末」者稱作「迂拘之士」，並對政府「時且遏抑剝損」商民的做法表示不滿。〔註77〕不過他並未全盤接受西方「恃商為國本」的思想，而是主張：「不必盡行仿傚西國。……今誠能通商於泰西各國，自握其利權，……則可收西商之利，而復為我所有」。〔註78〕又如薛福成在甲午戰爭前指出：「西人之謀富強也，以工商為先」。「泰西風俗以工商立國，大較恃工為體，恃商為用，則工實尚居商之先，……工又必兼士之事」。在今日萬國相通之世，中國果欲發奮圖強，則「不能執崇本抑末之舊說以難之」。他認為，「聖人之制，四民並重，而工居士農商之中，未嘗有軒輊之意存乎其間」。故今「雖聖人復生，必不置商務為緩圖」，而應「振百工以前民用，……漸化其賤工貴士之心。是在默窺三代上聖人之用意，復稍參西法而酌用之」。〔註79〕按上所說，以上諸人並未主張盡行仿照西方「恃商為國本」，「以工商為先」，「以工商立國」的先例，進行大刀闊斧的改革，亦未提出上述種種口號。〔註80〕他們雖強調振興工商，但僅僅

〔註75〕盛康：《皇朝經世文續編》卷 35《因時論十・田制》，臺北文海出版社，1979年，3604 頁，3606 頁。

〔註76〕魏源：《聖武記》卷 14《軍儲一》，《四部備要》第 45 冊，280 頁。

〔註77〕王韜：《弢園文錄外編》卷 2《興利》、卷 12《理財》，光緒九年排印本，14、33 頁；《弢園尺牘》《代上蘇撫李宮保書》，中華書局，1959 年，85 頁。

〔註78〕《弢園文錄外編》《代上廣州府馮太守書》，《醒獅叢書》，中州古籍出版社，1998 年，368 頁。

〔註79〕薛福成：《庸庵全集》《籌洋芻議》《商政》，光緒二十三年上海醉六堂石印本，10頁；《庸庵海外文編》卷 3《英吉利用商務闢荒地說》、《振百工說》，《近代中國史料叢刊》正編943 冊，臺北文海出版社，1254～1255、1331～1332、1335 頁。

〔註80〕趙靖、易夢虹：《中國近代經濟思想史》下冊，273、282 頁；趙靖、石世奇；《中國經濟管理思想史教程》，北京大學出版社，1993 年，428 頁；張守軍：

將其視為在新形勢下不應固執重農抑工商之舊說，而應稍參西法而酌用之的權宜變通之計。他們所主張的實際上就是前人早已提出，而薛福成在甲午戰爭前夕又再次提出的農工商並重的觀點。

在此期間，與上述大多出身幕僚，無進士功名者不同，以進士和翰林為主要代表的官僚士大夫的思想大多仍深受重農抑工商傳統觀念的影響。如徐鼐（1801～1862）主張「今之籌國用者在於重農桑而已矣，重農桑必先貴穀帛，貴穀帛必先禁淫侈，淫侈禁而後商賈之利微」。〔註81〕孫鼎臣（1809～1859）認為「富之莫如重農，重農必先貴穀，貴穀非廢銀不可」。此舉「農便而商不便，則是古徵商之意，而吾所以驅天下而歸之農之微權也夫」。〔註82〕劉錫鴻在1875年寫道：「重農抑商所以教勤樸而廣生財之源」。漢初令商賈不得衣紈帛，其子不得仕宦「是法之最善者」。〔註83〕方濬頤（1815～1889）亦云：「舍本逐末，安足恃歟」。〔註84〕丁立鈞則在1889年所上奏章中明確主張「重農抑商」。〔註85〕可見在甲午戰爭前，重農抑工商的思想仍具相當勢力，尚未退出歷史舞臺。

值得注意的是，這一時期執掌大權，制訂和執行政策的政府大員迫於形勢的壓力，主要持前一種觀點。試以李鴻章為例。李在西方列強入侵，中國面臨「三千餘年一大變局」之際，認為病亟治標，必須「變通」。強調「變法與用人」，贊成「立約通商以牢籠之」，主張「自強之道在乎師其所能，奪其所恃」。他認為「機器製造一事為今日禦侮之資，自強之本」，故應「亦設機器，自為製造，輪船鐵路，自為轉運」，仿照西法「用機器開採、轉運、鼓鑄、製造」煤鐵，且「漸開風氣，以利民用」。〔註86〕李鴻章是這一時期統治階級的代表人物，是政府政策的主要制訂者和執行者，他主張「變通」和發展現代

《中國歷史上的重本抑末思想》，184頁。

〔註81〕徐鼐：《未灰齋文集》卷1《擬上開礦封事》，卷3《務本論》，《近代中國史料叢刊》正編534冊，26、79頁。

〔註82〕孫鼎臣：《蒼筤集》《畚塘芻論》卷1《論治五》，咸豐九年刊本，17、18頁。

〔註83〕《劉光祿遺稿》卷2《讀郭廉使論時事書偶筆》，《近代中國史料叢刊》三編446冊，臺北文海出版社，25頁。

〔註84〕方濬頤：《夢園叢說內編》卷8，光緒元年申報館仿聚珍版，9頁。

〔註85〕丁立鈞：《光緒十五年正月十四日翰林院掌院學士麟書等奏》，《中國近代史資料叢刊》《洋務運動》（一），上海人民出版社，1961年，253頁。

〔註86〕李鴻章：《李文忠公全集·奏稿》卷9《置辦外國鐵廠機器摺》，卷19《籌議製造輪船未可裁撤摺》，卷24《籌議海防摺》，卷43《試辦織布局摺》，《近代中國史料叢刊》續編691、692、693冊，323、677、832、833、1349頁。

工商，並付諸實踐，表明這一時期輕視、壓抑工商思想的影響業已削弱，正在被主張發展工商及農工商並重的思想所取代。而這一時期負責對外通商和交涉事務的總理衙門及南洋、北洋通商大臣的設置，也反映了變通的觀點已成為統治集團的主導思想。當時政府實行的則是既不固執舊說，又不全仿西人，主張發展工商和農工商並重的「變通」政策。

甲午戰爭以後，國人普遍因戰敗而震驚，思想隨之發生重大轉變。1895年，維新派代表人物康有為上書清帝，認為：「凡一統之世，必以農立國，可靖民心；並爭之世，必以商立國」。〔註87〕1898年，康氏更進一步指出，重農輕工藝，「欲驅末業而緣南畝，此誠閉關無知無欲之至論矣」，因而主張「今已入工業之世界矣」，吾國當「定為工國」。〔註88〕

與此同時，統治階級的代表人物，如狀元出身的官僚孫家鼐、陸潤庠、張謇等人以直接投身於興辦工商業的行動表明了其對工商的注重和熱忱。更重要的是，最高統治者的態度也發生了變化。光緒在1890年尚有「崇本抑末」的思想，1898年已「毅然有改革之志」，認為：「振興商務為富強至計，必須講求工藝」。「振興商務為目前切要之圖，迭經諭令各省認真整頓」，「著於京師設立農工商總局」。〔註89〕1902年光緒又明確指出：「農工商業為富強之根本」，「除商務已特派大臣專辦外，其農工各務即著責成各該督撫等認真興辦」。〔註90〕次年，他更進一步指出：「通商惠工為古今經國之要政，自積習相沿，視工商為末務，國計民生日益貧弱，未始不因乎此。亟應變通盡利，加意講求」。並下旨設立商部，制訂商律。〔註91〕可見統治階級的最高代表人物不僅極端重視工商，勇於與傳統決裂，公開批判了以往輕視、壓抑工商的觀念，明確提出農工商皆本的口號，而且還根據振興工商的思想制訂了相應的政策，並付諸實施。所有這一切都無可置疑地表明甲午戰爭以後，農工商皆本，三者應並重的觀點已成為中國社會的主導思想，通商惠工已成

〔註87〕《康有為全集》2集《上清帝第二書》，上海古籍出版社，1990年，91頁。
〔註88〕康有為：《戊戌奏稿》《請勵工藝獎創新招》，《近代中國史料叢刊》正編326冊，52、53頁。
〔註89〕朱壽朋：《光緒朝東華錄》第3冊，光緒十六年四月28條，第4冊，光緒二十四年正月4條、五月66條、六月8條、七月6條，中華書局，1958年，2735、4017、4135、4142、4160頁。
〔註90〕《光緒朝東華錄》第5冊，光緒二十八年正月37條，4830頁。
〔註91〕《光緒朝東華錄》第5冊，光緒二十九年三月44條、七月19條，5013、5063頁。

為政府的重要國策。

在人們從輕視、壓抑工商轉向重視、振興工商，將農工商均視為國家和富強之本後，如何看待並處理三者之間的關係，便成了理論上和政策上必須解決的問題。光緒在 1898 年指出：「圖治之法，以農為體，以工商為用」，認為農與工商是體、用的關係。〔註 92〕爾後，他又指出：「商之本在工，工之本在農」，「萬寶之原皆出於地，……農又為通商惠工之本」，在三者皆為富強之根本的前提下復將農視為工商之本。〔註 93〕亞當・斯密《原富》的譯者嚴復指出：「農工商賈，固皆相養所必資，而於國為並重，然二者之事，理實有本末之分。古人之言，未嘗誤也，特後人於本末有軒輊之思，必貴本而賤末者，斯失之耳」。〔註 94〕他認為農與工商實有本末之分，但不應有貴賤輕重之別，三者應並重。本末之分源自農業所產是工商業存在的基礎，亦即「地為百產之宗，使耕牧樹畜者斥母治業而不得贏，則宇內之財只有此數，行且日微而盡，其他工商之業，烏得立乎？」〔註 95〕他之所以採用本末一詞是因為想體現三者之間的內在關係，即沿用古人關於農業是基礎產業，工商為二、三產業的本末之初始義，且「取於人意習而易達」。〔註 96〕實業家張謇則認為：「實業者，西人貶農工商之名」。〔註 97〕救國的「根本則在實業」。〔註 98〕實業中「農為尤要，蓋農不生則工無所作，工不作則商無所鬻」。〔註 99〕故「民生之業農為本，殖生貨者也；工次之，資生以成熟者也；商為之絪縕，而以人之利為利，末也」。〔註 100〕但這種本末關係亦只是「義有先後而無輕重」，僅指農工商分別為原料生產、加工和流通部門，是一、二、三產業的關係，三者皆為國之本而不應有輕重之分。〔註 101〕據此可知，甲午戰爭後國人又恢復和採用

〔註 92〕《光緒朝東華錄》第 4 冊，光緒二十四年六月 26 條，4150 頁。

〔註 93〕《光緒朝東華東》第 4 冊，光緒二十四年七月 6 條，5 冊，二十九年十月 4 條，4160、5103 頁。

〔註 94〕嚴復譯：《原富》，商務印書館，1981 年，120 頁案語。

〔註 95〕《原富》，308 頁案語。

〔註 96〕《原富》，120 頁案語。

〔註 97〕張謇：《記論舜為實業政治家》，《張季子九錄》第 15 冊，《文錄》卷 2，中華書局聚珍版，1931 年，4 頁。

〔註 98〕《對於救國儲金之感言》，《張季子九錄》第 2 冊，《政聞錄》卷 3，31 頁。

〔註 99〕《請興農會奏》，《張季子九錄》第 8 冊，《實業錄》卷 1，6 頁。

〔註 100〕《通如海棉業公會棉產統計報告書序》，《張季子九錄》第 10 冊，《實業錄》卷 6，4 頁。

〔註 101〕《記論舜為實業政治家》，《張季子九錄》第 15 冊，《文錄》卷 2，4 頁。

本末一詞的初始義來詮釋農工商三者之間的關係,並據此制訂政府的政策。這種做法並不僅僅是向二千多年前的舊義和傳統的簡單回歸,而是在更高層次上,即認識到三者皆本,「義有先後而無輕重」,農為工商之基礎,而機器大生產之「工固農、商之樞紐」的前提下對傳統的繼承和發展。〔註102〕

　　值得注意的是,上述三者皆本與並重,農為基礎,工為樞紐的思想一旦形成,即成為整個 20 世紀中國社會的主導思想,和制訂國家政策的指導方針。如蕭一山在 20 年代指出,中國「沿守農本主義數千年,至清末而未嘗變更」。「直至近日,農本主義仍牢固於吾國人之思想中而不可破。然工商之占優越地位,此又不可掩之事實」。民國以後,「眾議紛紜,言主義者,……創為農村救國之說,談革新者,……提倡工業化。」他主張「以農為本,而工商化之」,既提倡、獎勵工商,又不捨棄農業這一根本。〔註103〕章開沅等人近年亦指出,在 20～40 年代中國工業化和以農立國的討論中,大多數學者主張實現工業和農業的現代化,提出了「農業與工業相併進行」,「以農立國,以工建國」等頗符合中國國情的設想。〔註104〕又就當代中國政府的政策而言。從 1960 年確立的以「農業為基礎,工業為主導」的方針,到今日「鞏固和加強農業的基礎地位」,「始終把農業放在國民經濟的首位」,「全面提高農業、工業、服務業的水平和效益」,「繼續完成工業化」的國策,其中亦無一不體現了農業為基礎,工業為主導,農工商皆本與並重的精神。〔註105〕

四、餘論

　　從農工商末思想及其政策演變的歷程來看,二千多年中人們對工商的態度經歷了二次重大的轉變。從二次轉變的社會背景來看。農本工商末的思想和政策是中國進入農業社會以後的產物。在農業社會中,工商業尤其是私人工商業無限制的發展,勢必會打破這一社會中農業與工商業三者間應有的平衡。因此,在足以維護這一社會與自身利益的強大的專制、集權的官僚政府出現後,重農抑工商的思想和政策的產生乃是不可避免的。至於農工商皆本,

---

〔註102〕《通州資生鐵冶公司集股啟》,《張季子九錄》第 9 冊,《實業錄》卷 3,5 頁。
〔註103〕蕭一山:《清代通史》第 2 冊,中華書局,1986 年,448、449 頁。
〔註104〕章開沅、羅福惠:《比較中的審視:中國早期現代化研究》,浙江人民出版社,1993 年,80、81 頁。
〔註105〕《中共中央關於制定國民經濟和社會發展第十個五年計劃的建議》,新華通訊社《每日電訊》2000 年 10 月 19 日 1 版。

農業為基礎，工商為主導的思想及政策則是工商業迅速發展，中國從傳統的農業社會走向現代工商社會的產物。值得注意的是，在對工商態度前後不一的同時，二千多年來人們對農業的態度則始終未變。國人注重農業的原因前人已作過詳盡的分析，這裡主要從中國人的「天下」觀（即全球眼光）出發試加補充。長期以來，西方諸國工商發達，眾多國家林立，各國大可通過貿易而不必獨自解決本國的糧食問題。上述事實及由以上事實所決定的全球意識的相對薄弱，使西方各國政府和西方人對農業的重視程度遠不及中國，甚至西方的重農學說如法國重農學派的重農理論亦在相當大程度上淵源於中國。〔註106〕在很長一段歷史時期內，尤其是在中國文化基本形成的戰國之前，中國在很大程度上是一相對孤立的經濟、地理和文化單位。當時之人將這一單位稱作「天下」，看成整個世界。爾後又將其視為整個世界的中心。中國經濟、地理上的這種相對孤立一直到鴉片戰爭以後才出現根本的變化。在此之前，從「天下」和「天下」的中心這一現實和觀念出發，國人自會得出我們必須獨自解決糧食問題，做到完全自足的結論。又從政治上說，中國自秦以來即長期處於統一的中央集權皇朝的統治下。因此，從政府和朝廷的立場來說，上述從全球的觀點出發，「天下」和『天下』的中心——中國必須糧食自足的觀念和政策的產生也都是必然的，具有其內在的合理性。這種觀念與政策一旦形成即產生了深遠的歷史影響，至今仍具有強烈的現實意義。在全球一體化進程加速進行，人們普遍重視工商和忽略農業的今天，從全球糧食必須自足的立場出發，從在目前的國際格局下中國欲確保其獨立自主地位的角度來看，這一觀點和政策無論是對於世界還是對中國來說仍具有重要的價值。

〔註106〕參見談敏：《法國重農學派學說的中國淵源》，上海人民出版社，1992年。